Angela

Andreas J. Obermaier

Das unermüdliche Bohren harter Bretter:

Die parlamentarischen Spuren von Terezija Stoisits 1990-2007.

Mit Beiträgen von Anton Pelinka und Günther Schefbeck.

Herausgegeben in Zusammenarbeit mit der Grünen Bildungswerkstatt Österreich, der Grünen Bildungswerkstatt Minderheiten und dem Klub der Grünen im Parlament

Deutsche Bibliothek CIP Einheitsaufnahme:
Andreas J. Obermayr
Das unermüdliche Bohren harter Bretter
Die parlamentarischen Spuren von Terezija Stoisits 1990 – 2007
1.Auflage, 2010
ISBN 978-3-902555-22-9

Korrektorat: Barbara Vanek
Produktion: studio b, Trattenbach
Umschlag, Satz, Gestaltung: Katalin Pomikacsek
Coverfoto: Heribert Corn
Druck: Janetschek GmbH, Heidenreichstein

planetVERLAG ist eine Einrichtung der Grünen Bildungswerkstatt,
Neubaugasse 8, 1070 Wien, E-Mail: planetverlag@gbw.at
www.planet-verlag.at

Inhalt

Terezija Stoisits: 16½ Jahre – 16½ Fragen 7
Terezija Stoisits: 16 ½ ljet – 16 ½ pitanj 16
Anton Pelinka: Das unermüdliche Bohren harter Bretter 24
Der rote Faden durch die Publikation 27

Teil 1 - Politische Persönlichkeit 31

Biografische Skizze 32
Der Weg ins österreichische Parlament 33
Wichtigste Ämter und Funktionen 34
ABC der Terezija Stoisits 35
Vom Nationalrat in die Volksanwaltschaft 40

Teil 2 - Couragierte Politik in vielen Bereichen 45

Minderheiten: Vielfalt 46
Verbesserung der Rechtsstellung von Minderheiten: das Sichtbarmachen kultureller und sprachlicher Vielfalt 47
Kroatischsprachige Angelobung und kroatische Begrüßung in den Parlamentsreden 48
Anerkennung der Roma und Sinti als eigene Volksgruppe 52
Einrichtung eines zweisprachigen Gymnasiums in Oberwart 59
Minderheitenschulgesetz für das Burgenland 61
Staatszielbestimmung für Minderheitenschutz 63
Zweisprachige Topografie: Ortstafeln im Burgenland und in Kärnten 69

Menschenrechte: Kein Mensch ist illegal 75
Kampf gegen Rassismus und Fremdenfeindlichkeit 76
Das Fremdenrecht - Die InnenministerInnen und Stoisits 76
Deserteure der jugoslawischen Armee – der Fall Sali K. 82
Der legendäre „Fall der Woche" 87
Knebelung von Schubhäftlingen mit Klebebändern – die Causa Omofuma 93
Diskussion des Bleiberechtes 101
Einrichtung des Ausschusses für Menschenrechte im Nationalrat 104

Justizpolitik: Im Mittelpunkt der Mensch 108
Einsatz für einen humanen Strafvollzug und für die Rechte von Untersuchungshäftlingen 108
Strafvollzugsgesetz-Novellen 108
Stärkung der Rechte von Untersuchungshäftlingen – Wahlrecht 111

Die „Woche der Untersuchungshaft“ 112
Dauerbrenner: das Recht auf den eigenen Namen 116

Vergangenheit: Niemals vergessen 121
Österreichs Umgang mit seiner jüngeren Vergangenheit:
Wider das Verdrängen und das kollektive Vergessen 121
Einrichtung des Nationalfonds 122
Österreichs Umgang mit den Opfern des NS-Regimes 126
Einrichtung des NS-Opfer-Gedenktags am 5. Mai 130
Restitution von geraubtem Vermögen und geraubten Kunstwerken 141
Rehabilitierung und Anerkennung
der österreichischen Opfer der NS-Militärjustiz 147
Einrichtung des Versöhnungsfonds 159
Einrichtung des Allgemeinen Entschädigungsfonds 162

Weitere Politikfelder 164
Die Bevölkerung liest keine Völkerrechtsbücher
Debatte über die staatliche Anerkennung von Kroatien und Slowenien 165
Resistent gegen alle tierischen Schädlinge
Legalisierung der Direktträger-Rebsorte des südburgenländischen Uhudlers 168
Vom Blödeln und Beleidigen im Hohen Haus
Die Sexismusdebatte im österreichischen Parlament 171
Wie ein Blitz aus heiterem Himmel
Die Briefbomben des rechtsextremen Attentäters Franz Fuchs 175
Obdachlos unter Schwarz-Grün?
Die ersten Regierungsverhandlungen in der Geschichte der Grünen 183
Österreich will sich eine Verfassung geben
Der schwierige Anlauf der Parteien zu einer grundlegenden Staatsreform 186
Menschen schlimmer als Tiere gehalten
Politische Auslandsreisen und Wahlbeobachtungsmissionen 188

Teil 3 - Im Spiegel der Anderen 193
Günther Schefbeck:
Oppositionspolitik im Spiegel der Parlamentsstatistik 194
Was andere über Stoisits schreiben 198
ParteikollegInnen über Stoisits 209
Zivilgesellschaftliche Ehrungen 212

Teil 4 - Nachbetrachtungen 215
A. Die Erfolge 216
B. Die Erfolgsbedingungen 217
Abkürzungsverzeichnis 221
Personenverzeichnis 222

Terezija Stoisits: 16½ Jahre – 16½ Fragen

Terezija Stoisits steht am 24. Februar 2009 für ein Interview bereit, das für 10 Uhr vormittags angesetzt ist. Wenig überraschend kommt sie zu spät. Als sie aber schließlich eintrifft, sprüht sie vor Energie.

1 *Frau Stoisits, Sie wurden in den 1990er Jahren als Nationalratsabgeordnete schlagartig bekannt, weil Sie Ihre Parlamentsreden mit burgenländisch-kroatischen Worten begonnen haben. Man hat sie dafür stark angefeindet. Was sagen Sie dazu, dass seit dem Jahr 2008 zwei Minister der Bundesregierung der kroatischen Volksgruppe angehören (Darabos und Berlakovich) und diese Tatsache in der österreichischen Öffentlichkeit überhaupt keine Aufregung mehr verursacht? (siehe Kapitel „Kroatischsprachige Angelobung und kroatische Begrüßung in den Parlamentsreden")*

Wunderbar, dass das zur akzeptierten Normalität geworden ist! Seit zwei Jahrzehnten kämpfe ich für die Anerkennung der Minderheiten. Früher wurde es von den einen als exotisch, von den anderen als Anmaßung empfunden, dass die Minderheiten ihre eigene Muttersprache verwenden wollen. Heute ist das jedoch akzeptiert und wird als Teil der Normalität empfunden. Das gilt so aber nur für die burgenländischen KroatInnen. Ganz anders ist es für die Kärntner SlowenInnen.

Wann wird es einen ersten Kärntner Slowenen/ eine erste Kärntner Slowenin als Bundesminister oder Bundesministerin geben?

Ich hoffe, dass das eines Tages genauso akzeptiert werden wird. Die innere Verfasstheit Kärntens und der Republik bringt es leider mit sich, dass es diese Selbstverständlichkeit noch nicht gibt. Diskussionen um zweisprachige Ortstafeln und anderes werden von der österreichischen Öffentlichkeit immer noch als anmaßende Forderung betrachtet. Das sind aber Grundrechte der österreichischen Minderheitenangehörigen! Die burgenländischen KroatInnen haben genauso wenig das Recht in ihrem Reisepass den Namen ihres Geburtsortes in ihrer Sprache zu bezeichnen wie die Kärntner SlowenInnen. Die Normalität der zwei Minister aus der burgenländisch-kroatischen Volksgruppe steht im großen Widerspruch zu diesen ganz banalen Dingen. Aus diesem Grund gibt es in der Volksgruppenpolitik noch sehr viel zu tun. Das ist kein Feld, auf dem alles erreicht und umgesetzt wurde und das als erledigt betrachtet werden kann.

2 *Sie haben im Jahr 2005 gesagt, dass wir in einer Republik leben, in der der Begriff „Partisan" noch immer ein Schimpfwort ist. Warum gibt es Ihrer Meinung nach diese fortdauernde Diffamierung des österreichischen Beitrags zum Widerstand gegen die Nazi-Diktatur?*

Ich muss zu meinem Bedauern sagen, dass auch im Jahr 2009 bestimmte Begriffe immer noch negativ konnotiert sind und nicht wie eigentlich notwendig und den historischen Tatsachen entsprechend positiv. Es ist doch kurios, dass der Kampf der PartisanInnen gegen das NS-Regime und damit auch jener Kärntner Slowenen und Sloweninnen, die sich der Bewegung angeschlossen haben, bis heute, also mehr als 60 Jahre nach dem Zweiten Weltkrieg, noch immer in einem Teil der Bevölkerung negative Assoziationen hervorruft. Das ist österreichische Nachkriegsgeschichte. Ich bin so aufgewachsen, dass das Verwenden dieses Wortes etwas Negatives ausgedrückt hat. Jetzt muss man sich vorstellen, was das für Kärntner Slowenen und Sloweninnen bedeutet. Die historische Auseinandersetzung dauert bis heute an und sie kippt sehr leicht in Diffamierung. Es geht so weit, dass das Durchsetzen von verfassungsrechtlich gewährleisteten Rechten als eine Anmaßung betrachtet wird. Ich denke dabei etwa an Rudi Vouk, der für das verfassungsrechtlich gewährleistete Recht von zweisprachigen Ortstafeln kämpft und der als „Rechtsbrecher" diffamiert wird. Das Umfeld, in dem wir wirken, ist alles andere als leicht. Ich habe es oft genug am eigenen Leib erlebt, wie rechtmäßige Forderungen als radikal, unbotmäßig und störend hingestellt wurden. Das war mein Einstieg in die Politik: Zweisprachige Ortstafeln zu verlangen war ein Sakrileg im Burgenland. Es brauchte drei Dinge, um diesen Zustand zu verändern: Erstens, ein bestimmtes Ausmaß an Hartnäckigkeit. Zweitens, den Glauben an Rechtsstaatlichkeit. Und drittens die geopolitischen Entwicklungen und Veränderungen, etwa der Zusammenbruch des Kommunismus. Heute ist Österreich viel durchlüfteter. Die Menschen, sowohl die Mehrheitsbevölkerung als auch die Minderheiten, sind viel selbstbewusster geworden. Die burgenländischen Kroaten und Kroatinnen sind heute ein kleines Stückchen mehr ins Zentrum gerückt. Wir sind nicht mehr so sehr Peripherie wie noch bei meinem Einstieg in die Politik.

3 *Sie wurden im Jahr 1993 Opfer einer sexistischen Attacke des Abgeordneten Paul Burgstaller. Bei dem Vorfall in einer Ausschusssitzung stand Ihnen niemand zur Seite, der Ausschussvorsitzende sah keinen Grund zum Einschreiten (siehe Kapitel „Die Sexismusdebatte im österreichischen Parlament"). Wäre ein solcher Vorfall im Jahr 2009 noch möglich und würde es Protest und Widerstand im Parlament gegen derartige sexistische Zwischenrufe geben?*
Natürlich gibt es heute genauso Sexismus wie damals. Bestimmte Dinge sind heute aber nicht mehr vorstellbar. Einerseits weil die Sensibilität heute eine ungleich größere ist und andererseits weil die Solidarität von Kollegen und Kolleginnen gewachsen ist. Damals hat die ganze Diskussion im Parlament rund um diesen Vorfall dazu geführt, dass öffentlich über das Thema Sexismus diskutiert wurde. Die Debatte war deshalb so fruchtbar, weil das Parlament nicht irgendein Ort ist. Die Parlamentarier und Parlamentarierinnen setzen sich für Gleichbehandlung ein und kämpfen gegen Diskriminierung. Deshalb ist das Parlament ein Ort, der besondere Sensibilität verlangt. Die damalige Situation ist auch im Kontext der allgemeinen politischen Auseinandersetzung zu sehen. Ich habe die sexistische Attacke nicht wörtlich wiedergegeben. In einer sogenannten abweichenden Stellungnahme habe ich versucht, das Klima darzustellen, in dem die politische Ausei-

nandersetzung um die hochsensible Materie des Aufenthaltsrechts im Parlament diskutiert wurde. Es war kein Angriff auf mich als Frau, sondern zuvorderst auf mich als oppositionelle Abgeordnete. Die Tatsache, dass ich eine Frau bin, hat das noch verstärkt. Ich habe mich jedoch keine Sekunde als Opfer gesehen. Ich habe es vielmehr als meine Pflicht betrachtet, mich als Abgeordnete zum Nationalrat, die in einer unkündbaren Position ist, zur Wehr zu setzen. Es gab und gibt hunderttausende Frauen, die nicht die Möglichkeit haben, derartige Vorfälle anzuprangern. Was mich damals sehr befriedigt hat, war die Reaktion der Kolleginnen aus den anderen Parteien. Ich bin heute noch der stellvertretenden Parteivorsitzenden der ÖVP, Frau Dr. Rabl-Stadler, dankbar, die gesagt hat, dass Männer, die solche Aussagen treffen, in ihrer Partei nichts verloren haben. Das hat einiges in Gang gebracht. Retrospektiv betrachtet ist die Debatte in breiteste Schichten der Bevölkerung vorgedrungen. Es wurde darüber debattiert, ob man das darf oder eben nicht und welche Konsequenzen das hat. Die Tatsache, dass dieser Vorfall nicht ohne Konsequenzen geblieben ist, hat viele dazu ermutigt, sich bei sexistischen Angriffen zur Wehr zu setzen.

4 *Die Rehabilitierung der Wehrmachtsdeserteure wurde erst dadurch möglich, dass ein Bundesrat, Siegfried Kampl, einen unsäglichen Sager über Deserteure als „zum Teil Kameradenmörder" tätigte (siehe Kapitel „Rehabilitierung und Anerkennung der österreichischen Opfer der NS-Militärjustiz"). Ist das ein typischer Fall in Österreich?*

Ich möchte in Abrede stellen, dass die Rehabilitierung der Wehrmachtsdeserteure das Ergebnis eines Sagers von Kampl war. Die Rehabilitierung war ein langwieriger politischer Prozess, der in den 1990er Jahren begonnen hat, der sich dann bis 2005 fortentwickelt hat und den ich bis heute noch nicht als abgeschlossen betrachte, weil es noch immer Lücken gibt. Die Kampl-Diskussion war in der spezifischen Situation von großer Bedeutung, weil sie mitten in eine Zeit fiel, in der der damalige Bundeskanzler das Bedenkjahr 2005 ausgerufen hatte. Die Aussage von Kampl hat auf sehr drastische Art und Weise gezeigt, dass es noch große Lücken in der Auseinandersetzung gibt. In der Folge wurden schon vorhandene Erosionsprozesse durch diese Diskussion beschleunigt. Die Auseinandersetzung mit den österreichischen Opfern der NS-Diktatur, mit den Deserteuren, hat nicht Siegfried Kampl geführt, das haben engagierte Historikerinnen und Historiker getan, engagierte Politikwissenschafter und Politikwissenschafterinnen und engagierte Politikerinnen und Politiker, und zwar seit den 1990er Jahren. Eine Folge der Kampl-Diskussion waren schließlich parlamentarische Gestensetzungen, als mehr würde ich das nicht bezeichnen.

5 *Wann wird ein Oppositionsthema mehrheitsfähig? Oder anders gefragt, wann setzt die Regierung ein Minderheitsthema auf ihre Agenda?*

In der Politik muss für eine Idee, für ein Anliegen eine gesellschaftliche Mehrheit erkämpft werden. Das ist das Wesen der Demokratie. Als Teil des Parlaments mit 182 anderen VolksvertreterInnen ist man Teil der Gesellschaft und kann so versuchen auf Gesetze, die im Parlament beschlossen werden, Einfluss zu nehmen. Im Parlament werden Diskussionen geführt, die gesellschaftliche Auswirkungen haben. Die wesentlichste Aufgabe von Oppositionsabgeordneten ist es, Anstoß und Impulse zu geben. Sie müssen sich um Fragen kümmern, die noch keine gesellschaftliche Akzeptanz haben, aber notwendig sind. Diese Arbeit ist keineswegs sinnlos, auch wenn es manchmal unglaublich mühselig ist und es unglaublich viel Energie braucht, um nur ein kleines Stückchen weiter zu kommen. Ich will und kann mir eine parlamentarische Demokratie ohne Opposition nicht vorstellen.

Welche Tipps und Tricks haben Sie in Ihrer langen Zeit als Parlamentarierin in der Opposition sammeln können?

Die oppositionelle parlamentarische Arbeit muss zwei Bedingungen erfüllen: Erstens, sie muss inhaltlich fundiert sein. Die Beiträge im parlamentarischen Prozess, etwa in den Ausschüssen, müssen von höchster Güte sein. Wenn sie das nicht sind, finden sie keine Anerkennung. Das heißt dann aber nicht automatisch, dass man sich durchsetzt. Das ist eine harte anstrengende Arbeit, vor allem mit dem Kopf. Die zweite Bedingung für das Abgeordnetendasein ist jenseits der direkten parlamentarischen Arbeit die gesellschaftliche Funktion. In meiner Arbeit hat es wenig Graubereiche gegeben. Die einen haben mich 100 Prozent unterstützt, die anderen zu 100 Prozent bekämpft. Das ist genau jene Rolle, die die Grünen als Oppositionspartei im politischen parlamentarischen Gefüge haben. Das heißt aber nicht, dass das für die Ewigkeit so bestimmt ist. Im Gegenteil! Opposition ist kein Selbstzweck, sondern immer von der Absicht getragen direkt und unmittelbar in den Gesetzgebungsprozess eingreifen zu können. Ich verhehle nicht, dass ich mir oft gewünscht habe, einen derartigen Einfluss auf Gesetze zu haben, wie ihn meine KollegInnen von den Regierungsparteien hatten. Gleichzeitig ist die Notwendigkeit zu Pragmatismus viel höher für Regierungs- wie für Oppositionsabgeordnete. OppositionspolitikerInnen müssen pointiert formulieren, weil sie sonst nicht gehört werden. Vielfach wurde uns unterstellt, wir würden übertreiben, wir würden es uns leicht machen. Würde die Opposition so agieren wie die Regierung gäbe es wichtige Auseinandersetzungen nicht. Ich bin ja das Werkzeug jener, die sich nicht durchsetzen können. Ich erlebe jetzt als Volksanwältin vielfach die Auswirkungen von Gesetzen, auf deren Mängel ich schon im Jahr 1999 als Oppositionsabgeordnete hingewiesen habe. Das ist aber in gewisser Hinsicht auch das Schicksal von Oppositionsabgeordneten.

6 *Sie haben in Ihrer parlamentarischen Laufbahn viele politische Entwicklungen angestoßen, etwa im vergangenheitspolitischen Bereich oder im Bereich der Stärkung der Rechte von Untersuchungshäftlingen (siehe Kapitel „Einsatz für einen humanen Strafvollzug und für die Rechte von Untersuchungshäftlingen").*

In vielen Fällen war es aber schwierig für Sie, diesen konkreten Einfluss der Grünen auf die österreichische Regierungspolitik, sichtbar zu machen. Warum?
Das ist die Kehrseite der Oppositionsarbeit. Denn wenn es der Opposition gelingt Einfluss auf die Arbeit der Regierung zu nehmen, dann ist es die Mehrheit oder die Regierung, die etwas gemacht hat und die es damit für sich beansprucht und nicht die Opposition. Ich habe mir immer gedacht, dass jene, die meine Arbeit beobachten schon wissen, welche Auswirkungen die Arbeit der Grünen hat. Die große Öffentlichkeit hat das aber wahrscheinlich oft nicht wahrgenommen. Für mich ist es schwer zu akzeptieren, dass sich andere mit Federn schmücken, die ihnen nicht gebühren, aber das ist eben das Schicksal von Oppositionsarbeit.

7 *Wie war das für Sie, als Wolfgang Schüssel im Jahr 2000 die ersten zweisprachigen Ortstafeln im Burgenland und in Kärnten eingeweiht hat (siehe Kapitel „Zweisprachige Topografie: Ortstafeln")?*
Einerseits habe ich mich darüber geärgert, mit welcher Überheblichkeit Schüssel den Einsatz der Grünen für zweisprachige Ortstafeln ignoriert hat. Andererseits hat die neue Praxis gezeigt, dass sich Beharrlichkeit bei richtigen und wichtigen Forderungen auszahlt. All jene, die die Grünen wegen der Forderung nach zweisprachigen Ortstafeln angefeindet hatten, waren hoffentlich restlos beschämt.

8 *In Ihrer parlamentarischen Arbeit haben Sie oft auf die offene oder verdeckte Expertise von VertreterInnen von Nicht-Regierungs-Organisationen (NGOs) zurückgegriffen. Welche Chancen aber auch Schwierigkeiten sehen Sie in der Zusammenarbeit von gewählten ParlamentarierInnen und NGO-VertreterInnen?*
NGOs und den zivilgesellschaftlichen Gruppierungen bin ich unendlich dankbar! Ohne deren Input wäre meine Arbeit nicht möglich gewesen, denn die Opposition führt kein isoliertes Dasein im Parlament. Wenn ich etwas im Parlament gefordert habe, speiste sich das sehr oft aus zivilgesellschaftlichen Forderungen. Für mich als Grüne im Parlament war es daher manchmal seltsam, wenn NGOs auf keinen Fall parteipolitisch zuordenbar sein wollten, so berechtigt das ist. Ich war ausschließlich auf ihrer Seite und habe mich mit dieser Kluft schwer getan. Meine Conclusio ist, dass die erfolgreiche Vertretung von Minderheitenrechten, Menschenrechten, Grundrechten und so weiter nur dann möglich ist, wenn es deckungsgleiche Forderungen mit der Zivilgesellschaft gibt. Nur mit dieser Deckung kann der Kampf für eine gesellschaftliche Mehrheit erfolgreich sein.

9 *Von manchen Leuten wird behauptet, Ihre Initiativen gegen Verschärfungen oder für Erleichterungen im Fremdenrecht seien oft mehr Abwehrkampf gegen noch schlimmere Gesetze und Praktiken als positive Politikgestaltung gewesen. Was halten Sie diesen Leuten entgegen?*
Der Eindruck ist nicht immer unbegründet, wenn man die parlamentarischen Mehrheitsverhältnisse heranzieht. Das Fremdenrechtspaket 2005 etwa wurde im

Nationalrat von den beiden Regierungsparteien und der damals größten Oppositionspartei, der SPÖ, beschlossen. Die Grünen standen parlamentarisch alleine da. Jetzt könnte daraus der Schluss gezogen werden, dass unser Einsatz aussichtslos war. Das ist aber eine rein numerische Bewertung. Nichtsdestotrotz waren zivilgesellschaftliche und kirchliche Einrichtungen auf Seiten der Opposition. Ich widerspreche der Behauptung, dass es von der Opposition keine konstruktiven Vorschläge zum Thema der sogenannten Ausländerpolitik gegeben hätte. Das ist vollkommen falsch, und zwar, weil die wichtigsten Ansatzpunkte zu Diskussionen in der öffentlichen Debatte aus drei Ecken gekommen sind: aus der Zivilgesellschaft, aus der Wissenschaft und schließlich aus den Reihen der grünen Oppositionspartei. Als den größten Mangel, ja fast schon als Niederlage sehe ich es an, dass Integrations- und Migrationspolitik immer noch ausschließlich dem jeweiligen Innenminister oder der jeweiligen Innenministerin überlassen wird und damit fast ausschließlich als sicherheitspolitisches Thema betrachtet wird. Was die Grünen erreicht haben durch jahrelanges Lobbying gemeinsam mit der Zivilgesellschaft ist die Einrichtung des Menschenrechtsausschusses im Parlament. Dieser wurde aber gleichzeitig kurzgehalten, d.h. es ist dort zu keinen substantiellen Debatten über Gesetze gekommen, weil die wichtigen Fremdengesetze ausschließlich im Innenausschuss diskutiert wurden.

10 *Im Zuge meiner Recherche habe ich unter anderem sieben Ordner gefüllt mit besonders beleidigenden Beschimpfungen gegen Sie durchgesehen. Dieses Material habe ich nicht verwendet, weil es nicht möglich wäre, derartige Beschimpfungen in einem Buch abzudrucken. Wie gehen Sie mit derartigen persönlichen Untergriffen um? Hat dieser Hass, der Ihnen entgegengeschlagen ist – auch vor dem Hintergrund des versuchten Briefbombenanschlags gegen Sie – Spuren bei Ihnen hinterlassen (siehe Kapitel „Die Briefbomben des rechtsextremen Attentäters Franz Fuchs")?*
Ich glaube nicht, dass mich diese Angriffe in meiner Arbeit beeinträchtigt haben; ich nehme die Zeit der Briefbombenanschläge aus. Diffamierende Stellungnahmen aus der Bevölkerung habe ich als einen Teil meiner Arbeit gesehen. Ich habe versucht mich nicht davon beeinflussen zu lassen, mich nicht ängstlich machen zu lassen, mich nicht von Vorhaben abbringen zu lassen. Persönlich ließ mich das nicht ungerührt, ich habe ja keinen Panzer. Mein Motto war immer: Politikerin sein ist ein wahrlich selbstgewähltes Schicksal. Jenen, die mich persönlich diffamiert haben, wollte ich nicht die Genugtuung geben, dass mich ihre Angriffe beschäftigen. Meine Kraft habe ich für andere Dinge gebraucht. Eine andere Ebene ist die öffentliche Auseinandersetzung, etwa mit Boulevardmedien. Wenn der Boulevard auf einen einschlägt, muss man widerständig sein. Nachgiebigkeit ist hier ein Eingeständnis der Niederlage. Diese Auseinandersetzungen müssen geführt werden, es geht nicht anders.

11 *Beim Thema Tierschutz ist Konsens darüber möglich, welche Bestimmungen gegen den Schutz von Tieren verstoßen, – sogar gemeinsam mit der Kronen Zeitung. Wieso ist das beim Thema Menschen- und Grundrechte, siehe etwa den Kampf um ein Bleiberecht, so viel schwieriger (siehe Kapitel „Diskussion des Bleiberechts")?*

Im Tierschutz endet der Konsens dort, wo es um ökonomische Interessen geht. Es ist einfach und unverfänglich sich für schutzlose Tiere einzusetzen. Es ist ungleich schwieriger und anstrengender, Solidarität mit anderen Menschen zu zeigen, die möglicherweise die Konsequenz hat, dass man etwas teilen muss. Dann kommt dazu, dass viele Menschen Ängste sich selber und ihr Umfeld betreffend haben. Und wenn dann diese Ängste geschürt und benutzt werden und ein Sündenbock kreiert wird, wird es noch viel schwieriger. Außerdem gibt es viel zu wenig positive Beispiele von Menschen, die in der Öffentlichkeit stehen und sich engagieren. Ich bin überzeugt, dass es diese positiven Beispiele braucht. Leute die in der Öffentlichkeit stehen oder Vorbilder sind, haben eine Verpflichtung sich gegen etwas zu stellen oder sich für etwas einzusetzen.

12 *Warum sind Sie eigentlich in die Politik gegangen und Abgeordnete geworden?*

Die Grünen haben mich gefragt und mir ein konkretes Angebot gemacht. Ich war 31 und bis dahin immer schon an Politik im weiteren Sinne interessiert. In der Schule war ich Klassensprecherin und Schulsprecherin, als Studentin war ich politisch engagiert. Insofern war es nur ein konsequenter Schritt, das reizvolle Angebot der Grünen 1990 anzunehmen. Es war damals nicht absehbar für wie lange das sein würde, die Grünen waren erst vier Jahre im Parlament. Es hätte bei einem Scheitern nach wenigen Jahren auch Konsequenzen für meine berufliche Laufbahn als Verwaltungsjuristin im Ministerium haben können. Ich bin jedoch kein ängstlicher Mensch und ich bin voller Elan, Enthusiasmus und Zuversicht an meine neue Aufgabe herangegangen. Diese Kraft hing aber von der starken Unterstützung ab, die ich als Abgeordnete um mich herum immer hatte. Unterstützerinnen und Unterstützer, Förderinnen und Förderer und ein positiv eingestelltes persönliches Umfeld haben sicher sehr geholfen. Das Abgeordnetendasein ist einfach eine unglaublich interessante Tätigkeit. Es gibt kaum Schablonen, es gab damals so viele Freiheiten und Möglichkeiten unkonventionelle Sachen auszuprobieren.

13 *Was ist wichtig für das Umfeld einer Abgeordneten/eines Abgeordneten?*

Politikerin zu sein bedeutet, 24 Stunden am Tag, 365 Tage im Jahr Mandatsträgerin zu sein. Für das Umfeld einer Politikerin sind mehrere Dinge ausschlaggebend: Jene mit denen man beruflich sehr viel Zeit verbringt, also KollegInnen im Klub und in der Partei, sind ganz wichtig als IdeengeberInnen. Darüber hinaus ist es für eine politische Mandatarin sehr wichtig, sich ein Umfeld zu schaffen, das nicht unmittelbar mit dem eigenen Beruf zu tun hat. Es braucht Menschen, die von außen Rückmeldungen geben. Und zusätzlich ist es auch notwendig, in der

Wirklichkeit, in der normalen Welt zu leben. Nur so bleibt das Sensorium dafür erhalten, was die Bedürfnisse der Menschen sind. Ich würde Leuten, die nie ein öffentliches Verkehrsmittel benutzen, nicht die Planung des öffentlichen Verkehrs überlassen. Für PolitikerInnen ist es auch ganz wichtig, sich in dem Umfeld für das man Politik macht zu bewegen. Weiters habe ich immer das Bedürfnis nach einem Freundeskreis und einer Familie gehabt. Die beruflichen Kontakte fallen irgendwann einmal weg – Freunde, Freundinnen und Verwandte bleiben jedoch bestehen. Heute würde man sagen, dass es einer gewissen Erdung bedarf. Das gilt für alle PolitikerInnen.

14 *Frau Stoisits, Sie gehören einer PolitikerInnengeneration der Grünen an, die polarisierte, die aktionistisch war, die nicht davor zurückscheute sich unbeliebt zu machen. Gibt es heute ein neues Politikverständnis bei den Grünen? Sind die Grünen heute mit dem Ziel der Stimmenmaximierung weniger angriffig?*
Wir haben immer das Ziel der Stimmenmaximierung gehabt. Wir versuchen so viele Menschen wie möglich von unserer Politik zu überzeugen, um unseren Einfluss zu vergrößern. Wir kämpfen um jede Stimme! Mit vier oder fünf Prozent Stimmenanteil war es jedoch vermessen zu sagen, wir möchten Teil der Regierung sein. Bei 10 Prozent gibt es durchaus eine Berechtigung dazu. Die Grünen haben seit 1986 viele parlamentarische Erfahrungen gemacht. Nach 16 Jahren im Parlament habe ich persönlich alles erlebt, was eine oppositionelle Abgeordnete erleben kann. Das einzige, was ich nicht mitgemacht habe, war ein Untersuchungsausschuss. Alle anderen Aspekte, schöne und weniger schöne Seiten, habe ich erlebt. Das heißt, ich und die Grünen haben sehr viel gelernt und wir kennen das Oppositionshandwerk ganz genau. Es ist nur verständlich, dass wir das, was wir als Oppositionsarbeit formuliert haben, nun auch in einer Regierung umsetzen wollen. Ich habe das im Grünen Klub im Parlament immer ganz klar und deutlich gemacht. In der Regierung können wir sicher nicht 100 Prozent umsetzen. Kompromisse sind notwendig. Aber es wäre einen Versuch wert. Bedauerlicherweise ist es bis jetzt auf Bundesebene noch nicht dazu gekommen. Ich meine, Österreich ist damit etwas entgangen.

Hätten die Grünen in den 1990er Jahren klarere Worte zur Aufnahme von ein, zwei Häftlingen aus Guantanamo als humanitäre Geste gefunden als heute?
Ich halte es für einen groben Fehler, dass sich die Grünen in dieser Frage nicht stärker positioniert haben. Für mich ist es vollkommen unverständlich, dass sich in einem Problembereich, den Barack Obama anpackt, die österreichische Opposition so ziert. Das kann ich als Außenstehende nicht nachvollziehen. Wäre ich noch Parlamentarierin, hätte ich das vehement eingefordert. Es gibt Fragen, mit denen kein Blumentopf zu gewinnen ist und die auf den ersten Blick vielleicht sogar nachteilig erscheinen. Aber es gibt grundsätzliche Fragen, die sind einfach Teil eines grünen Selbstverständnisses. Ich verhehle also nicht, dass ich enttäuscht

bin, dass es hier keine klarere grüne Position gab. Die Fraktion hat sich zwar zur Aufnahme von Guantanamo-Häftlingen bekannt, aber sie hat das öffentlich zu wenig thematisiert.

15 Welches Resümee Ihrer parlamentarischen Arbeit ziehen Sie rückblickend?
Ich hätte rückblickend manche Dinge noch viel intensiver bearbeiten sollen. Ich habe mich manchen Themen aus Zeit- und Kapazitätsgründen nicht in ausreichendem Ausmaß gewidmet. Seit eineinhalb Jahren habe ich nun einen Blick von außen ins Parlament hinein. Ich erkenne dabei, dass manche Dinge gar keine Chance haben das Licht der Öffentlichkeit zu erblicken. Ich bin aber fest davon überzeugt, dass 23 Jahre grüne Parlamentsarbeit etwas ganz Wesentliches für die Zweite Republik war. Der Einzug der Grünen bleibt für die politische Kultur und die politische „Hygiene" in diesem Land von größter Bedeutung. Für mich ist die Zweite Republik ohne diesen Beitrag unvorstellbar.

16 Inwiefern ist Ihre jetzige Arbeit als Volksanwältin eine politische Tätigkeit?
Na, das ist doch eine zutiefst politische Tätigkeit, wenn auch keine parteipolitische! Ich bin schließlich keine grüne Volkanwältin, sondern Volkanwältin für alle. Meine verfassungsmäßige Aufgabe ist es, an mich herangetragene Mißstände aus der Verwaltung aufzuzeigen, zu thematisieren und zu ihrer Beseitigung beizutragen. Menschen, denen von der Bürokratie, der Obrigkeit und im weitesten Sinne der Politik ein tatsächliches oder ein subjektiv empfundenes Unrecht widerfahren ist, brauchen eine staatliche Instanz die „Entschuldigung" sagt. Das gibt es viel zu selten, weder in der Justiz noch in der Verwaltung. Ich versuche als Volksanwältin eine solche Instanz zu sein.

16½. Welche Botschaft haben Sie an Ihre NachfolgerInnen bei den Grünen im Hinblick auf das unermüdliche Bohren dicker Bretter?
Die wichtigste Voraussetzung für eine Politikerin/einen Politiker ist: sie müssen Menschen gerne haben und sie dürfen die Auseinandersetzung mit Menschen nicht scheuen. Hier geht es nicht nur um die intellektuelle, sondern auch um die physische Auseinandersetzung und Konfrontation. Eine Politikerin, die Distanz zu den WählerInnen bewahrt, bleibt in Abgehobenheit verhaftet. Ich habe in der Volksanwaltschaft die Erfahrung gemacht, dass es ganz wichtig für die Akzeptanz der Politik ist, dass die Menschen das Gefühl haben, dass jene, die sie entsenden um Politik zu machen gerade nicht abgehoben sind.

Frau Stoisits, vielen Dank für dieses Gespräch.

Terezija Stoisits: 16 ½ ljet – 16 ½ pitanj

Termin za intervju s Terezijom Stoisits bio je dogovoren za 24. februara 2009. ljeta u 10.00 uri. Da će kasniti, sam skoro očekivao, no kada je konačno došla je bila puna energije.

1. *Gospodja Stoisits, u 1990-i ljeti ste od jednom postali poznatom, jer ste Vaše govore u Austrijskom parlamentu počeli gradišćanskohrvatskim pozdravom. Mnogi su Vam se zbog toga nagražali (vidi poglavlje „ Kroatischsprachige Angelobung und kroatische Begrüßung in den Parlamentsreden"). Kako Vi ocjenjujete činjenicu da su od 2008. ljeta dva gradišćanski Hrvati imenovani saveznim ministrom (Darabos i Berlaković), i da se austrijska javnost uopće nije uzrujavala zbog toga?*
   Da to austrijska javnost akceptira kao normalno stanje je zvanaredno! Ja se borim jur dvoja desetljeća za priznanje manjin. Prije se je gledalo jur samo potrebu za korišćenjem materinskoga jezika egzotičnim ili preuzetnim. No, dandanas je to postalo normalnim stanjem i ljudi to akceptiraju. Nažalost ova izjava valja samo za gradišćanske Hrvate, jer je situacija sasvim drugačija ako gledamo na koruške Slovence.

   Kada će postati prvi koruški Slovenac/prva koruška Slovenka saveznim ministrom/saveznom ministricom?
   Ufam se da bi se i to moglo jednoga dana akceptirati. To do sada nije po sebi razumljivo, jer unutrašnjo stanje i sustav Koruške kao i Austrije to ne dozvoljavaju. Još svenek je potribovanje za dvojezične tablice ili slično preuzetno za austrijsku javnost, akoprem su to temeljna prava manjine. Ni gradišćanski Hrvati ni koruški Slovenci na primjer nimaju pravo da se u putovnicu zapiše mjesto rodjenja i na manjinskom jeziku. Nekako to nije logično, jer vidimo da javnost akceptira dva gradišćanskohrvatske ministre bez problemov, ali kod nekih banalnih stvari je situacija još uvijek drugačija. Po tomu mislim da ima još dost posla u manjinskoj politiki – na ovom području ima još čuda čega za dostignuti i učiniti, sigurno nije sve riješeno.

2. *Još 2005. ljeta ste rekli da živimo u republiki u koj je pojam "partizan" pogrdna rič. Zač postoji po Vašem mišljenju ovo omrazivanje austrijskoga prinosa otporu protiv nacionalsocijalističke diktature?*
   I u današnje vrime, u 2009. ljetu, su nažalost neki pojmovi još svenek negativno konotirani, i ako bi moralo biti obratno u pogledu na povjesne činjenice. Zapravo je čudno da se do danas, 60 ljet po završetku Drugoga svitskoga boja, negativno gleda i asocira otpornu borbu partizanov – a tim i onih koruških Slovencev ki su se tomu pridružili. To je austrijska poslijebojna povijest. I ja sam još odrasla s tim, da rič "partizan" označava nešto negativno – a sada moramo biti svisni toga, ča to

znači za koruške Slovence i Slovenke. Povijest se i dandanas tim bavi, no jako lako se pritvara u omrazivanje, a to ide još i tako daleko da se gleda zakonska prava po državnomu ugovoru preuzetnim. Ovde mislim na primjer na Rudija Vouka, ki se bori za dvojezične tablice, ke su po Državnomu ugovoru osigurani, ali njega se gleda kao da krši, lamlje pravo. Okolnosti u ki moramo djelovati su sve drugo, samo ne jednostavne. I sama sam većkrat doživila kako se je neka moja zakonita potribovanja komentiralo kao radikalna, bludna i neprikladna. A to je bilo moje stupanje u politiku: potribovati dvojezične tablice je bilo svetogrdje u Gradišću, a da bi se to stanje prominilo je tribalo tri stvari: nepopustljivost kao prvo, onda uvjerenje u pravnu državu, a tretič, geopolitičke razvitke i promjene, kao na primjer propast komunizma. Danas je Austrija čuda već „prozračena" a ljudi su samosvisniji, i većinski narod, i manjine. Gradišćanski Hrvati su danas i jače u centru pažnje, ča je bilo potpuno obratno na početku moje političke karijere, jer smo tada bili još na rubu ili periferiji.

3. *Zastupnik Paul Burgstaller vas je 1993. ljeta pri odbornoj sjednici atakirao na seksistični način, no u toj situaciji Vam nigdor nije pomogao, a ni predsjednik odbora nije intervenirao (vidi poglavlje „Die Sexismusdebatte im oesterreichischen Parlament"). Je li bi takov slučaj bio moguć još dandanas, u 2009. ljetu ili bi došlo do otpora i protesta u Parlamentu, ako bi opet došlo do sličnih seksisti čnih izjavov?*

Naravno ima i danas isto toliko seksizma kao i tada, i ako se neke stvari u današnje vrime već ne bi moglo zamišljati, jer je senzibilnost znatno viša a i potpora kolegov i kolegic je porasla. Kada je došlo do diskusije u Parlamentu oko toga dogadjaja se je i javno počelo raspravljati o seksizmu, a pokidob da Parlament nije bilokakovo mjesto je ova rasprava bila jako plodna. Ovo je mjesto ko samo po sebi potribuje posebnu senzibilnost, jer se zastupniki i zastupnice u Parlament boru za ravnopravnost i protiv diskriminacije. Tadašnja situacija se mora gledati i u kontekstu opće političke rasprave. Tu izjavu onda nisam doslovno ponovila, nego sam u takozvanom udaljenom zauzimanju stajališća pokazala na atmosferu u koj se je peljala politička diskusija u Parlamentu oko ćutljive teme boravišnoga prava. To nije bio napad na mene kao ženu, nego na mene kao političarku opozicije. Naravno je činjenica, da sam žena, to još pojačala. Ipak se ni jedne sekunde nisam vidila kao žrtvu, nego sam gledala kao svoju dužnost da se kao neotkaziva zastupnica u Nacionalnom vijeću borim i branim. Mnoge žene nisu u takovoj poziciji da bi pokazivale na slične slučaje. Tada me je posebno reakcija kolegic drugih partijov jako zadovoljavala. Još danas sam gdji dr. Rabl-Stadler, tada zastupnica partijskoga predsjednika narodne stranke, jako zahvalna, jer je izjavila da osoba s takovom izjavom nima mjesta u nje stranki. To je pokrenulo čuda toga. Ako gledam unajzad je ova diskusija došla do šire javnosti, počelo se je raspravljati, smije li se davati onakove izjave ili ne tr ke su posljedice toga. Ipak mislim da je ov slučaj, ki upravo nije bio bez posljedic, mnoge ohrabrio da se branu u slučaju seksističnoga napada.

4. *Rehabilitacija vojnih biguncev je bila stoprv moguća kada je zastupnik u Savezno vijeće Siegfried Kampl na neizreciv način izjavio, kako su bili neki tih vojnih biguncev "dijelom umorniki tovaruševv" (vidi poglavlje „Rehabilitierung und Anerkennung der österreichischen Opfer der NS-Militärjustiz"). Je li to za Austriju tipičan slučaj?*

Zapravo ne bi potvrdila da je rehabilitacija vojnih biguncev posljedica izjave Siegfrieda Kampla, već je to bio dugi proces ki se je počevši u 1990-i ljeti razvio sve do 2005. ljeta. No i dandanas ima dost nedostatkov i ne gledam ga završenim. Rasprava oko Siegfrieda Kampla je bila iznimno važna u toj dost specifičnoj situaciji, jer je u to vrime savezni kancelar izjavio 2005. kao spomen-ljeto. Kamplova izjava pokazala je na dost drastičan način kako je ova rasprava škuljava i nepotpuna, a jednostavno je ova diskusija samo ubrzavala jur postojeće procese. Tu raspravu oko austrijskih žrtvov NS-diktature su vodili angažirani povjesničari i povjesničarke, angažirani politologi i politolokinje a konačno i angažirani političari i političarke sve od 1990-ih ljet. Po meni je bila posljedica ove Kampl-diskusije samo neki znak na vani Parlamenta, a ne već.

5. *Kada postane tema opozicije zanimljiva za većinu? Ili, da pitamo drugačije, kada vlada stavi temu manjine na svoju agendu?*

U politiki moramo izboriti društvenu množinu za ideje i želje. To je bit demokracije. Ja kao dio Parlamenta s 182 drugi zastupniki naroda smo dio društva i tako morem imati uticaj na zakone ke se onde odlučuju. Peljamo diskusije s društvenim uticajem u Parlamentu. Najvažnija zadaća zastupnikov opozicije je da dajemo impulze i poticaje. Moraju se skribiti za ona pitanja, ka su potribna i važna, ali još nisu prihvaćena u javnosti. Nikako nije besmisleno to djelovanje, i ako je ponekad jako naporno i uzima čuda energije za samo male korake. Ne morem i ne kanim si predstaviti parlamentarnu demokraciju bez opozicije.

Uvadite nam li neke tipe i trike ke ste stekli u Vaše vrime kao parlamentarka opozicije?

Opozicijsko djelovanje u Parlamentu triba ispuniti dva uvijete: mora biti kao prvo temeljito po sadržaju – prinosi u parlamentarnom procesu moraju biti od iznimne kvalitete, jer inače nimaju priznanja. To ali ne znači da se i probijaju, ča je težak i naporan posao, pred svim u glavi. Drugič je za zastupnike uz parlamentarno djelovanje važna i društvena funkcija. Nije bilo nejasnih područjev u mojem djelovanju: ili su me ljudi potpuno podupirali, ili se potpuno borili protiv mene. Upravo to je i uloga Zelenih kao opozicijska partija u političkom parlamentarnom okružju. Naravno to ne mora biti na sve vijeke tako. Potpuno je obratno! Biti opozicijom nije samosvrhovitost, već nakana imati direktni ili indirektni uticaj na proces zakonodavstva. Ne bi zatajila da sam i ja ponekad željila imati toliko uticaja na zakonodavstvo kao moji kolegi iz vlade. No u isto vrime je pragmatizam znatno jači za zastupnike vlade nego za one opozicije. Zastupniki opozicije moraju svoje izjave formulirati čuda jasnije i konkretnije da bi se čule. Dostkrat su nam neki predbacivali da pretiravamo ili da išćemo najlaglji put, ali ako bi opozicija postupila na isti način kao i vlada ne bi došlo do važnih raspravov. Ipak sam ja "alat" onih, ki nimaju glasa i se ne moru probiti. Danas vidim u svojem poslu kao narodna odbraniteljica one posljedice nekih zakonov, od kih sam jur 1999. kao zastupnica opozicjie rekla da su manjkavi. Ali mislim da je to do neke mjere sudbina opozicije.

6. *Dosle ste bili aktivni u Austrijskom parlamentu natuknuli ste mnoge političke razvitke, kao na primjer na području svladavanja austrijske političke prošlosti, ali i ča se tiče ojačanja prava istražnih zatvorenikov (vidi poglavlje „Einsatz für einen humanen Strafvollzug und für die Rechte von Untersuchungshäftlingen"). Ali dostkrat je bilo teško za Vas, da konkretni uticaj Zelenih na politiku austrijske vlade bude i vidljiv. Zač?*
To je druga strana opozicijskoga djelovanja - ako ima opozicija uticaja na djelovanje vlade, onda je ipak većina ili vlada činitelj a tim i more potribovati priznanje za to, a ne opozicija. Ja sam svenek mislila da svi oni ki pratu moje djelovanje ipak znaju kakov uticaj imaju Zeleni. No šira javnost to najvjerojatnije nije uptila. Sudbina opozicije je da se drugi moru dičiti tvojim dostignućem, a to sam ja svenek teško mogla akceptirati.

7. *Kako ste se ćutili kada je Wolfgang Schüssel 2000. ljeta svečano postavio prve dvojezične seoske tablice (vidi poglavlje „Zweisprachige Topografie: Ortstafeln im Burgenland und in Kärnten")?*
S jedne strane sam se strašno jadala da je Schüssel tako oholo ignorirao trud Zelenih za dvojezične tablice. Ali s druge strane je ova nova praksa pokazala da se za ovako važna i pravična potribovanja isplati biti penetrantan i čvrst. Ufam se da su bili potpuno osramoćeni svi oni ki su se Zelenim grozili zbog potribovanja za dvojezičnimi tablicami.

8. *Dostakrat ste u Vašem parlamentarnom poslu koristili javne i zakrivene ekspertize zastupnikov ne-vladinih organizacijov. Kakove su šanse ali i pogibelji u suradnji odibranih parlamentarcev i parlamentarkov sa zastupniki ne-vladinih organizacijev?*
Jako sam zahvalna svim ne-vladinim organizacijam i gradjansko-društvenim grupam! Moje djelovanje ne bi bilo moguće bez njevoga zalaganja, jer opozicija u parlamentu ne biva u izolaciji. Čudakrat ako sam nešto potribovala u Parlamentu su to bila gradjansko-društvena potribovanja. Zato je za mene kao zastupnica Zelenih bilo i ponekad čudno da su se neke ne-vladine organizacije tako branile protiv partijskopolitičkoga svrstanja, i ako je to dost opravdano. Ta puč je bila dost teška za mene, a svenek sam bila na nje strani. Da bi se moglo uspješno zastupati manjinska, ljudska i osnovna prava itd. su po mojem zaključku potribna istovjetna potribovanja s gradjanskim društvom. Samo ako se to poklapa more biti uspješna borba za društvenu množinu.

9. *Neki su ljudi tvrdili da Vaša inicijativa protiv zaoštrenja odnosno za polakšanje prava strancev nije bilo pozitivno političko stvaranje, nego već otporni boj protiv još strože zakone i prakse. Kako i ča odgovarate na takove izjave?*
Ako gledamo na parlamentarne množinske odnose ta utisak ima svoje uzroke. U 2005. ljetu su obadvi partije vlade i tada najveća opozicijska partija SPÖ odlučile sve oko prava strancev u saveznom vijeću, a Zeleni su parlamentarski ostali sami. Iz toga bi se sada moglo zaključiti, da je naš trud bio bez ufanja – ali to je ocjena čisto po broju. Ali gradjansko-društvene grupe kao i Crikva bile su na strani opozicije. Čvrsto pogovaram, da nije bilo konstruktivnih predlogov iz opozicije oko političkoga zahadjanja sa stranci. To nikako nije točno, jer su došle najvažnije polazne točke ove diskusije u javnom društvu iz trih kutov: iz civilnoga društva, iz znanstvenosti i konačno iz opozicijske partije Zelenih. Mislim da je najveća kvar, ako ne i zgubitak, da je integracijska i migracijska politika isključivo posao vladajućega ministra ili ministrice za unutarnje posle. Tim se ovu tematiku isključivo gleda kao dio sigurnosne politike. Zeleni su skupa sa civilnim društvom pomoću ljeta dugoga lobiranja uspjeli ustanoviti odbor za ljudska prava u parlamentu. No u ovom odboru nije moglo dojti do temeljite diskusije oko zakonov, jer su se ovi zakoni oko strancev isključivo dogovarali u odboru unutrašnjih poslov.

10. *U toku mojega istraživanja pregledavao sam i sedam mapov pune posebno uvrednih psovkov i grdanj protiv Vas. Pokidob da nije moguće takove izjave tiskati u jednoj knjigi, nisam koristio ta materijal. Kako zahadjate s takovimi osnobnimi napadi? Je li ima posljedic takove mržnje, kom su Vam se neki obratili – i ako gledamo na pokušaj atentata s bombom u pismu (vidi poglavlje „Die Briefbomben des rechtsextremen Attentäters Franz Fuchs“)?*
Mislim da ti napadi nisu škodili mojemu djelovanju. Samo vrime atentata s bombom u pismu željim isključiti iz te izjave. Omrazivanje iz redov naroda sam gledala kao dio svoga djelovanja. Pazila sam da to nima uticaja na me niti na moj posao ili da se ne plašim zbog toga i da se ne predajem u pogledu na svoje nakane. Ali naravno da je to za mene osobno bilo dostkrat teško, ipak nimam oklopa oko sebe. Ali moje geslo je uvijek bilo, da sam si sama odibrala moju sudbinu da budem političarka. A onim ki su me omrazivali zapravo i nisam kanila dati zadovoljšćinu da me ti napadi muču. Tribala sam svoju moć i snagu za druge stvari. Sasvim druga razina je naravno ona javna, na primjer sukob s bulevarskimi medijami. Ako bulevard po tebi tuče, moraš biti otporan. Ako propustiš je to kao da priznaješ zgubitak. Ove se svadje moraju voditi, nije drugačije moguće.

11. *Ča se tiče obrambe, zašćite živin lako je dojti do suglasnosti, kada se krši prava obrambe životinj – još i s dnevnimi novinami Kronen Zeitung. Ali zač je isto to tako teško ako gledamo na ljudska ili temeljna prava, misleći primjerice na borbu za boravišno pravo (vidi poglavlje „Diskussion des Bleiberechtes“)?*
Suglasnost oko prava živin završava onde, kade dohadjaju u pitanje ekonomska zanimanja. Jednostavno je i bez pogibelji zalagati se za nezaštićene živine. Ne-

jednako teže i napornije je pokazati solidarnost s ljudi, ako bi bila posljedica da se mora ča-to podiliti. Dodatno se mnogi boju i ča se tiče samoga sebe i svoje okolice. Sve postane još teže, ako se ta strah onda podnićuje i zloupotribljava tr ako se stvara grišnoga jarca. Zvana toga ima premalo dobrih primjerov nekih ljudi u javnosti ki se angažiraju. Osvidočena sam da su upravo takovi pozitivni primjeri potribni. Osobe u javnosti moraju biti pelde, uzori i zaduženi su da se suprotstavljaju nečemu ili zalažu za nešto.

12. Zač ste uopće išli u politiku i postali zastupnicom u Parlamentu?
Zeleni su me direktno pitali i napravili su konkretnu ponudu. Bila sam 31 ljeto stara a sve do onda sam se jur zanimala za politiku u najširem smislu. Bila sam govornica i zastupnica razreda pa onda i škole u svoje školsko vrime. I za vrime studija sam bila političko angažirana, tako da je bilo samo konsegventno da prihvatim zanimljivu ponudu Zelenih u 1990. ljetu. Onda nisam mogla ocijeniti, kako dugo će ovo durati, pokidob da su Zelenih stoprv četira ljeta bili u Parlamentu. Da nismo bili uspješni imalo bi naravno i posljedic na moju karijeru kao upravna pravnica u ministarstvu. No, ja nisam bojazljiva osoba, nego sam punom parom, entuzijazmom i čvrstim vjerovanjem prihvatila svoje novo zadaće. Naravno da je ta moć bila i odvisna od one jake potpore, ku sam kao zastupnica svenek imala oko sebe. Pomogli su mi svi oni, ki su me podupirala i me potpomagali, kao i pozitivno privatno okružje. Biti zastupnikom ili zastupnicom u Parlamentu je zvanaredno zanimljivo djelovanje. Ne postoju neke šablone, a tada smo imali dosta slobode i mogućnosti da sprobiramo i nekonvencionalne stvari.

13. Kako mora biti okružje zastupnika/zastupnice?
Biti političarom znači 24 ure na dan i 365 dan u ljetu biti mandatarom, odnosno biti u toj funkciji. Za okružje političara je nekoliko stvari važno: Posebno su važni oni kolegi i kolegice, s kimi se na poslovnoj razini čuda vrimena prebavlja, jer davaju ideje. Uz to moraš sam sebi kao mandatar stvoriti okružje ko je udaljeno od posla. Tribaš i osobe ke ti davaju impulze tr signale potvrde s vana. Dodatno je i važno živiti u realnom svitu, u stvarnosti, jer samo tako ostaneš osjetljiv za ljudske potriboće. Onim ki ne koristu javni prevoz na primjer ne bi dala da se bavu planiranjem javnoga prevoza. Političari se moraju i kretati u onom okružju za ko činu politiku. Na dalje sam imala svenek potrebu za familijom i prijatelji. Poslovne kontakte ćeš kada tada izgubiti – prijatelji, prijateljice i rodbina ostaju. Danas bi se reklo: triba uzemljenje. To valja za sve političare i političarke.

14. Vi pripadate još onoj političkoj generaciji Zelenih, ka je polarizirala i bila akcionistička, a niste se bojali biti neobljubljenom. Ima li danas novo političko razumivanje kod Zelenih? Su li Zelenih danas, kada im je cilj dobiti čim već glasov, manje borbeni?
Svenek nam je bio cilj dobiti čim već glasov i željimo osvidočiti čim već ljudi našom politikom, da bi proširili naš uticaj. Borimo se za svaki glas! Ali doslje smo imali

samo četire ili pet posto glasov bilo bi preuzetno da kanimo biti dio vlade. No, s deset posto je to pravoda jur drugačije, sada je to opravdano. Od 1986. su Zeleni dobili čuda iskustva u parlamentarnom djelovanju. Po 16 ljet u parlamentu sama sam sve ono doživila ča moreš doživiti kao zastupnica opozicije, jedino nisam bila član istražnoga odbora. Sve ostale aspekte, i one lipe i one ne baš ugodne, sam proživila. To znači da smo se i ja i Zeleni čuda čega naučili, poznajemo "rukotvorstvo opozicije" jako dobro. Jasno je da željimo sve ono ča smo formulirali u našoj funkciji kao partija opozicije ostvariti i u vladi. To sam svenek jasno izrazila u Zelenom klubu u Parlamentu. I ako u vladi ne bi mogli dostignuti 100 posto, jer su kompromisi potribni, bi bilo vridno da pokusimo. Na saveznoj razini nažalost još nije tako daleko došlo, a mislim da je Austrija tim popustila nešto.

Bi li u 90-i ljeti bilo jasnijih izjavov Zelinih o primanju zatvorenikov iz Guantanama kao humanitarni akt, nego danas?
Mislim da je bila velika falinga da se Zeleni u ovom pitanju nisu jače angažirali ili pozicionirali. Za mene je potpuno nerazumljivo da se austrijska opozicija pri ovom problemu, koga želji Barack Obama riješiti, tako mudri. Kao osoba s vana to ne morem razumiti. Da bi ja bila još parlamentarka, strogo bi potribovala to. Neka pitanja nisu za neke nagrade a i prvim pogledom se činu gubitkom. Ipak postoju neka pitanja ka su po meni dio zelenoga samorazumivanja. Ne željim tajiti da sam dost razočarana da nije bilo jasne zelene pozicije u ovom pitanju. I ako je frakcija priznala primanje zatvorenikov Guantaname se je ovo javno premalo tematiziralo.

15. *Ako gledate najzad na Vaše parlamentarno djelovanje, kakov je Vaš zaključak?*
Neke sam teme mogla jače obdjelivati, nekim temam nisam obratila dost pažnje, ča iz vrimenskih, ča iz kapacitetnih uzrokov. Sada gledam jur ljeto i pol s vana u Parlament, i vidim da neke teme jednostavno nimaju šansu probiti se do javnosti. Ipak sam osvidočena da su 23 ljeta djelovanja Zelenih u parlamentu bila iznimno značajna za II. Republiku. Ulazak Zelenih ostat će od važnoga značaja za političku kulturu i političku "higijenu" u našoj državi. II. Republika je za mene nezamišljiva bez ovoga doprinosa.

16. *Po čemu je Vaš sadašnji posao kao narodna pravobraniteljica politička djelatnost?*
Naravno da je to politička djelatnost, i ako nije partijskopolitička – jer nisam narodna pravobraniteljica Zelenih, nego narodna pravobraniteljica za sve! Po ustavu je moja zadaća da pokazujem na nepovoljne prilike u upravi, da ih tematiziram a onda pomažem da se odstranu. Potribna je državna instancija za sve one osobe, prema kim se je nepravično ponašalo, i ako je to samo subjektivno, da bi se oprostila kod njih. Toga je premalo, i u pravosudju i u upravi. Ja kao narodna pravobraniteljica željim biti takova instancija.

16 ½. Imate li poruku na Vaše nasljednike/nasljednice kod Zelenih u pogledu na Vaš stalni trud i bavljenje posebnim tr teškim temam?

Mislim da je najvažniji preduvijet za svakoga političara ili političarku, da se zanima za ljude i ne boji konfrontacije. Ovde ne mislim samo na intelektualnu konfrontaciju, nego i na fizičku. Ako neki političar ili neka političarka drži i čuva distancu prema biračem će svenek biti udaljen od njih. Imam iskustvo iz narodnoga pravobraniteljstva da je za akceptiranje politike iznimno važno ljudem dati ćut da upravo oni, ke su poslali da činu politiku, nisu udaljeni od njih.

G. Stoisits, srdačna hvala za razgovor!

Anton Pelinka:
Das unermüdliche Bohren harter Bretter

Wenn Politik – nach Max Weber – das Bohren harter Bretter bedeutet, dann sind diese Bretter für eine parlamentarische Opposition besonders hart und besonders dick. Gerade in einem parlamentarischen System, in dem Parlamentsmehrheit und Regierung de facto identisch sind, stößt eine Oppositionspartei im Parlament rasch an ihre Grenzen: In der Gesetzgebung dominiert die Regierung, die ihre Initiativen dank disziplinierter Fraktionen durch das Parlament schleusen kann und der Opposition bestenfalls die Chance einräumt, sich im Plenum zu profilieren. Und in der Kontrollfunktion ist die Opposition – gerade in Österreich – dadurch beschränkt, dass wesentliche Kontrollrechte der Mehrheit vorbehalten und damit der Opposition verschlossen sind.

Terezija Stoisits hat in den mehr als eineinhalb Jahrzehnten ihrer Tätigkeit im Nationalrat nie etwas anderes gekannt als die Rolle der Opposition. Obwohl ab 1990 die Partei sich zunehmend von den Versuchungen einer Fundamentalopposition freimachen konnte, erhielten die Grünen nicht wirklich die Chance, aus der Oppositionsrolle auszubrechen und zur Regierungspartei zu werden. Nur einmal, nach der Nationalratswahl 2002, wäre eine Regierungsbeteiligung möglich gewesen – da gab es aber die FPÖ billiger als die zwar zur Übernahme der Regierungsfunktion bereiten Grünen, die aber darauf bestanden – bestehen mussten, dass ihre Handschrift im Regierungsprogramm erkennbar zu sein hat.

Kompression durch Fleiß

In einer kleinen Fraktion müssen die einzelnen Abgeordneten „fleißiger" sein als in einer großen. Terezija Stoisits musste daher weit mehr Ausschusssitzungen absolvieren – und weit mehr Debattenbeiträge im Plenum leisten als ein Mitglied einer großen Fraktion. Abgeordnete kleiner Parteien werden eher zu „GeneralistInnen", weil sie sich um mehr Politikfelder kümmern müssen. Doch Stoisits hat dennoch ihre ganz spezielle, persönliche Kompetenz entwickelt: vor allem im Bereich der Menschenrechte, die sie zunehmend als eigenes, als „ihr" Politikfeld entwickelte – im Interesse derer, die nur zu oft übersehen werden; und über die andere ganz bewusst hinweggehen, weil sie (als „Ausländer" etwa) die Funktion von Sündenböcken zu erfüllen haben.

Terezija Stoisits lebte so im Nationalrat die notwendige Komplexität von Demokratie vor. Demokratie, das ist eben nicht einfach Mehrheitsherrschaft. Demokratie, das ist Mehrheitsherrschaft plus Minderheitenrechte und Individualrechte. Und über diese Minderheiten- und Individualrechte darf die Mehrheit nicht einfach hinweg schreiten. Für diese Minderheiten- und Individualrechte hat sich seit 1990 wohl niemand mehr im Nationalrat eingesetzt als Stoisits: für die Rechte der Volksgruppen, die – vor allem in Kärnten – in skandalöser Form missachtet werden; für die Rechte politischer Flüchtlinge, die sich besonders zum Spielball eines vordergründigen Populismus eignen; für die Rechte von MigrantInnen, denen der Zugang zur Staatsbürgerschaft und damit zur politischen Integration so schwer gemacht wird.

Sonderfall Burgenland

Das politische Profil, das sich Stoisits im Nationalrat erarbeiten konnte, reflektiert natürlich auch ihre Sozialisation, ihre Herkunft: Das Burgenland ist ein ganz besonderer Teil Österreichs. Wer, wenn nicht eine Politikerin aus dem Burgenland, kann eine besondere Sensibilität für Minderheiten entwickeln? Das Burgenland hatte ja 1938 – nach Wien – die größte Zahl von Mitgliedern jüdischer Gemeinden. Die österreichischen Roma sind auch heute nirgendwo so stark vertreten wie im Burgenland. Und die Volksgruppen der Kroaten und der Ungarn vervollständigen das komplexe Puzzle einer Gesellschaft, die allen Vorstellungen von stromlinienförmiger Homogenität widerspricht. Man addiere auch noch den traditionell starken burgenländischen Protestantismus – und das Fehlen eines (groß)städtischen Zentrums, und man ergänze noch eine überdurchschnittliche Agrarquote mit einer scheinbar im Widerspruch dazu stehenden sozialdemokratischen Hegemonie: Und fertig ist ein Land, das so ganz speziell ist, weil es sich so voll von Minderheiten und Widersprüchen zeigt.

Das ist der Hintergrund der Terezija Stoisits, die sich ja nicht zufällig in den 1980er Jahren von der Bewegung angesprochen fühlte, die Frauen- und Friedens- und Umweltthemen mit einem besonderen Interesse für Minderheiten jedweder Art verband; ebenso mit dem Interesse, gegen den Strom zu schwimmen und die auch im Burgenland starke Neigung aufzutreten, über die NS-Vergangenheit zwar abstrakt Bekenntnisse abzulegen, aber im Detail möglichst viel zuzudecken: siehe das Massaker von Rechnitz, und siehe das Ansehen, das Tobias Portschy – der Hauptverantwortliche für die NS-Verbrechen im Burgenland – auch nach 1945 noch genießen konnte.

Verdichtung von Themen

Die Grünen, in ihren Anfängen noch eine Partei, die sich nicht primär über das Parlament definierte, wurden in den 1990er Jahren und im ersten Jahrzehnt des 21. Jahrhunderts immer mehr zu der österreichischen Parlamentspartei schlechthin. Das hängt natürlich auch an ihrer Oppositionsrolle – es ist die Opposition, die ein massives Interesse an einem lebendigen Parlament hat. Für die regierenden Mehrheiten ist der Parlamentarismus eine notwendige Pflichtübung.

Terezija Stoisits nützte den Nationalrat als Tribüne. Sie konnte zwar als Oppositionsabgeordnete die Gesetzgebung – wenn überhaupt – dann nur marginal beeinflussen. Aber die Aufmerksamkeit, die das Parlament auf sich zu ziehen vermag, war für Stoisits eine Chance, öffentliches Bewusstsein zu beeinflussen: direkt, als Rednerin im Plenum; indirekt, wenn sie ihre Kenntnisse vom Innenleben der Politik zu nützen verstand, um Verborgenes öffentlich zu machen. Als Oppositionelle war ihr direkter Einfluss auf Entscheidungen fast null – aber als Parlamentarierin gelang ihr immer wieder das, was agenda setting genannt wird: mitzuwirken, dass Nicht-Themen zu Themen werden.

Politikerin auch in der Volksanwaltschaft

Natürlich kann man sich Terezija Stoisits auch als Regierungsmitglied vorstellen – als Justiz- oder auch als Innenministerin; oder als Staatssekretärin für Integrationsfragen. Sie ist ja in jeder Hinsicht ein „Politikprofi" und kann ihre Spezialisierung durchaus in Einklang mit verschiedenen politischen Rollen bringen. Als Volksanwältin ist sie deshalb an einem guten Platz: Politische Erfahrung kann Stoisits da mit sozialem Engagement verbinden; nicht abstrakt, wie man denen, die oft abfällig „Gutmenschen" genannt werden, gerne vorwirft, sondern ganz konkret, von Fall zu Fall.

Terezija Stoisits bleibt also als Volksanwältin der Politik erhalten, wenn auch nicht mehr im alten, im engeren Sinn als eine der aktivsten Abgeordneten zum Nationalrat. Und es gibt ja auch noch ein Leben – ein politisches Leben – nach der Volksanwaltschaft.

Der rote Faden durch die Publikation

Warum wurde diese Publikation gemacht?

Das politische Gedächtnis ist kurz. Mit dem Ausscheiden einer Abgeordneten/eines Abgeordneten aus dem österreichischen Nationalrat fällt die parlamentarische Arbeit häufig dem vollständigen Vergessen anheim. Aus der parlamentarischen Geschichte einer Abgeordneten können aber gegenwärtige und zukünftige Abgeordnete, können die Grünen als Partei und darüber hinaus die interessierte Öffentlichkeit so manches lernen. Das vorliegende Buch möchte verhindern, dass die geleistete parlamentarische Arbeit aus dem Bewusstsein verschwindet. Am Beispiel von Terezija Stoisits wird gezeigt, wie erfolgreiche Grüne Oppositionspolitik in den Jahren 1990 bis 2007 ausgesehen hat, wo ihre Schwächen und Stärken lagen und wo nachhaltige politische Lernprozesse eingesetzt haben. Unter welchen Bedingungen kann eine Oppositionspartei erfolgreich sein? Welche Strategien führen wann zum Ziel? Diese und andere Fragen stehen auf den folgenden Seiten zur Diskussion.

Welche Quellen wurden aufgearbeitet?

Jede/jeder die/der schon einmal historisch gearbeitet hat, weiß, dass die Vergangenheit nicht objektiv zugänglich gemacht werden kann, mag sie auch noch so kurz zurückliegen und noch so gut dokumentiert sein. Das zwingt uns unterschiedliche Quellen und Quellentypen zusammenzuführen und sich so den Themen aus verschiedenen Perspektiven zu nähern. In unserem Fall waren das hauptsächlich drei Quellen und Quellentypen: Zu Beginn stand eine umfassende Auswertung der verfügbaren parlamentarischen und parteipolitischen Unterlagen. In einem nächsten Schritt wurde die Medienberichterstattung zu den einzelnen Themen aufbereitet. Und schließlich wurde versucht, die gewonnenen Ergebnisse durch Interviews sowohl mit grüninternen MitstreiterInnen als auch mit Personen außerhalb dieses Kreises zu verfeinern.

„Process-Tracing" von Politik

Die Hauptthese dieser Publikation lautet, dass (Grüne) Oppositionspolitik außerordentlich erfolgreich sein kann. Im politischen Alltag geht sehr schnell verloren, wer eigentlich eine Idee oder ein Projekt zuerst in die politische Arena geworfen hat. Um das nachvollziehbar zu machen, wird hier das der Politikwissenschaft entliehene Konzept des „Process-Tracing" verwendet. Mit „Process-Tracing" ist schlicht gemeint, dass mit unterschiedlichen Quellen präzise gezeigt wird, wie die Sequenz der Ereignisse war, um Ursache und Wirkung von politischen Abläufen auseinander halten zu können.

Wie sind die einzelnen Themen aufbereitet?

Nach einem einheitlichen Schema: Auf eine kurze Einleitung folgen eine chronologische Erzählung der Abfolge der Ereignisse sowie eine kurze Schilderung des Erfolges oder Mißerfolges. Es können nur kurze Ausschnitte aus den parlamentarischen Reden, Anfragen, Anfragebeantwortungen etc. abgedruckt werden. An den vollständigen Passagen interessierte LeserInnen finden am Ende jeder Quelle ein vollständiges Herkunftszitat.

Aufbau der Publikation

Der erste Teil dieses Buches beleuchtet verschiedene Aspekte der politischen Persönlichkeit Terezija Stoisits': ihre Kurzbiografie, ihr Weg ins Parlament, ihre wichtigsten Ämter und Funktionen, das ABC von Stoisits und schließlich ihre Übernahme des Amtes einer Volksanwältin.

Im zweiten und umfangreichsten Teil werden vier Politikbereiche vorgestellt, die Stoisits bearbeitet hat: 1. Minderheitenpolitik, 2. Menschenrechtspolitik, inklusive dem Komplex des Fremdenrechtes, 3. Justizpolitik, und 4. Vergangenheitspolitik. An diese vier großen Blöcke schließen weitere Themen an, die die parlamentarische Arbeit von Stoisits prägten: die Debatte über die staatliche Anerkennung von Kroatien und Slowenien, die Legalisierung des Uhudlers, die Sexismusdebatte im Parlament, die Briefbombenattentate, die Regierungsverhandlungen mit der ÖVP, der Österreich-Konvent und verschiedene Auslandsreisen, beispielsweise als Wahlbeobachterin.

Der dritte Teil des Buches zeigt Stoisits „im Spiegel der Anderen". Zunächst beleuchtet Günther Schefbeck die individuellen statistischen Daten der parlamentarischen Arbeit von Stoisits, also die Anzahl ihrer Parlamentsreden, ihrer Anfragen, ihrer Anträge und ihrer abweichenden Stellungnahmen. Im Anschluss daran werden Kurzstatements zur Person Terezija Stoisits und ihrer Arbeit präsentiert: von Persönlichkeiten des politischen, kulturellen und wissenschaftlichen Lebens, von ehemaligen Mitstreitern und Mitstreiterinnen, sowie von ParteikollegInnen. Nicht zuletzt werden die zivilgesellschaftlichen Ehrungen, die Stoisits bekommen hat, dargestellt.

Den Abschluss des Buches bilden die Schlussfolgerungen des Autors: eine themenübergreifende Zusammenführung und Analyse präzisiert die Erfolge der parlamentarischen Arbeit und deren Entstehungsbedingungen.

Was ist dieses Buch, was ist es nicht?

Dieses Buch ist keine grüne Propagandaschrift, keine neutrale Darstellung, und auch keine klassische Biografie mit dem Anspruch auf Vollständigkeit. Dieses Buch ist geschrieben aus der Sicht eines Sympathisanten der Grünen Partei im Allgemeinen und eines Sympathisanten von Terezija Stoisits im Besonderen.

Ich möchte allen GesprächspartnerInnen herzlich danken, die mir mit Informationen sowie Rat und Tat zur Seite gestanden sind. Besonders möchte ich hier Agnes Nagy erwähnen. Ohne ihre Hilfe würde ich zweifellos immer noch auf der Suche nach manchen parlamentarischen Quellen sein. Danke Wolfgang Koch für die redaktionellen Überarbeitungen und Katharina Tyran für die Übersetzung des Interviews! Ganz besonders möchte ich auch Prof. Anton Pelinka und Dr. Günther Schefbeck für ihre

Buchbeiträge danken. Und nicht zuletzt gebührt mein besonderer Dank Terezija Stoisits. Ohne ihre Mithilfe wäre diese Publikation nicht zustande gekommen.

Andreas Obermaier, Wien, Juli 2009

Teil 1
Politische Persönlichkeit

Biografische Skizze

Terezija Stoisits wurde am 14. November 1958 in der zweisprachigen 1.400-Einwohner-Gemeinde Stinjaki/Stinatz geboren. Ihr Vater war Zimmermann, ihre Mutter Hausfrau und Nebenerwerbslandwirtin. Sie wuchs gemeinsam mit zwei jüngeren Schwestern und ihrem jüngeren Bruder auf.

Das politische Credo der burgenländischen Sozialdemokratie in den 1960er und 1970er Jahren war: Assimilation der kroatischen Volksgruppe für die Gegenleistung des sozialen Aufstiegs. Die SPÖ legte ihren Leuten nahe, sich möglichst rasch zu assimilieren, die kroatischen Wurzeln zu verleugnen und die kroatische Sprache nicht an die Kinder weiterzugeben. Terezijas Vater war von dieser Parole beeinflusst. Er war davon überzeugt, dass ein gesellschaftlicher Aufstieg nur „über die perfekte Beherrschung der deutschen Sprache funktioniert" und schickte deshalb seine Kinder in die deutschsprachige Nachbargemeinde Wörterberg in die Volksschule. Er wollte den Kindern jene schmerzlichen Erfahrungen der Diskriminierung ersparen, die seine Generation noch als die „bleden Krowodn" erlebt hatte.[1]

Da das nächste Gymnasium 24 Kilometer entfernt lag und es keine tägliche Busverbindung gab, besuchte die Schülerin nach der Volksschule zunächst die Hauptschule in Stegersbach.

Mit 14 Jahren konnte sie (nach Einführung der freien Schulfahrt) ins Bundesoberstufenrealgymnasium nach Güssing wechseln. Dort war sie Klassen- und Schulsprecherin. 1977 maturierte Stoisits am Gymnasium Güssing.

Im Anschluss daran ging die junge Frau nach Wien, wo sie von 1977 bis 1985 Rechtswissenschaften an der Universität Wien studierte und nebenbei Arbeitserfahrung in zahlreichen Ferialjobs sammelte.

Nach dem Studium absolvierte sie zunächst das Gerichtsjahr und ging anschließend als Beamtin in die Präsidialsektion des Bundesministeriums für Unterricht, Kunst und Sport. Sie wurde dort rasch Referatsleiterin. Derzeit ist sie für ihre politische Tätigkeit karenziert.

Stoisits engagierte sich zunächst in der sozialistischen Jugend. Bei der SPÖ wurde sie aber nach eigenen Angaben wegen ihres Engagements für die Rechte der KroatInnen im Burgenland „nicht einmal ignoriert". Nach ihrer Wahl zur Minderheitensprecherin der Grünen 1990 legte sie das rote Parteibuch zurück.

Terezija Stoisits lebt mit Bruno Aigner, Sprecher von Bundespräsident Heinz Fischer, zusammen. Gemeinsam ziehen sie einen Sohn, Philipp, zweisprachig auf.

1 Originalzitate Stoisits

Der Weg ins österreichische Parlament

Terezija Stoisits war keine Grüne der ersten Stunde. Mit dem heutigen SPÖ-Minister Norbert Darabos verfasste sie in der Sozialistischen Jugend Burgenland Resolutionen zu zweisprachigen Ortstafeln, die, wie sie heute sagt, die SPÖ „nicht einmal ignorierte". Als Studentin engagierte sie sich im VSStÖ und in der Basisgruppe „Roter Paragraf" an der juridischen Fakultät in Wien.

1989 wurde Terezija Stoisits von der Politikwissenschafterin Sonja Puntscher-Riekmann für die Grünen/Grüne Alternative gewonnen. Bei einer Veranstaltung im burgenländischen Schlaining stellte der Migrationsforscher Rainer Münz die beiden einander vor. In der Folge beauftragte Puntscher-Riekmann Stoisits damit, ein internes Papier zu verfassen, das Grünen-Standpunkte zu Minderheitenfragen enthalten sollte. Dieses Grundlagenpapier wurde anschließend in der Partei diskutiert. Der Auftrag führte zu einer weiteren Zusammenarbeit, die schließlich darin gipfelte, dass Stoisits Minderheitensprecherin der Oppositionspartei wurde.

Beim Grünen Bundeskongress in Gmunden im Dezember 1989 wurde ein Arbeitskreis Minderheiten eingerichtet: das so genannte „10. Bundesland". Unter der Leitung von Stoisits erarbeitete dieser Arbeitskreis in der Folge das Programm „Für eine neue Kultur des Zusammenlebens von Minderheiten und Mehrheiten", das Teil des Parteiprogramms der Grünen Alternative wurde. Dieses umfangreiche Programm, das im Sommer 1990 beim Bundeskongreß in Telfs beschlossen wurde, versuchte Stoisits in der Folge als Parlamentarierin abzuarbeiten.

1990 wurde Stoisits ausgerechnet gegen ihre Stinatzer Nachbarin Marijana Grandits zur Minderheitenvertreterin der Grünen gewählt. 129:127 lautete das damalige Ergebnis. Ihre GegnerInnen hielten ihr vor, dass allein jene Stimmen der Verwandtschaft den Ausschlag gegeben hätten, die Stoisits busweise zur Abstimmung befördert habe. Tatsächlich wurde Stoisits von ihrer Schwester, ihren Eltern sowie einem Onkel und einer Tante unterstützt. Ihr Vorgänger als Minderheitensprecher, Karel Smolle, meinte dazu: „Die Wahl war doch eine Farce. Da waren hundert Fans der Marijana Grandits und 20 Verwandte der Frau Stoisits".[2]

Als Minderheitenvertreterin führte Stoisits die „Reststimmenliste West" bei den Nationalratswahlen am 7. Oktober 1990 für die Grünen an und wurde am 5. November als Abgeordnete zum Nationalrat angelobt.

2 Profil, 23.4.1990

Wichtigste Ämter und Funktionen

1990-2007	Abgeordnete zum Nationalrat, Justiz-, Minderheiten-, Migrations-, Menschenrechtssprecherin der Grünen

Ausschuss-Mitgliedschaften:

Verfassungs-, Justiz- und Innenausschuss, Kultur- und Landesverteidigungsausschuss, Menschenrechtsausschuss

1992-1996	Mitglied des Bundesvorstandes der Grünen
Seit 1996	Mitglied des Kuratoriums des Nationalfonds der Republik Österreich für Opfer des Nationalsozialismus
1999-2007	Obfrau des Parlamentarischen Menschenrechtsausschusses
2000-2005	Mitglied des Kuratoriums des Österreichischen Versöhnungsfonds
2000-2007	Mitglied der österreichischen Delegation zur Parlamentarischen Versammlung des Europarates
Seit 2000	Vizepräsidentin der Österreichischen Liga für Menschenrechte
2002	Kandidatur als Dritte Nationalratspräsidentin (Stoisits bekam 53 von 164 gültigen Stimmen; auf den schlussendlich zum Dritten Nationalratspräsidenten gewählten Freiheitlichen Thomas Prinzhorn entfielen 90 Stimmen)
2003-2005	Mitglied des Österreich-Konvents
Seit 2007	Volksanwältin, zuständig für Polizei, Fremden- und Asylrecht, Land-, Forst- und Wasserwirtschaft, Natur- und Umweltschutz, Gewerbe- und Betriebsanlagen, Kindergärten, Schulen, Universitäten und Kultur, Verkehr, Gemeindeabgaben und Agrarangelegenheiten

ABC der Terezija Stoisits

Amtssprache

„ Deutsch schützt nicht vor dem österreichischen Recht, das ausschließt.
SN, 1.12.1999

Ärgernis

„ Was mich so stört, sind die freundliche Verbindlichkeit und die leeren Schlagworte.
Der Standard, 3.9.1998

Befreiung 1945

„ Wir leben in einer Republik, wo der Begriff „Partisan" ein Schimpfwort ist.
Der Standard, 14.1.2005

Bewahren

„ Worum es mir als Mutter geht, ist die Vermittlung von Werten, von Bewusstsein, von kroatischer Kultur. Und auch von Traditionen, von meiner Herkunft aus Stinjaki, dem kroatischen Dorf im Süden des Burgenlandes, das sich die Menschen selber geschaffen haben; von der Geschichte und der Sprache der Leute dort.
In: Barbara Coudenhove-Kalergi, 2001

Definitionsmacht

„ Menschenrechtsfragen sind nicht nur Ausländerfragen.
SN, 6.12.1999

Diskriminierung

„ Warum soll ein als Tschusch beschimpfter Mensch nicht eine Entschädigung dafür bekommen?
SN, 6.12.1999

Erfolg

„ Danke! Ich freu mich sehr. [zu ihrer Nominierung als Volksanwältin]
SN, 13.10.2006

Erinnerungskultur

„ Das ist die typische Einstellung der Regierung im Jubeljahr: ein Gesterl hier, ein Gesterl da.
Der Standard, 23.3.2005

Fortschritt

„ Wenn ich zurückdenke, welchen Stellenwert Menschen- und Minderheitenrechte vor 16 Jahren gehabt haben und welchen sie heute haben, dann hat sich wahnsinnig viel geändert. Heute sind diese Fragen ein politisches Thema.
Der Standard, 11.10.2006

FPÖ

„ Ich spreche den Vertretern der Freiheitlichen Partei die Fähigkeit ab, Interessen der Roma im Sinne des Volksgruppengesetzes zu vertreten.
SN, 19.8.1995

Gedenkjahr

„ Wir laufen Gefahr, uns mit diesen Feiern lächerlich zu machen.
Der Standard, 14.1.2005

Gehalt

„ Die Republik, also die Steuerzahler zahlen mich gut, dafür haben sie das Recht, dass sich ihre Politiker auch ordentlich engagieren.
Falter, 18.10.2006

Herkunft

„ Ich bin das Kind einer Assimilantenfamilie.
Profil, 23.4.1990

Image der Opposition

„ Oppositionspolitik bedeutet in erster Linie, ein eindeutiges, kontroversielles, politisches Profil zu besitzen und es zu vermitteln, und ein ebenso eindeutiges, langfristiges, kosmopolitisches Umsetzungskonzept zu haben. Stereotypes Neinsagen und ein Verhinderer-Image und unsympathisches Besserwisser-Image zu haben, entspricht meiner Meinung nach nicht einem positiven Oppositions-Image.
Thesenpapier von Stoisits, 2.8.1993

Integration

„ Minderheiten schützt man am besten, indem man sie in die Mitte der Gesellschaft holt.
Der Standard, 19.8.1995

Ketten

„ Menschenrechte haben es so an sich, dass man immer für sie kämpfen muss. Es gibt da nichts Selbstverständliches.
Der Standard, 11.10.2006

Koalitionsverhandlungen

„ Wenn uns die ÖVP alles zugesteht, was wir damals ausgemacht haben, und zudem noch das, was sie uns nicht zugestehen wollten, dann können wir darüber reden.
Profil, 31.3.2003

Koordinaten

„ Integrationspolitik ist eine Frage von Sozialpolitik, Schulpolitik, Infrastruktur, Arbeitsmarktpolitik. Die Sicherheitspolitik ist nur ein kleiner Aspekt.
Die Presse, 22.9.2007

Medien

„ Mich interessieren interne Diskussionen wenig. Wichtig ist, unsere politischen Inhalte auch in der Öffentlichkeit darzustellen.
Die Presse, 22.9.2007

Moral

„ Ich glaube an das Gute im Menschen, sogar in Innenminister Franz Löschnak.
SN, 30.4.1994

Österreichertum

„ Wenn der Sohn ministriert, wird der Landeshauptmann sagen: Super integriert. Aber was sagt er, wenn die Mutter ein Kopftuch trägt?
Profil, 8.10.2007

Parlamentspraxis

„ Ich habe ein riesiges Arbeitsfeld gehabt.
Der Standard, 11.10.2006

Parteifarbe

„ Ich bin zu hundert Prozent grün.
Der Standard, 11.10.2006

Schlussstrich unter die Vergangenheit

„ Einen Schlussstrich wird kein Gesetz, das den Opfern Gesten gibt, jemals ziehen können, denn das ist es, was mein und unser aller Hauptanliegen sein sollte: dass es keinen Schlussstrich geben kann in der eigenen Aufarbeitung der Geschichte der Republik und vor allem niemals einen Schlussstrich geben kann in der Auseinandersetzung mit den Opfern des Nationalsozialismus und damit, was der Holocaust und der Nationalsozialismus an Elend, an menschlicher Tragödie über diese Welt gebracht haben. [im Zuge der Nationalrats-Debatte über den Versöhnungsfonds]
NR, 7.7.2000

Sprachfähigkeit

„ Ich rede gerne.
Kurier, 10.6.2007

Staatsverantwortung

„ Wenn sich christlich-soziale Grundwerte, die menschliche Vernunft, oder sagen wir die gute Kinderstube immer seltener durchsetzen, muss der Staat eingreifen und sagen: Das wollen wir nicht.
SN, 6.12.1999

Status des Landes

„ … weil Österreich ein Einwanderungsland ist.
Der Standard, 21.6.2005

Untergriff

„ Sich mit ganzer Kraft und Einsatz für Themen einzusetzen gehört zu meinem Verständnis von Politik. Ich bin schon so viele Jahre Politikerin, dass mich inhaltliche Kritik nicht stört. Was mich stört, ist, wenn Grenzen überschritten werden und es persönlich wird.
SN, 13.6.2007

Wiedergutmachung

„ Es ist das passiert, was passieren musste. [über die Entschädigung von ehemaligen ZwangsarbeiterInnen und Arisierungs-Opfern]
Kurier, 17.10.2002

Widerstand

„Menschen mit einem solchen Ausmaß an Beharrlichkeit [gemeint ist Stoisits selber] sind anstrengend. Ich gebe nie auf. Als ältestes von vier Kindern musste ich immer als Erste etwas erkämpfen.

Profil, 16.10.2006

Zeitgeschichte

„Es gibt, bitte schön, bei der Vergangenheit nichts zu „bewältigen“ - eher wird dieses Jahr dazu benutzt, unangenehme Kapitel abzuhaken und abzuschließen.

Der Standard, 14.1.2005

Vom Nationalrat in die Volksanwaltschaft

Nach sechzehneinhalb Jahren im österreichischen Nationalrat wechselte Terezija Stoisits am 1. Juli 2007 in die Volksanwaltschaft. Nachdem sie zuvor als Kandidatin für das Amt der Dritten Nationalratspräsidentin gehandelt worden, aber nicht zum Zug gekommen war, wurde sie von den Grünen in dieses Hilfsorgan des Parlaments entsandt.

Der Wechsel von Stoisits in die Volksanwaltschaft rief diametral entgegengesetzte öffentliche und veröffentlichte Reaktionen hervor. Wurde sie von den einen wegen ihrer „Betriebsamkeit" als die perfekte Besetzung für den Posten einer Volksanwältin gefeiert, so denunzierten sie andere, besonders die FPÖ und die *Kronen Zeitung* als „Asylantenanwältin".

Da die Grünen bei den vorangegangenen Wahlen einige Hundert Stimmen vor der FPÖ gelegen und somit knapp die drittstärkste parlamentarische Partei geworden waren, stand ihnen der Posten der Volksanwältin zu. Auch aus diesem Grund wurde Stoisits von der FPÖ, dem BZÖ und Boulevardzeitungen lautstark verunglimpft.

Landeshauptmann Jörg Haider etwa meinte vor der entscheidenden Wahl von Stoisits im Hauptausschuss des Nationalrats, dass sie für das Bundesland Kärnten gefährlich sei:

Stoisits am 5.6.2007 neben den Sitzen der ausgezogenen FP-Abgeordneten im Rahmen der Sitzung des Nationalrates, Roland Schlager, APA/picturedesk.com

„ Sie wird das Land [Kärnten] traktieren und tyrannisieren.
News, 16.5.2007

Die Profil-Journalistin Christa Zöchling sah das ganz anders:

„ Ihre gefürchtete, zuweilen nervtötende Betriebsamkeit kann in dem neuen Job nur nützen.
Profil, 23.4.2007

Zum eigenen Verständnis ihrer zukünftigen Arbeit äußerte sich Stoisits in einem Interview folgendermaßen:

„ Das Amt einer Volksanwältin ist ein zutiefst politisches Amt.
Die Presse, 29.6.2007

In der letzten Sitzung des parlamentarischen Menschenrechtsausschusses, dessen Vorsitzende sie war, wurde sie vom ÖVP-Abgeordneten Wolfgang Großruck mit einem Vierzeiler für ihr parlamentarisches Engagement gewürdigt und mit Blumen verabschiedet. Allerdings streuten nicht alle KollegInnen Stoisits Blumen. In der Nationalratssitzung, in der über die zukünftigen Volksanwaltsmitglieder debattiert wurde,

(v.l.n.r.) Bundespräsident Fischer, Stoisits, Fekter, Kostelka, anlässlich der Angelobung der neuen Volksanwälte am 29.6.2007 in der Präsidentschaftskanzlei in Wien, Guenther Artinger, APA/picturedesk.com

verabschiedete Wolfgang Schüssel den Volksanwalt (Peter Kostelka, SPÖ) und die beiden Volksanwältinnen (Terezija Stoisits; Maria Fekter, ÖVP):

> „ 11.01
> **Abgeordneter Dr. Wolfgang Schüssel** (ÖVP):
> Wir schätzen und kennen Peter Kostelka absolut, er ist geeignet. Wir hoffen, dass sich die Abgeordnete Stoisits entwickelt. Und unsere Liebe und Zuneigung gilt natürlich Maria Theresia Fekter. *(Beifall bei der ÖVP und bei Abgeordneten der SPÖ.)*
> SP, NR, XXIII. GP, 24. Sitzung, 5.6.2007, S. 70[3]

Der FPÖ-Klubobmann Heinz-Christian Strache hatte zuvor eine eher peinliche, medial inszenierte Vorstellung abgeliefert, die sich folgendermaßen im Stenografischen Protokoll niederschlug:

> „ 0.38
> **Abgeordneter Heinz-Christian Strache** (FPÖ):
> Sehr geehrte Frau Präsidentin! Meine sehr geehrten Damen und Herren! *(Der Redner platziert eine Tafel mit der Aufschrift* ***„Volksanwalt statt Asyl-Anwältin"*** *vor sich auf dem Rednerpult.)*
>
> Und ein paar Worte zu Frau Stoisits: Sie ist unserer Meinung nach für das Amt völlig unqualifiziert. Da wird zwar von den Grünen immer wieder von „Hetzkampagnen" gefaselt, aber die Haltung von Frau Stoisits gegenüber Österreichern insgesamt ist eine Haltung, die in unseren Augen von abgrundtiefer Abneigung geprägt ist. *(Zwischenrufe bei den Grünen.)* Ihr Weltbild ist ein sehr simples, und das haben die Österreicher auch schon oft wahrgenommen. Für Sie sind Österreicher leider Gottes – und auf das brechen Sie es herunter – böse Rassisten, Ausländerfeinde, Rechtsradikale und noch Schlimmeres vielleicht. Und jeder Zuwanderer ist für Sie der reinste Engel, dem immer Unrecht getan wird.
>
> Genau so haben Sie auch in den letzten Jahren agiert: Als Meisterin der Vorverurteilung. Immer dann, wenn es um Vorwürfe gegen die Exekutive gegangen ist, haben sie laut „Skandal" geschrien, und auch die Unschuldsvermutung hat für Sie in diesen Bereichen nie Gültigkeit gehabt, Frau Stoisits. Da sind Sie hergegangen, haben Vorverurteilungen gegenüber Polizisten zum Besten gegeben und Sie haben sogar Gerichtsurteile von unabhängigen österreichischen Gerichten attackiert und kritisiert und haben hier die Rechtsstaatlichkeit in Frage gestellt.

3 Die Zitierweise der parlamentarischen Quellen ist nach folgendem Schema aufgebaut: Stenografisches Protokoll (SP), Nationalrat (NR) oder Bundesrat (BR), Gesetzgebungsperiode (GP), Sitzungsnummer, Datum und Seitenzahl. Weitere verwendete Abkürzungen sind: der Beilagen (d.B.), Anfrage (J), Anfragebeantwortung (AB), Entschließungsantrag (A(E)).

Wenn ich mir vorstelle, dass jemand wie sie in Zukunft dieses hohe Amt bekleiden soll, dann wird mir angst und bang, und das sehen auch viele Österreicher so. Ich bekomme, wenn ich nur daran denke, dass Sie dieses Amt bekleiden, heftige Magenschmerzen.

SP, NR, XXIII. GP, 24. Sitzung, 5.6.2007, S. S. 60-62

Der anschließende Antrag der FPÖ über den Vorschlag des parlamentarischen Hauptausschusses zur Wahl der Volksanwaltschaftsmitglieder nicht abstimmen zu lassen wurde von der Nationalratspräsidentin Barbara Prammer (SPÖ) jedoch abgelehnt, worauf die Abgeordneten der FPÖ demonstrativ den Sitzungssaal verließen.

In derselben Nationalratsdebatte äußerte sich auch der Klubobmann der Grünen, Alexander Van der Bellen, zur Bestellung von Stoisits:

„ 11.08

Abgeordneter Dr. Alexander Van der Bellen (Grüne):
Bei Terezija Stoisits habe ich keinerlei Zweifel, dass sie es schafft *(Zwischenrufe bei der ÖVP)*, weil diese Bereitschaft, sich unpopulär zu machen, diese Bereitschaft, sich einzusetzen für die Interessen von Beschwerdeführern, bei uns nämlich, im Klub, ob das jetzt Inländer oder Ausländer sind … – Wir müssen ja sehr viele an die Volksanwaltschaft verweisen, weil wir das gar nicht machen können, schon rein personalmäßig nicht, diese Interventionen bei Behörden, dieses Nachfragen: Wie war das wirklich? Könnt ihr nicht dem oder der ein bisschen behilflich sein?, und so weiter. Ich nehme an, es geht auch den anderen Klubs im Nationalrat so, dass wir bis zu einem gewissen Grad diese Art von Hilfestellung leisten wollen und müssen, aber zuständig ist in der Regel eine Institution wie die Volksanwaltschaft. Und das wird Terezija Stoisits mit Sicherheit ausgezeichnet machen. *(Beifall bei den Grünen.)*

SP, NR, XXIII. GP, 24. Sitzung, 5.6.2007, S. 71

Der Dreier-Vorschlag Stoisits-Fekter-Kostelka wurde schließlich mit großer Mehrheit angenommen.

Volksanwältin Stoisits ist heute auf Bundesebene zuständig für Bürgerbeschwerden in so unterschiedlichen Materien wie Polizei, Fremden- und Asylrecht, Land-, Forst- und Wasserwirtschaft, Natur- und Umweltschutz, Gewerbe und Betriebsanlagen, Kindergärten, Schulen, Universitäten und Kultur, Verkehr, Gemeindeabgaben und Agrarangelegenheiten.

Teil 2
Couragierte Politik in vielen Bereichen

Minderheiten: Vielfalt

Österreich war bis in die 1980er Jahre eine minderheitenpolitische Wüste. Zwar schufen die ehemaligen Großparteien SPÖ und ÖVP Verfassungsbestimmungen in Bezug auf die österreichischen Minderheiten, ohne diese aber mit materieller Politik auszufüllen. Vor diesem Hintergrund erschien Stoisits die Mitarbeit bei den Grünen als eine aussichtsreiche politische Perspektive, um Minderheitenfragen zu thematisieren.

Stoisits wurde ausdrücklich aufgrund ihrer Zugehörigkeit zur Minderheit der Burgenland-KroatInnen und aufgrund ihres vorhergehenden Engagements für die österreichischen Minderheiten Abgeordnete zum Nationalrat. Ihre Zuständigkeit für die Rechte der Minderheiten war daher ihr originärer und wichtigster Aufgabenbereich, besonders zu Beginn ihrer parlamentarischen Tätigkeit.

Anfang der 1990er Jahre waren Minderheitenfragen schwach beleuchtet, viele Themen noch nicht politisch erschlossen. Dieser Mangelzustand schien ideal, um sich als Politikerin zu etablieren und Erfolge zu feiern. Die Grünen waren die erste Partei, die sich überhaupt eine Minderheitensprecherin „leisteten". Die anderen Parteien zogen erst im Laufe der Jahre nach. Dieser Vorsprung brachte den Grünen auch entscheidende Vorteile, da sie für die Volksgruppen und andere Minderheiten eine Ansprechpartnerin besaßen, die für Sorgen und Nöte immer ein offenes Ohr hatte.

Dabei brauchte Stoisits nicht tief zu schürfen, um auf Konflikte und Probleme zu stoßen. Denn erstens wurden ihr durch die Volksgruppen und deren VertreterInnen ständig unaufbereitete Themen zugetragen. Zweitens konnte Stoisits durch ihre eigenen guten Kontakte zu den Betroffenen bei Bedarf aktiv Informationen einholen. Zusätzlich gewährleistete das „10. Bundesland" der Grünen einen Einblick in die Probleme der Minderheiten in Österreich.[4]

4 Das fiktive „10. Bundesland" ist die Grünen-Teilorganisation der Volksgruppen und MigrantInnen.

Verbesserung der Rechtsstellung von Minderheiten: das Sichtbarmachen kultureller und sprachlicher Vielfalt

Die folgenden kurzen Auszüge aus einem Standard-Kommentar von Stoisits sollen ihre Grundhaltung zu Minderheiten in Österreich veranschaulichen:

> „Österreicher zu sein bedeutet, von allem ein bißchen zu haben: etwas Kroatisches, etwas Ungarisches, Slowenisches und Tschechisches, etwas Slowakisches, etwas Romanes und etwas Deutsches. Nicht das Deutschtum, sondern die kulturelle Vielfalt macht Österreich aus.
>
> Deshalb brauchen wir unsere Minderheiten. Sie alle müssen in Österreich als Österreicher Platz haben. Burgenländische Kroaten und Kärntner Slowenen gehören genauso wenig zur kroatischen und slowenischen Nation, wie einsprachige Österreicher zur deutschen Nation. Sie alle sind Österreicher.
>
> Minderheiten entlang neuer ethnischer Trennlinien an den gesellschaftlichen Rand zu drängen bedeutet einen ständigen Druck, die eigene Identität aufzugeben. Eine moderne Minderheitenpolitik richtet sich gegen jede Polarisierung. Es ist Zeit für Österreich, die Minderheiten dorthin zu holen, wohin sie gehören: In die Mitte der Gesellschaft.
>
> **Der Standard, 24.6.1997**

Im folgenden Teil werden exemplarisch sechs Arbeitsbereiche von Stoisits herausgegriffen, in denen sie sich erfolgreich für Minderheitenfragen einsetzte:

- die kroatischsprachige Angelobung und die kroatische Begrüßung zu Beginn der Parlamentsreden;
- die Anerkennung der Roma und Sinti als eigene Volksgruppe;
- die Einrichtung eines zweisprachigen Gymnasiums in Oberwart;
- das Minderheitenschulgesetz für das Burgenland;
- die Staatszielbestimmung zum Minderheitenschutz;
- zweisprachige Ortstafeln im Burgenland und in Kärnten.

Stoisits setzte sich aber auch für viele weitere Minderheitenthemen ein, auf die im Rahmen dieser Publikation nicht näher eingegangen werden kann:

- für zweisprachige LehrerInnen;
- für die kroatische Amtssprache im Burgenland;
- für die Erhöhung der finanziellen Förderung der Volksgruppen;
- für Namensänderungen bei Angehörigen sprachlicher Minderheiten;
- für die finanzielle Unterstützung von Zeitungen von Minderheiten;
- für die Novellierung des Volksgruppengesetzes;
- für eine durchgehende Zweisprachigkeit in Österreich;
- für Minderheitenradios.

Kroatischsprachige Angelobung und kroatische Begrüßung in den Parlamentsreden

Wann immer Stoisits ans RednerInnen-Pult des Nationalrates trat, es war nicht zu überhören: einerseits wegen ihrer hohen Stimmlage, andererseits aufgrund der markanten Einleitung ihrer Reden selbst.

Bei der Angelobung als Abgeordnete im Parlament im November 1990 sprachen Stoisits und Marijana Grandits ihre Gelöbnisse sowohl in kroatischer wie in deutscher Sprache. Damit sorgten die Grünen gleich zu Beginn der konstituierenden Sitzung des Nationalrats in der XVIII. Gesetzgebungsperiode für Aufregung. Im Stenografischen Protokoll wurde dieses Ereignis folgendermaßen festgehalten:

> *Nach der Aufrufung der Namen Mag. Marijana Grandits und Mag. Terezija Stoisits leisten diese beiden Abgeordneten die Angelobung jeweils mit den Worten „Zagovaram se" und „Ich gelobe".*
>
> **Präsident Pöder** (*die Schriftführerin bereits nach der Angelobung der Abgeordneten Mag. Marijana Grandits unterbrechend*): Entschuldigen Sie Frau Schriftführerin! Frau Abgeordnete! Das Geschäftsordnungsgesetz bestimmt, daß sie das Gelöbnis in deutscher Sprache abzulegen haben. *(Rufe: Sie hat es auch auf deutsch gesagt!)* Haben Sie es auch auf deutsch gesagt? *(Abg. Mag. Marijana Grandits: Ja!)* Entschuldigen Sie, das hat man hier so schlecht gehört. – Entschuldigen Sie vielmals!
>
> **SP, NR, XVIII. GP., 1. Sitzung, 5.11.1990, S. 5-6**

In den folgenden Jahren sprach Stoisits, wenn sie ans RednerInnenpult des Nationalrates trat, konsequent zuerst die burgenländisch-kroatische Begrüßung und dann jene auf Deutsch, je nach Tageszeit und Situation unterschiedlich.

> Dobro jutro, poštovane dame i gospodo! – Guten Morgen, sehr geehrte Damen und Herren!

> Dobar dan, poštovane dame i gospodo! – Guten Tag, sehr geehrte Damen und Herren!

> Dobar večer, poštovane dame i gospodo! – Guten Abend, sehr geehrte Damen und Herren!

Jedes Mal wenn der ORF diese Einleitung der Parlamentsreden von Stoisits live im Fernsehen übertrug, langten Emails und Briefe im Präsidium des Nationalrats ein, in denen sich die AbsenderInnen darüber mokierten und Deutsch als Amtssprache einmahnten. Auch LeserpostschreiberInnen in der *Kronen Zeitung* nahmen an der burgenländisch-kroatischen Redeeinleitung Anstoß. Ein Beispiel:

„ Frau Stoisits sprach im Parlament auf Kroatisch! Anscheinend weiß sie nicht, dass sie sich in Österreich befindet und bei uns noch Deutsch gesprochen wird! Es wird sie aber niemand daran hindern, nach Kroatien zu gehen, wenn sie lieber eine Sprache spricht, die man dort versteht, bei uns aber nicht.
Helmut Kafka, St. Pölten
Kronen Zeitung, Leserbrief, 27.12.2002

Darüber hinaus erntete die Abgeordnete mit ihrer Begrüßung immer wieder Zwischenrufe im Parlament seitens der FPÖ, aber auch von den anderen Fraktionen. Teilweise wurde dabei auf den § 105 der Geschäftsordnung hingewiesen, wonach Deutsch die Verkehrssprache im Parlament ist.

Im Jahr 1991 kam es zu einem Konflikt mit der SPÖ zu diesem Thema. Rudolf Nürnberger, Nationalrats-Abgeordneter und ÖGB-Vizepräsident, rief am 12. November kurz nach Mitternacht in einer hitzigen Debatte über die Reform der Kammern nach der burgenländisch-kroatischen Begrüßung von Stoisits folgende Provokation in den Saal:

„ Reden's Deitsch mit uns.
Der Standard, 14.11.1991

Dieser Zwischenruf wurde zwar im Stenografischen Protokoll des Nationalrats nicht vermerkt, er wurde aber von anderen Abgeordneten gehört und vom *Standard* so wiedergegeben. In der Parlamentssitzung am Tag darauf ging die Abgeordnete Stoisits auf Nürnbergers Entgleisung ein.

„ 9.10
Abgeordnete Mag. Terezija Stoisits (Grüne): Dobro jutro, poštovane dame i gospodo! Wissen Sie, was *(ein Blatt zeigend)* das ist, meine Kolleginnen und Kollegen der SPÖ, lieber Kollege Nürnberger? Das sind die Ergebnisse der Gemeinderatswahlen vom Sonntag. Wissen Sie, lieber Herr Kollege Nürnberger, wie das Wahlergebnis in Simmering ausgeschaut hat? Wissen Sie, Herr Kollege Nürnberger, wie das Wahlergebnis in Favoriten ausgesehen hat? Kennen Sie das Wahlergebnis von Margareten? Und erinnern Sie sich daran, was Sie gestern hier zirka um Viertel eins in der Nacht gesagt haben, als ich mich zu Wort gemeldet und „Dobar več er" gesagt habe? – Sie haben gesagt: Reden Sie deutsch mit uns! Das haben Sie gesagt.

Lieber Herr Vizepräsident des Österreichischen Gewerkschaftsbundes und Metallarbeiter-Gewerkschaftschef! So eine ausländer-, fremdenfeindliche, rassistische, xenophobische Äußerung, wie Sie hier in diesem Parlament von einem Spitzenfunktionär der SPÖ getätigt wurde, habe ich hier noch nie gehört. *(Beifall bei den Grünen. – Zwischenrufe bei der SPÖ.)* Wenn es der Herr Präsident hinsichtlich der gerade von Ihnen, Herr Nürnberger, gemachten Äußerungen – „hysterisch"

und weiß Gott was noch – nicht der Mühe wert findet, hier eine klärende Bemerkung zu machen, dann werden Sie mir wohl oder übel das Recht zugestehen müssen, als frei gewählte Mandatarin hier zu reden. *(Beifall bei den Grünen.)*
SP, NR, XVIII. GP., 44. Sitzung, 13.11.1991, S. 4285-86

Nach der Rede von Stoisits setzten sich die heftigen Wortgefechte zwischen den Abgeordneten der Grünen und der SPÖ fort. Schließlich zitierte der SPÖ-Mandatar Helmut Dietachmayr den § 105 der Geschäftsordnung, wonach Deutsch die Verkehrssprache im Parlament ist.[5]

Es gab aber auch Situationen, in der die legendäre Begrüßung für heitere Szenen in den Abgeordnetenreihen sorgte. So in einer Sitzung, in der über die Staatszielbestimmung zum Minderheitenschutz beraten wurde:

” 13.36
Abgeordnete Mag. Terezija Stoisits (Grüne): Dobar dan, poštovane dame i gospodo! *(Abg. Dr. **Pumberger**: Was heißt das?)* Dobar dan, gospodin Präsident! Dobar dan, Dr. Khol! Meine sehr geehrten Damen und Herren! *(Abg. Dr. **Haselsteiner**: Und was ist mit mir?)* Dobar dan, Dr. Haselsteiner! *(Abg. Dr. **Karlsson**: Hvala ljepa! [Danke sehr!] – Heiterkeit.)*
SP, NR, XX. GP., 71. Sitzung, 17.4.1997, S. 74

Die Abgeordneten lernten mit der Zeit sprachlich sogar dazu, wie die folgende Begebenheit veranschaulicht:

” 17.41
Abgeordnete Mag. Terezija Stoisits (Grüne): Dobar dan, poštovane dame i gospodo! Dobar dan, gospodin Ministar! *(Abg. Ing. **Tychtl**: Dobar dan! – Ruf bei der SPÖ: Dobar večer!)* Dobar večer! Man glaubt gar nicht, wie die Kolleginnen und Kollegen dazulernen. Das finde ich ja super, wirklich. ***(Ruf: Dobrý den!)*** Dobrý den! – Das ist nicht kroatisch. Das ist tschechisch oder slowakisch.
SP, NR, XVIII. GP., 47. Sitzung, 3.12.1991, S. 4629

Bei Gelegenheit wurde Stoisits auch von ungewohnter Seite unterstützt. In einer Budget-Ausschuss-Sitzung im Jahr 1991 übte der ÖVP-Abgeordnete Josef Taus – nicht unbedingt bekannt für seinen parlamentarischen Eifer und deshalb mit Stoisits' Begrüßung (noch) nicht vertraut – offene Kritik an der burgenländisch-kroatischen Begrüßung. Ausgerechnet der FPÖ-Abgeordnete Harald Ofner verteidigte Stoisits daraufhin und erklärte Taus, dass Kroatisch nun einmal ihre Muttersprache sei und sie ihre Reden immer so einleite.

5 SP, NR, XVIII. GP., 44. Sitzung, 13.11.1991, S. 4357

Erfolg

Stoisits hat in den 1990er Jahren wesentlich mitgeholfen, das österreichische Parlament im Umgang mit Minderheiten zu zivilisieren. Heute regt es kaum noch jemanden auf, wenn PolitikerInnen aus symbolischen Gründen ihre Reden in einer Minderheitensprache einleiten. Entgleisungen wie zu Zeiten Nürnbergers sind selten bis undenkbar geworden.

Durch die ritualisierte parlamentarische Begrüßung auf Burgenländisch-Kroatisch fühlten sich andere ParlamentarierInnen aus den verschiedenen österreichischen Volksgruppen dazu ermutigt, ebenfalls eine Begrüßung in ihrer Muttersprache einzubauen. Als Beispiel wäre hier Karel Smolle zu nennen:

„ 16.18

Abgeordneter Karl Smolle (Liberales Forum): Spoštovani gospod predsednik! Visoki Dom! Dragi prijatelji! Hohes Haus! Herr Präsident! *(Abg.* ***Kiss****: Bravo, Karel!)*

SP, NR, XX. GP., 134. Sitzung, 8.7.1998, S. 72

Anerkennung der Roma und Sinti als eigene Volksgruppe

Die Debatte um die österreichischen Minderheiten zu Beginn der 1990er Jahre fand vor dem Hintergrund einer veränderten politischen „Großwetterlage“ statt: zum einen führte die politische Wende von 1989 zu einer Neuordnung der Minderheitenpolitik. Zum anderen war sie ein Element der international geführten Debatte über die Verstrickung Kurt Waldheims stellvertretend für die Involvierung der österreichischen Bevölkerung in die Verbrechen des NS-Regimes. Minderheitenschutz diente der ramponierten österreichischen Regierung unter anderem dazu, diesem außenpolitischen Druck etwas entgegenzusetzen.

Das Volksgruppengesetz aus dem Jahre 1976 definierte Volksgruppen als „die in Teilen des Bundesgebietes wohnhaften und beheimateten Gruppen österreichischer Staatsbürger mit nichtdeutscher Muttersprache und eigenem Volkstum“.[6] In diesem Gesetz wurde die Bundesregierung beauftragt, die Volksgruppen per Verordnung festzulegen und Volksgruppenbeiräte als deren institutionalisierte Minderheitenvertretungen zu bestimmen. Den Volksgruppen der Kärntner SlowenInnen, der Burgenland-KroatInnen, der Wiener TschechInnen und der Burgenland-UngarInnen wurde der gesetzliche Volksgruppenstatus zuerkannt (später kamen auch die Wiener SlowakInnen dazu).

Verweigert wurde die gesetzliche Anerkennung hingegen den österreichischen Roma und Sinti. Die Begründung dafür lieferte der Regierung unter anderem der Verfassungsrechtler Theodor Veiter. Er stellte nämlich fest, dass den Roma und Sinti „eine Bindung an eine angestammte Heimat abgeht“.[7] Ohne die politische Anerkennung als Volksgruppe gab es allerdings für die Roma und Sinti keine Möglichkeit, einen Volksgruppenbeirat zu konstituieren und Volksgruppenfördermittel zu erhalten.

Stoisits startete im Jänner 1991 die ersten parlamentarischen Aktivitäten zur Anerkennung der Roma und Sinti als eigene Volksgruppe. Anfrage an Bundeskanzler Franz Vranitzky:

” ANFRAGE:

1. Ist dem Bundeskanzleramt die Existenz der Volksgruppe der Roma bekannt?
3. Ist die Tatsache, daß die Volksgruppe der Roma in Österreich noch immer nicht rechtlich anerkannt ist, Grund genug, auf diese Volksgruppe in einem „umfassenden, objektiven Grundlagenbericht“ nicht einzugehen?

6 BGBl. 575/1976, 7.7.1976

7 Baumgartner, Gerhard: 6 X Österreich. Geschichte und aktuelle Situation der Volksgruppen. Klagenfurt 1995, S. 119

6. Welche Argumente sprechen gegen eine rechtliche Anerkennung der Roma als Volksgruppe?

XVIII. GP., 396/J, 30.1.1991

Die Antwort des Bundeskanzlers auf die Anfrage war ablehnend. Er sprach den österreichischen Roma und Sinti insgesamt das „organisatorische Substrat" ab.

" ANFRAGEBEANTWORTUNG:

Zu Frage 1:

Gemäß § 1 Abs. 2 des Volksgruppengesetzes, BGBl. Nr. 396/1976, sind unter Volksgruppen „die in Teilen des Bundesgebietes wohnhaften und beheimateten Gruppen österreichischer Staatsbürger mit nichtdeutscher Muttersprache und eigenem Volkstum" zu verstehen. Das Begriffselement „Gruppe" ist in diesem Zusammenhang nur dann gegeben, wenn die betreffenden Personen durch ein gewisses Mindestmaß an Organisation zum Ausdruck bringen, daß sie sich selbst als „Volksgruppe" verstehen. Selbst wenn man berücksichtigt, daß sich vor kurzem ein auf die burgenländischen Roma bezogener Verein in Oberwart gebildet hat (nach einer rund ein Jahrzehnt zurückliegenden wissenschaftlichen Untersuchung leben die Burgenland-Roma über das ganze Burgenland verstreut, und zwar ausschließlich in jeweils minimaler zahlenmäßiger Stärke), so fehlt es dennoch an dem für das Vorliegen einer Volksgruppe im Sinne des Volksgruppengesetzes erforderlichen minimalen organisatorischen Substrat. Dies umso mehr, als es auch von Seite der Betroffenen, wenn man von den Funktionären des genannten Vereins einmal absieht, keinerlei Äußerungen gibt, die das Vorliegen der für den Volksgruppenbegriff maßgeblichen Voraussetzungen annehmen ließen.

Zu den Fragen 3 und 6:

Eine rechtsförmige Anerkennung von Volksgruppen sieht die österreichische Rechtsordnung nicht vor.

XVIII. GP., 382/AB, 21.3.1991

Jahre später, nach dem politisch motivierten tödlichen Anschlag auf vier Roma in Oberwart, bedauerte Vranitzky „daß die Anerkennung der Roma als Volksgruppe in Österreich jahrzehntelang ein Unthema war".[8]

Am 16. März 1992 wandte sich der neu gegründete Kulturverein Österreichischer Roma mit einer Petition an Mitglieder der Bundesregierung (Vranitzky und Busek), an die NationalratspräsidentInnen (Fischer, Lichal, Schmidt) sowie an zwei Landeshauptmänner (Zilk und Stix). In der Petition wurde die politische Anerkennung der Roma und Sinti als Volksgruppe gefordert. Auf das Argument des Bundeskanzlers, dass

8 APA 488, 9.2.1995

die österreichische Rechtsordnung eine rechtsförmige Anerkennung nicht vorsehe, wurde dezidiert eingegangen.

„ 1. Wir ersuchen Sie, zum Zwecke der Erhaltung, der Sicherung des Bestandes sowie der Achtung der Sprache und des Volkstums der österreichischen Roma und Sinti, diese Volksgruppe **politisch anzuerkennen** [Hervorhebung im Original]. Dabei wird nicht übersehen, daß die österreichische Rechtsordnung eine rechtsförmige Anerkennung von Volksgruppen nicht vorsieht.
2. Wir ersuchen Sie weiters, zum Zwecke der Beratung der Bundesregierung, der Bundesminister sowie der Burgenländischen und der Wiener Landesregierung in Angelegenheiten der Volksgruppe der österreichischen Roma und Sinti sowie zum Zwecke der Wahrung des Gesamtinteresses dieser Volksgruppe auf kulturellem, sozialem und wirtschaftlichem Gebiet, **auf die Einrichtung eines Volksgruppenbeirates für die österreichischen Roma und Sinti** [Hervorhebung im Original] hinzuwirken.

Petition des Kulturvereins österreichischer Roma und Sinti, 16.3.1992

Zwei Wochen später lehnte der Nationalrat drei Entschließungsanträge von Stoisits ab, von denen einer die Anerkennung der Roma und Sinti zum Inhalt hatte:

„ ENTSCHLIESSUNGSANTRAG:

Die Bundesregierung wird aufgefordert, zum Zwecke der Erhaltung und der Sicherung des Bestandes sowie der Achtung der Sprache und des Volkstums der österreichischen Roma und Sinti alle notwendigen Schritte zur vollen politischen Anerkennung dieser Volksgruppe zu setzen.

Die Bundesregierung wird ersucht, zum Zwecke der Beratung der Bundesregierung, der Bundesminister sowie der burgenländischen und Wiener Landesregierung, in deren Wirkungskreis die österreichischen Roma und Sinti vor allem leben, in Angelegenheiten der Volksgruppe der österreichischen Roma und Sinti sowie auch dem Zweck der Wahrung des Gesamtinteresses dieser Volksgruppe auf kulturellem, sozialem und wirtschaftlichem Gebiet auf die Einrichtung eines Volksgruppenbeirates für die österreichischen Roma und Sinti hinzuwirken.

SP, NR, XVIII. GP., 64. Sitzung, 1.4.1992, S. 6735

Im Mai 1992 richtete Stoisits erneut eine Anfrage an den Bundeskanzler betreffend der Anerkennung der Volksgruppe der Roma und Sinti in Österreich.[9] In dieser Anfrage bezog sich Stoisits auf die vorhergehende Anfragebeantwortung des Bundeskanzlers. Sie wandte ein, dass die Roma und Sinti mittlerweile eine rege Tätigkeit entwickelt hätten und es bereits drei Interessenorganisationen der Roma und Sinti

9 XVIII. GP., 2912/J, 12.5.1992

sowie Kultur- und Folkloregruppen gäbe. Diesmal signalisierte der Bundeskanzler in seiner Anfragebeantwortung Gesprächsbereitschaft:

> ANFRAGEBEANTWORTUNG:
>
> Zu Frage 3:
>
> Ergänzend dazu möchte ich jedoch darauf hinweisen, daß im März dieses Jahres von zwei Organisationen, nämlich vom „Kulturverein Österreichischer Roma und Sinti" und vom „Roma und Sinti-Verein zur Förderung von Zigeunern", der Wunsch nach Einrichtung eines Volksgruppenbeirats an mich herangetragen wurde. Ich habe die beiden Organisationen auf die rechtliche Problematik aufmerksam gemacht, jedoch angesichts der Besonderheiten der Situation der Roma und Sinti meine Bereitschaft bekundet, der Einrichtung eines Gremiums zuzustimmen, und in diesem Sinne Auftrag gegeben, die notwendigen Vorarbeiten einzuleiten. Ich gehe dabei davon aus, daß es im gemeinsamen Bemühen um flexible und pragmatische Vorgangsweisen gelingen wird, nicht nur die Eigenständigkeit der Roma und Sinti zu bewahren, sondern auch einige ihrer sozialen Probleme einer Lösung näher zu bringen.
>
> XVIII. GP., 2903/AB, 9.7.1992

Gleichzeitig wurden seit Juni 1992 im Verfassungsausschuss die Volksgruppenberichte der Bundesregierung diskutiert. Zu ihrer Vorbehandlung diente ein Unterausschuss. Für die Unterausschusssitzung am 2. Juli wurden Vertreter der österreichischen Roma und Sinti eingeladen. In diesem Hearing wurde mit Zustimmung aller Parlamentsparteien eine gemeinsame Position bezüglich einer Anerkennung der Roma und Sinti als eigenständige Volksgruppe auf Basis der Petition des Kulturvereins Österreichischer Roma entwickelt. Am 16. September 1992 schließlich brachten die Abgeordneten Ernst Piller (SPÖ) und Paul Kiss (ÖVP) einen Entschließungsantrag in den Unterausschuss ein, in dem die Anerkennung der Roma und Sinti als eigene Volksgruppe gefordert wurde. Dieser Antrag fand die Zustimmung aller Fraktionen im Unterausschuss. In der Sitzung des Verfassungsausschusses am 7. Oktober 1992 brachten die Abgeordneten Piller, Christian Brünner (ÖVP) und Stoisits schließlich folgenden Entschließungsantrag ein, der einstimmig angenommen wurde:

> ENTSCHLIESSUNG:
>
> Die Bundesregierung wird ersucht
>
> 1. ihre Bemühungen zur Anerkennung der Roma und Sinti österreichischer Staatsbürgerschaft als Volksgruppe fortzusetzen und ehestmöglich abzuschließen;
> 2. Maßnahmen zu setzen, durch die Diskriminierungen jeder Art der Roma und Sinti beseitigt werden;
> 3. den zuständigen staatlichen Stellen, aber auch der Bevölkerung Informationsmöglichkeiten zu bieten, durch die die Diskriminierung der Roma und Sinti im

Alltagsleben abgebaut werden kann.
SP, NR, XVIII. GP., 703 d.B., 7.10.1992

Die angeschlossene Begründung für die Entschließung lautete folgendermaßen:

„ Nach gesicherten historischen Dokumenten leben Roma und Sinti als ethnische Minderheit nachweislich seit dem 15. Jahrhundert im Gebiet der heutigen Republik Österreich. Ihre Geschichte war von Anfang an durch politische, soziale und kulturelle Verfolgung gekennzeichnet.

Ihren absoluten grausamen Höhepunkt erreichte diese Verfolgung während des nationalsozialistischen Regimes, durch welches etwa die Hälfte der 11.000 Angehörigen dieses Volkes, die vor dem Zweiten Weltkrieg in Österreich ansässig waren, ermordet wurden.

Durch die grausame Verfolgung war es für viele Roma und Sinti schwierig, sich zu ihrer Volksgruppe zu bekennen und die Sprache Romanes zu verwenden bzw. den Kindern weiterzugeben.

Auch wenn jeder österreichische Roma und Sinti selbstverständlich alle staatsbürgerlichen Rechte hatte, waren und sind in der Zweiten Republik Elemente sozialer und gesellschaftlicher Diskriminierung der Roma und Sinti noch immer festzustellen.

Erst in den letzten Jahren wurde innerhalb der Roma und Sinti in Österreich eine neue Form des Selbstbewusstseins wiederbelebt und es kam auch erstmalig zur Gründung von Vereinen der Roma und Sinti. In diesem Zusammenhang kam es auch zum Wunsch von seiten der Roma und Sinti, als Volksgruppe anerkannt zu werden.
SP, NR, XVIII. GP., 703 d.B., 7.10.1992

In der parlamentarischen Debatte zu diesem Entschließungsantrag zeigte sich Stoisits zwar zufrieden über die Entwicklung. Dennoch ging ihr die Entschließung nicht weit genug. Sie wies besonders auf die fehlende materielle Förderung der Volksgruppe der Roma und Sinti hin:

„ 11.19
Abgeordnete Mag. Terezija Stoisits (Grüne):
Ich möchte aber nicht verhehlen, daß ich mit der Textierung dieser Entschließung nicht in allen Punkten einverstanden bin, zumal ich der Auffassung bin, daß gerade die Absicherung einer finanziellen Förderung für die Volksgruppe der Roma und Sinti ganz wesentlich zu betonen wäre.
SP, NR, XVIII. GP., 83. Sitzung, 15.10.1992, S. 9211

Trotz dieses Einwandes stimmten Stoisits und ihre Fraktion am 15. Oktober geschlossen für die Vier-Parteien-Entschließung, die im Parlament einstimmig angenommen wurde.

Nach der Verabschiedung der parlamentarischen Entschließung zur Anerkennung der Roma und Sinti waren die BeamtInnen des Bundeskanzleramt-Verfassungsdienstes am Zug. Das Bundeskanzleramt richtete zunächst ein Beratungsgremium ein, bestehend aus VertreterInnen aller Roma-Organisationen, einzelner Personen aus der Volksgruppe der Roma und Sinti, VertreterInnen der im Parlament vertretenen Parteien, der Ministerien, der Bundesländer sowie WissenschafterInnen. Als Ergebnis dieser Beratungen wurde im Oktober 1993 vom Verfassungsdienst des Bundeskanzleramtes ein Entwurf ausgesandt, der die Verordnung der Bundesregierung über die Volksgruppenbeiräte abänderte und für die „Volksgruppe der Roma" einen Volksgruppenbeirat vorsah.

Am 14. Dezember 1993 wurde im Hauptausschuss des Nationalrates in der 18. Gesetzgebungsperiode schließlich einstimmig beschlossen, die österreichischen Roma- und Sintigruppen als „Volksgruppe der Roma" anzuerkennen.[10] Der Volksgruppenbeirat der Roma konstituierte sich schließlich im September 1995.[11] Anlässlich der Konstituierung des Beirates entbrannte ein Konflikt mit der FPÖ. Als Mitglied des Volksgruppenbeirates wurde nämlich vom Bundeskanzleramt der FPÖ-Abgeordnete Harald Ofner vorgeschlagen. Stoisits wandte sich zunächst gegen diese spezielle Nominierung und im Folgenden gegen derartige politische Nominierungen generell:

> „ Ich spreche den Vertretern der Freiheitlichen Partei die Fähigkeit ab, die Interessen der Roma im Sinne des Volksgruppengesetzes zu vertreten.
> **SN, 19.8.1995**

Auch später setzte sich Stoisits vehement für die Anerkennung der österreichischen Volksgruppen ein, etwa für die polnische Volksgruppe im Jahr 2001 – allerdings erfolglos.[12] Die diesbezügliche Verweigerungshaltung von Bundeskanzler Wolfgang Schüssel kommentierte Stoisits so:

> „ Die Weigerung von Bundeskanzler Schüssel, die Polnische Volksgruppe in Österreich auch rechtlich anzuerkennen, ist symptomatisch für den Umgang der Republik Österreich mit ihren Minderheiten.
> **Bericht des Burgenländisch-Kroatischen Zentrums, 21.2.2001**

10 Mit der 895. Verordnung der Bundesregierung im Bundesgesetzblatt 323/1993 am 23.12.1993 erlangte der Beschluss Rechtskraft.

11 Baumgartner, Gerhard/ Freund, Florian: Roma Politik in Österreich. Wien 2007, S. 18

12 XXI. GP., 1934/J; 1975/AB

Erfolg

Das „kulturelle Erwachen“ der österreichischen Roma und Sinti brachte eine Kulturszene hervor und belebte die zum Teil bereits verlorene Sprache wieder. Diese Faktoren und die Gründung von Vereinen Ende der 1980er Jahre waren ausschlaggebend für die Anerkennung der Volksgruppe. Nichtsdestotrotz bedurfte es auch einer politischen „Lobbyarbeit“ im positiven Sinn. Es war Stoisits, die sich in ihrer parlamentarischen Arbeit kontinuierlich für die Roma und Sinti einsetzte. Sie trug so wesentlich zu deren politischer, gesellschaftlicher und kultureller Anerkennung als Volksgruppe bei.

Einrichtung eines zweisprachigen Gymnasiums in Oberwart

Die Einrichtung eines zweisprachigen Gymnasiums im Burgenland war eines jener Projekte, das vom Grünen Arbeitskreis „Minderheiten" als Ziel definiert worden war. Die Forderung leitete sich vom Recht der Volksgruppen auf Mittelschulunterricht in ihrer Muttersprache in Artikel 7 Absatz 2 des Österreichischen Staatsvertrags von 1955 ab. Im Gegensatz zu Kärnten, wo es schon eine eigene höhere Schule für Slowenen und Sloweninnen gab, blieb dieser Anspruch für die burgenländischen Volksgruppen bis zu Beginn der 1990er Jahre unerfüllt.

Als Parlamentarierin forderte Stoisits ab 1991 vehement die Einrichtung eines zweisprachigen Gymnasiums in Oberwart. Immer wieder kritisierte sie die Verschleppung dieses Vorhabens und bezeichnete das als „eine Schande".[13]

Demonstration für die Rechte der österreichischen Minderheiten auf zweisprachige Schulen, Ballhausplatz, 31.1.1987, Fotorechte Petar Tyran

13 Der Standard, 25.1.1991

Am 9. September 1992 wurde schließlich ein „Zweisprachiges Bundesgymnasium" in Oberwart mit Kroatisch/Deutsch und Ungarisch/Deutsch als Unterrichtssprachen eröffnet. Stoisits schrieb folgendes über das Gymnasium:

„ Das „Zweisprachige Gymnasium" in Oberwart – Ziele und Chancen
Das zweisprachige Gymnasium wird junge Leute ausbilden, die durch ihre aktive Mehrsprachigkeit den zukünftigen Anforderungen des neuen Europa gewachsen sein werden. Durch die europäische Integration und die wachsende Bedeutung der Ostregionen in wirtschaftlicher und kultureller Hinsicht ergeben sich neue Chancen für das Burgenland. Das mehrsprachige Gymnasium ist die richtige Antwort auf diese Herausforderungen. Kindern, die dieses Gymnasium absolvieren, öffnen sich dadurch ungeahnte Perspektiven und Chancen für die Zukunft.
Auszug aus einem Papier von Terezija Stoisits, undatiert

Auch die AutorInnen eines Projektantrages für eine Begleitstudie äußerten sich positiv über das zweisprachige Bundesgymnasium in Oberwart:

„ 1. Ausgangslage

- Durch die Fortsetzung des zweisprachigen Unterrichts in dieser AHS stellen die kroatischen und ungarischen Volksschulen in dieser Region im Hinblick auf die Verwendung von Kroatisch bzw. Ungarisch als Unterrichtssprache im Gegensatz zu früher keine Sackgassen mehr dar. Den Schülern/innen wird eine muttersprachliche Ausbildung bis zur Matura ermöglicht.
- Mit den politischen und wirtschaftlichen Veränderungen in Ost- und Südosteuropa sowie der zunehmenden Bedeutung von Kroatisch und Ungarisch sind für Absolventen/innen zweisprachiger höherer Schulen zusätzliche Erwerbschancen verbunden.
- Das zweisprachige Gymnasium verbessert die Möglichkeiten der Volksgruppen im Burgenland, ihre sprachliche und kulturelle Identität zu wahren.
- Durch die Verwendung der drei Landessprachen Deutsch, Kroatisch und Ungarisch im Unterricht sowie der Einbeziehung von nur deutschsprachigen Kindern erleben die Schüler/innen jene sprachliche Koexistenz, die für ihre Region spezifisch ist.
- Die Öffnung der Schule auch für Kinder aus angrenzenden ungarischen Gemeinden ist ein Beitrag zur grenzüberschreitenden Zusammenarbeit.

Projektantrag zu einer Begleitstudie für das zweisprachige Gymnasium, undatiert, S. 1-2

Erfolg

Die Errichtung des zweisprachigen Gymnasiums in Oberwart gehörte zu den ersten politischen Forderungen der Abgeordneten Stoisits, die auch als eine der ersten erfüllt wurde.

Minderheitenschulgesetz für das Burgenland

Seit 1988 gab es ein heftig umstrittenes Minderheitenschulgesetz in Kärnten und im Burgenland überhaupt keines. Das dortige Landesschulgesetz aus dem Jahr 1937 regelte nur den Volksschulbereich, ohne den Unterricht an den Hauptschulen, den polytechnischen Lehrgängen und den höheren Schulen mit einzubeziehen. Damit entsprach das Schulgesetz weder der Praxis noch dem Wunsch nach einem funktionierenden zweisprachigen Schulwesen.

Um dem Bedarf nach rechtlicher Regelung endlich zum Durchbruch zu verhelfen, entwarf Stoisits mit ihren MitarbeiterInnen 1992 ein „Gesetz für das zweisprachige Schulwesen im Burgenland". Dabei legten die Grünen besonderen Wert darauf, dass dieser Entwurf kein Minderheitenschulgesetz im engeren Sinn war, sondern ein Gesetz zur Bewahrung und zum Ausbau der Mehrsprachigkeit im Burgenland. Der Entwurf stützte sich auf fünf Eckpfeiler:

- obligatorischer zweisprachiger Unterricht an allen Schulen im autochthonen Siedlungsgebiet;
- Zweisprachigkeit als Recht für alle Kinder;
- zweisprachige Schulen auch außerhalb des autochthonen Siedlungsgebietes;
- Fortsetzung der Zweisprachigkeit in der Hauptschule;
- zweisprachige AHS und BHS.

Der Entwurf wurde zur „Begutachtung" an Vereine und an die burgenländischen Schulbehörden geschickt. In den folgenden Jahren wurde er breit diskutiert. Als Reaktion darauf verfasste das Unterrichtsministerium einen Entwurf eines Minderheitenschulgesetzes, der zwar viele Punkte des Grünen Entwurfs übernahm, aber mit dem Abmeldeprinzip eine deutliche Verschlechterung für die Betroffenen bedeutete.

Anfang 1994 billigte der Ministerrat diesen Entwurf und leitete ihn an den Nationalrat weiter. Der Ministerialentwurf war schon einige Jahre zuvor von den kroatischen Volksgruppen-Organisationen abgelehnt worden, da er das faktische Ende des durchgehenden zweisprachigen Schulwesens im Burgenland bedeutet hätte.

Im Juli 1994 beschloss der Nationalrat ein neues Minderheitenschulgesetz für das Burgenland. Es sicherte allen Volksgruppen, den burgenländischen Kroaten und Ungarn - aber auch den Roma - zweisprachigen Unterricht in den Hauptschulen, den polytechnischen Lehrgängen und den höheren Schulen zu. Die Grünen stimmten gegen dieses Gesetz. Stoisits begründete ihre ablehnende Haltung mit Rückschritten hinter die geltenden Regelungen. Der allgemeine zweisprachige Unterricht im Burgenland würde mit dem Gesetz abgeschafft; die Möglichkeit der Abwahl des nichtdeutschen Unterrichts, kritisierte sie, würde zu dessen Marginalisierung führen.[14]

14 Kurier, 16.7.1994; Der Standard, 16.7.1994

Erfolg

Trotz der schlussendlichen Ablehnung des Gesetzes kann die Beschlussfassung des Gesetzes als Grüner Erfolg angesehen werden, da Elemente des ursprünglichen Grünen Entwurfs übernommen wurden.

Staatszielbestimmung für Minderheitenschutz

Ein verheerender Rohrbomben-Anschlag in Oberwart in der Nacht vom 4. auf den 5. Februar 1995 tötete vier Angehörige der Roma und Sinti. Dieses politische Attentat war der Auslöser für eine wachsende politische Sensibilität gegenüber österreichischen Minderheiten im In- und Ausland. Eine direkte Konsequenz daraus war die Staatszielbestimmung für Minderheitenschutz.

Ab dem Jahr 1995 forderte Stoisits im Namen der Grünen immer wieder die Einführung einer eigenen Staatszielbestimmung zum Volksgruppenschutz, da eine allgemeine Verfassungsgarantie fehle.[15] Die Staatszielbestimmung sollte ein klares Bekenntnis Österreichs zu allen hier lebenden Volksgruppen beinhalten. Jahre später im Parlament:

> „ 12.26
>
> **Abgeordnete Mag. Terezija Stoisits** (Grüne):
>
> Die Initiative für eine Staatszielbestimmung und die politische Diskussion dazu wurde in Österreich im Jahre 1995 begonnen. Am 4. Februar 1995 gab es den mörderischen Anschlag auf vier Angehörige der Minderheit der Roma im Burgenland, die dabei ums Leben gekommen sind. Beteuerungen von politischen Repräsentanten dieses Landes, wie wichtig der Schutz der Minderheiten sei, wie wichtig es sei, die sprachliche und kulturelle Vielfalt zu erhalten und zu fördern, waren damals unisono überall zu hören. Damals ist die Idee entstanden - die Grünen haben das dann in Form eines Initiativantrages ja auch zum Ausdruck gebracht-, diese sprachliche und kulturelle Vielfalt der Republik und dieses Bekenntnis zu den Volksgruppen auch rechtlich zu verankern.
>
> SP, NR, XXI. GP., 34. Sitzung, 7.7.2000, S. 63

Im März 1997 initiierte Stoisits zum ersten Mal die Idee, im Bundesverfassungsgesetz eine Staatszielbestimmung zur Achtung, Bewahrung, Förderung und zum Schutz der sprachlichen und kulturellen Vielfalt einzufügen. Der Antrag war gemeinsam mit den Volksgruppenbeiräten erarbeitet worden. Die vorgeschlagene Fassung:

> „ Artikel I
>
> Das Bundes-Verfassungsgesetz in der zuletzt gültigen Fassung wird geändert wie folgt:
>
> 1. **Artikel 8** wird geändert wie folgt:
>
>   **„Die Republik Österreich bekennt sich zu ihrer gewachsenen sprachlichen und kulturellen Vielfalt. Diese Vielfalt ist zu achten, zu bewahren, zu fördern und zu schützen.**
>
> XX. GP., 420/A, 20.3.1997

15 Der Standard, 17.12.1996

In der parlamentarischen Debatte zu dem Antrag wies die Rednerin besonders auf das Vorbild Schweiz hin:

> „13.36
> **Abgeordnete Mag. Terezija Stoisits** (Grüne):
> In Anlehnung an dieses Schweizer Modell ist es die übereinstimmende Forderung aller Volksgruppen – erst letzte Woche hat es die erste gemeinsame Sitzung aller Beiräte gegeben, und da wurde das einhellig gutgeheißen –, daß eine Staatszielbestimmung dieser Art in die österreichische Verfassung aufgenommen werden sollte.
> **SP, NR, XX. GP., 71. Sitzung, 17.4.1997, S. 75**

Der Stoisits-Antrag wurde dem Verfassungsausschuss zugewiesen, wo er dann längere Zeit unbearbeitet auf Eis lag. Aus diesem Grund versuchte die Abgeordnete Stoisits dem Ausschuss eine Frist setzen zu lassen, sich mit dem Antrag zu beschäftigen – erfolglos.[16]

Im Juni 1997 übergaben die österreichischen Volksgruppen ein gemeinsam erstelltes Memorandum zur Aufwertung und Neufassung des Volksgruppengesetzes aus dem Jahr 1976 an den Nationalrat. Eine zentrale Forderung des Memorandums war die verfassungsmäßige Verankerung des Bekenntnisses der Republik Österreich zu ihrer ethnischen Vielfalt. In einem Kommentar zum Volksgruppen-Memorandum knüpfte Stoisits große Erwartungen an eine künftige Staatszielbestimmung:

> „Bisher sahen sich Minderheiten in Österreich gezwungen, in Gerichtsverfahren als Gegner der Republik aufzutreten und Rechte wie Amtssprachen, zweisprachigen Unterricht und Ortstafeln einzuklagen. Weil es kein gemeinsames Ziel gab, fand man sich als Kontrahent wieder. So eine Polarisierung tut weder den Minderheiten noch der Republik gut.
>
> Mit einem Verfassungsbekenntnis zur Bewahrung und Förderung der sprachlichen und kulturellen Vielfalt würde das offizielle Österreich einen Teil der Verantwortung für die Vielfalt übernehmen. Volksgruppenrechte wären dann keine defensiven Sondernormen zur Verteidigung ethnischer Restreservate, sondern gemeinsames Ziel von Minderheiten und Mehrheiten. Profitieren würden beide Seiten.
> **Der Standard, 24.6.1997**

Im November 1998 brachte Stoisits einen Antrag ein, die rechtliche Umsetzung des Volksgruppenmemorandums endlich aktiv zu betreiben. Eine zentrale Forderung dieses Antrages war wie folgt:

16 SP, NR, XX. GP., 134. Sitzung, 8.7.1998, S. 67-69

„ ENTSCHLIESSUNGSANTRAG:

c) Neukodifizierung des Volksgruppenrechtes einschließlich der von den Volksgruppen geforderten Staatszielbestimmung zum Minderheitenschutz in der Bundesverfassung sowie der noch nicht für alle Volksgruppen bzw. überhaupt noch nicht geregelten Bereiche.

XX. GP., 955/A(E), 26.11.1998

Im Oktober 1999 brachte die Abgeordnete Stoisits erneut einen Antrag ein, eine Staatszielbestimmung für Minderheitenschutz analog zur Schweiz in die Verfassung zu schreiben. Die Fassung war wortident mit jener von 1997.[17] Diesmal begründete Stoisits ihr Eintreten für eine Staatszielbestimmung mit der Notwendigkeit ein Zeichen zu setzen und sich höheren europäischen Standards anzuschliessen.

Im Antrag selber verlangten die Grünen eine Zuweisung an den Verfassungsausschuss. Tatsächlich wurde er aber in der Parlamentssitzung im November in den neu konstituierten Ausschuss für Menschenrechte (MRA) verwiesen, in dem Stoisits den Vorsitz führen sollte. Der Initiativantrag 13/A wurde dann am 19. Jänner 2000 im MRA verhandelt und einstimmig vertagt.

Im Verfassungsausschuss einigten sich alle Parteien 1999 auf die Abhaltung eines Hearings zu einer Staatszielbestimmung zur Förderung der kulturellen und sprachlichen Vielfalt Österreichs. Im März 2000 lehnte der ÖVP-Klubobmann Andreas Khol dieses Hearing jedoch ab, was den vehementen Widerspruch Stoisits' hervorrief.[18]

Erst während der so genannten Sanktionen der EU gegen die österreichische Bundesregierung kam wieder Bewegung in die Frage. Im April 2000 plante die Regierung ein kurzes lapidares Bekenntnis zu den autochthonen Minderheiten und legte einen dementsprechenden Entwurf vor:

„ Artikel 6a.

(1) Die Republik Österreich (Bund, Länder und Gemeinden) bekennt sich zu ihrer gewachsenen sprachlichen und kulturellen Vielfalt, die in den autochthonen Volksgruppen zum Ausdruck kommt.

(2) Sprache und Kultur dieser Volksgruppen sind zu achten, ihre Erhaltung und ihr Bestand sind zu sichern, ihr Wohlergehen ist zu fördern.

SP, NR, XXI. GP, 127 d.B., 24.5.2000

Für die Abgeordnete Stoisits war dieses bloße Bekenntnis zu wenig und „geradezu ein Anschlag auf die Rechte der Minderheiten“.[19] Deshalb lehnte sie den Entwurf ab.

17 XXI. GP., 13/A, 29.10.1999

18 OTS 0152, 30.3.2000

19 Die Presse, 14.4.2000

Sie forderte stattdessen eine Verpflichtung die „sprachliche und kulturelle Vielfalt zu achten, zu bewahren, zu fördern und zu schützen“.[20]

Besonders die Freiheitlichen hatten darauf gedrängt den Einschub „Vielfalt, die in den autochthonen Volksgruppen zum Ausdruck kommt“ einzufügen, um so zu verhindern, dass andere Minderheitengruppen sich in der Zukunft auf die Staatszielbestimmung stützen können. In dieser Einschränkung sah Stoisits eine wesentliche Schwäche der geplanten Minderheitenschutzbestimmung.

Im Mai 2000 beschloss der Ministerrat die künftige Staatszielbestimmung. Bundeskanzler Wolfgang Schüssel äußerte sich dazu so: „Es ist mir ein Anliegen, daß Österreich im Bereich des Minderheitenschutzes ein Vorbildland wird“.[21]

Am 30. Mai setzte der parlamentarische Menschenrechtsausschuss einstimmig einen Unterausschuss ein, um die Regierungsvorlage sowie zwei Initiativanträge zu einer Staatszielbestimmung zum Schutz der Minderheiten zu debattieren. Es wurde weiters einstimmig beschlossen, die Vorsitzenden der sechs Volksgruppenbeiräte als ExpertInnen zur mündlichen Äußerung für die nächste Sitzung des Unterausschusses einzuladen. Für Stoisits eine wichtige Forderung.

Der Unterausschuss tagte am 20. Juni zum ersten Mal. Bei seiner Konstituierung wurde die Abgeordnete Stoisits zur Obfrau gewählt. Ein Einvernehmen über die Staatszielbestimmung konnte im Unterausschuss jedoch nicht hergestellt werden. In einer weiteren Sitzung des Menschenrechtsausschusses wurde die Regierungsvorlage in der Fassung eines gesamtändernden Abänderungsantrages der Abgeordneten Walter Posch (SPÖ), Harald Ofner (FPÖ), Matthias Ellmauer (ÖVP) und Stoisits schließlich einstimmig angenommen.

„ Bundesverfassungsgesetz,
mit dem das Bundes-Verfassungsgesetz geändert wird
Art. 8.
(2) Die Republik (Bund, Länder und Gemeinden) bekennt sich zu ihrer gewachsenen sprachlichen und kulturellen Vielfalt, die in den autochthonen Volksgruppen zum Ausdruck kommt. Sprache und Kultur, Bestand und Erhaltung dieser Volksgruppen sind zu achten, zu sichern und zu fördern.
SP, NR, XXI. GP, 202 d.B., 20.6.2000

Die Bestimmung orientierte sich am ursprünglichen Antrag von Stoisits von 1997 und 1999 und konnte deswegen auch als ihr persönlicher Erfolg angesehen werden. Die Formulierung über die autochthonen Volksgruppen wurde von den Regierungspar-

20 Der Standard, 21.4.2000

21 Die Presse, 24.5.2000

teien hineinreklamiert, um den Minderheitenschutz nur auf diese Gruppen und nicht auf alle Minderheiten in Österreich anwenden zu müssen.

Noch vor der Sommerpause, am 7. Juli 2000, wurde die Staatszielbestimmung einstimmig im Nationalrat beschlossen. Stoisits zeigte sich in der Parlamentsdebatte insgesamt zufrieden:

> „ 12.26
> **Abgeordnete Mag. Terezija Stoisits** (Grüne):
> Minderheiten sind ein Teil von uns, Minderheiten sind ein Teil von Österreich! Dass dieser Reichtum, um den es hier geht, keine Selbstverständlichkeit ist, das hat die jüngere und jüngste Geschichte dieser Republik gezeigt, nämlich in der Zeit des Nationalsozialismus. Im Dritten Reich sind nämlich Minderheiten verfolgt und fast zur Gänze ausgerottet worden. Denken Sie an die österreichischen Roma und Sinti! Es sind ganz wenige aus den Lagern und KZs zurückgekommen. Oder denken Sie an die österreichischen Juden!
> SP, NR, XXI. GP., 34. Sitzung, 7.7.2000, S. 62-63

Im Jahr 2002 folgte dann der obligatorische parlamentarische Follow-up. Stoisits befragte den Bundeskanzler und verschiedene FachministerInnen zu den Maßnahmen, die diese seither gesetzt hatten.[22] Konkret nahm sie den damaligen Bundeskanzler Schüssel beim Wort, der anlässlich der Beschlussfassung der Staatszielbestimmung noch vollmundig davon gesprochen hatte, dass die Staatszielbestimmung einen Auftrag an Gesetzgebung und Vollziehung enthalte, „das Staatsziel durch konkrete Maßnahmen mit Leben zu erfüllen“ und dass ein „modernes Volksgruppengesetz“ erarbeitet werden würde.

Erfolg

Die Tatsache, dass die Staatszielbestimmung zum Minderheitenschutz auch von der schwarz-blauen Regierung mitgetragen worden war, formte einen wesentlichen Teil des so genannten Weisenberichts über Österreich. Im Bezug auf die Minderheitenrechte in Österreich schlussfolgerten die drei Emissäre der Europäischen Union (Martti Ahtisaari, Jochen Frowein und Marcelino Oreja), die den Einfluss des Rechtsextremismus im Land untersuchten:

> „ Das österreichische Rechtssystem hat einen besonderen Schutz für die in Österreich lebenden Minderheiten geschaffen. Dieser Schutz besteht auf Verfassungsebene. Der den in Österreich lebenden Minderheiten durch das österreichische Rechtssystem gewährte Minderheitenschutz reicht weiter als der, der in vielen anderen europäischen Staaten gewährt wird.
> Bericht von Ahtisaari, Frowein, Oreja, 8.9.2000, S. 10

22 XXI. GP., 4342/J, 19.9.2002; 4365/AB, 21.11.2002

Ohne die Staatszielbestimmung wäre kaum positiv über das „minderheitenfreundliche“ Österreich berichtet worden. Die österreichische Bundesregierung konnte damit auf ihre guten Absichten hinweisen und sich selbst als Erfolg verkaufen. In Vergessenheit geriet dabei, dass die Staatszielbestimmung nur durch kontinuierlichen Druck der Grünen zustande gekommen war. Aufgrund dieser politischen Instrumentalisierung hielt sich die Freude der Grünen über die Staatszielbestimmung, die seither keinen Niederschlag in der Judikatur gefunden hat, in Grenzen.

Zweisprachige Topografie: Ortstafeln im Burgenland und in Kärnten

Seit Beginn ihrer parlamentarischen Arbeit setzte sich Stoisits für die Anbringung zweisprachiger Ortstafeln in Kärnten und Burgenland ein. In Debatten und Anfragen wies sie immer wieder auf diese ihrer Meinung nach skandalöse Nichterfüllung des Artikels 7 des Staatsvertrags hin. So im Oktober 1992:

> „ 11.19
>
> **Abgeordnete Mag. Terezija Stoisits** (Grüne):
> Ich bin schon Hunderte Male persönlich davon betroffen und als Politikerin immer peinlich berührt gewesen, wenn ich von meiner Heimatgemeinde über den Grenzübergang Schachendorf nach Ungarn gefahren bin, was oft genug passiert ist, und in diesem vor vielen Jahren noch von allen so verhaßten, kommunistischen ungarischen System - vier Kilometer von der österreichischen Staatsgrenze entfernt - immer zweisprachige Ortstafeln gesehen habe, nämlich ungarische und kroatische Ortstafeln. Sie werden es nicht wissen - auch eine Information für Sie -: Die burgenländischen Kroaten leben über drei Staaten verteilt, nämlich in der Slowakei, in Österreich und in Ungarn. Und in diesen beiden anderen Nachbarstaaten werden schon seit vielen Jahrzehnten - das ist tatsächlich geschehen - zweisprachige Ortstafeln montiert.
>
> Das, was im verhaßten kommunistischen Regime möglich war und was im heutigen demokratischen System unserer Nachbarstaaten natürlich unwidersprochen weiter existiert und weiter besteht, das ist im demokratischen Vorzeigeland Österreich nicht möglich. Es gibt keine einzige zweisprachige Ortstafel im Burgenland - nirgends! Es gibt Gemeinden im Burgenland, die einen zweisprachigen Bevölkerungsanteil von 95 Prozent haben. Das heißt, 95 Prozent dieser Gemeindebürger sprechen zwei Sprachen, aber es gibt keine zweisprachige Ortstafel!
>
> Das trifft im Burgenland nicht nur die Kroaten, sondern das trifft auch die ungarische Volksgruppe.
>
> SP, NR, XVIII. GP., 83. Sitzung, 15.10.1992, S. 9213

Ab 1991 richtete Stoisits kontinuierlich parlamentarische Anfragen zu Ortstafeln an die wechselnden Innenminister. Exemplarisch sei eine aus dem Jänner 1993 genannt. In der Gemeinde Nova Gora/Neuberg hatte der Kroatische AkademikerInnenklub im Rahmen einer alljährlichen Aktion im Beisein von zwei Abgeordneten - Stoisits und Marijana Grandits - symbolisch zweisprachige Ortstafeln aufgestellt.

Stoisits beim Anbringen einer zweisprachigen Ortstafel, Jänner 1993, Fotorechte Petar Tyran

In der Nacht darauf wurden die Ortstafeln von Unbekannten besprüht und anschließend von der Polizei vollständig entfernt. Dies nahm nun Stoisits als Anlass, um als Abgeordnete vom Innenminister schriftlich Auskunft über den Verbleib der zweisprachigen Ortstafeln zu verlangen:

> ANFRAGE:
> 1. Wurden seitens der Behörden Erhebungen in dieser Sache vorgenommen?
> XVIII. GP., 4210/J, 28.1.1993

Innenminister Franz Löschnak antwortete folgendermaßen:

> ANFRAGEBEANTWORTUNG:
> Zu Frage 1:
> Die Exekutive hat den zuständigen Stellen (Bezirkshauptmannschaft Güssing und Staatsanwaltschaft Eisenstadt) sowohl über die Aufstellung der zweisprachigen Ortstafeln als auch über die Beschmierung bzw. Übersprühung des kroatischen Schriftzuges Meldung und gegen unbekannte Täter Anzeige erstattet.
>
> Die zweisprachigen Ortstafeln wurden über Weisung des Bezirkshauptmannes von Güssing durch die Straßenverwaltungsstelle Großpetersdorf gegen die Originale ausgetauscht.
> XVIII. GP., 4157/AB, 26.3.1993

Ein Jahr später starteten die Grünen eine weitere derartige Aktion. Sie stellten zwei- und dreisprachige Ersatz-Ortstafeln in Form von Großplakaten für Eisenstadt/Zeljezno/Kismarton, Cindrof/Siegendorf und Großwarasdorf/Veliki Boristof auf. - „Nimmt man jemandem den Namen, nimmt man ihm seine Eigenheit", wurde Stoisits zitiert.[23]

Im Jahr 1996 kritisierte die Abgeordnete den burgenländischen Landeshauptmann Karl Stix (SPÖ) heftig, der gemeint hatte, dass die Bevölkerung über die Anbringung zweisprachiger Ortstafeln entscheiden solle. Stoisits forderte demgegenüber klare rechtliche Vorgaben für die Durchsetzung des Artikels 7 des Österreichischen Staatsvertrags. Bezüglich der Anbringung von Ortstafel gab sie sich pessimistisch:

„ Es zeichnet sich jetzt schon ab, daß man kein Ohrwaschl rühren wird.
Der Standard, 31.7.1996

Im Jahr 2000 wurden dann im Burgenland 51 zweisprachige (4 ungarische und 47 kroatische) Ortstafeln aufgestellt, die erste in Großwarasdorf/Veliki Boristof Mitte Juli. Auch in der Heimatgemeinde von Stoisits, in Stinatz/Stinjaki, wurde eine zweisprachige Ortstafel aufgestellt. Der scheidende Bundeskanzler Viktor Klima hatte das - einen Tag vor seiner Ablöse als Bundeskanzler - in einer Verordnung vom 3. Februar 2000 bestimmt. Bezeichnenderweise schraubte ausgerechnet der „Wendekanzler" Wolfgang Schüssel die erste zweisprachige Ortstafel im Burgenland eigenhändig an den Rahmen. Die Wiener Stadtzeitung *Falter* berichtete:

„ Ein medienwirksames Heimspiel für den Kanzler. Auch wenn der zweisprachige Unterricht in einigen burgenländischen Gemeinden nicht unbedingt den VP-Funktionären, sondern eher dem lästigen Engagement der grünen Minderheitensprecherin Terezija Stoisits zu verdanken ist. Sie war bereits Schüssels Vor-Vorgänger, Franz Vranitzky, damit bei jeder Gelegenheit in den Ohren gelegen.
Falter, 19.7.2000

Ortstafel-SkeptikerInnen rechneten damals mit Protesten, zu denen es nie kam. Obwohl die Aufstellung maßgeblich von den Grünen betrieben worden war, war Stoisits nicht zur Einweihung eingeladen worden. Sie ließ es sich trotzdem nicht nehmen, bei dem Ereignis dabei zu sein.

Gleichfalls versuchte Stoisits auf die Notwendigkeit zweisprachiger Ortstafeln in Kärnten hinzuweisen. Nach einem Erkenntnis des VfGH kritisierte sie scharf die Weigerung des Kärntner Landeshauptmanns Jörg Haider (FPÖ/BZÖ), weitere zweisprachige Ortstafeln in Kärnten aufzustellen.

23 Der Standard, 9.9.1994

Am 13. Dezember 2001 pflanzte Stoisits vor dem Bundeskanzleramt symbolisch eine Ortstafel ihrer burgenländischen Heimatgemeinde Stinatz/Stinjaki auf. Sie verband die Aktion mit der Forderung an den Bundeskanzler, die neuen VfGH-Erkenntnisse zu den Ortstafeln und der 25-Prozent-Klausel rasch umzusetzen und den Angriff von Haider auf den österreichischen Rechtsstaat abzuwehren. Im Jänner 2002 brachte Stoisits einen Entschließungsantrag ins Parlament ein, in dem sie die unverzügliche Umsetzung des VfGH-Erkenntnisses zu zweisprachigen Ortstafeln nach dem Volksgruppengesetz forderte, konkret für 24 Kärntner Ortschaften.[24]

Im März 2002 überklebten einige Grüne, darunter die Abgeordnete, im Villacher Ortsteil Maria Gail eine Ortstafel und schrieben Maria na Zilji darunter. Nach Aussage von Stoisits waren die Anwesenden anschließend eine Stunde im Wirtshaus. Bei der Rückkehr an den Ort des Geschehens war die Tafel bereits verschwunden.[25]

Die Absichten von Stoisits machten aber nicht bei zweisprachigen Ortstafeln halt, sondern waren viel umfassender, wie der folgende Ausschnitt aus einem Artikel im *Kurier* beweist:

> „ **Grüne fordern Neustart in der Minderheitenpolitik**
> Nationalrätin Terezija Stoisits fordert Sprachenoffensive statt reiner Traditionspflege
> „Die Minderheitenpolitik im Burgenland reichte bisher von bewusster Assimilation und kultureller Entfremdung bis zur falsch verstandenen Traditionspflege ohne Zukunftsperspektiven", meinte die Grüne Nationalratsabgeordnete Terezija Stoisits Dienstag in Eisenstadt. Das soll sich in Zukunft ändern, vor allem dann, wenn die Grünen bei der kommenden Nationalratswahl zulegen können.
>
> Stoisits hat sich als Minderheitensprecherin ein Sechs-Punkte-Programm zurecht gelegt. Zuerst müsse eine Generalreform des Volksgruppengesetzes in Einklang mit dem Minderheitenschutzabkommen des Europarates stattfinden. Dazu komme, dass die Zweisprachigkeit im öffentlichen Raum gefördert werden müsse. „Wir treten für eine durchgehende Zweisprachigkeit im Lande ein", forderte sie. Dazu gehören nicht nur zweisprachige Ortstafeln, sondern auch andere Aufschriften wie Wegweiser, aber auch Formulare, amtliche Vordrucke und auch die Zweisprachigkeit im Bildungssystem. „Hier geht es nicht um Sprachenschutz, sondern um eine Sprachenoffensive", meint die Stinatzerin.
>
> Da in den vergangenen 30 Jahren viel verabsäumt wurde, viele Elternteile daher die Sprache selbst nicht gut können, kann man von ihnen nicht verlangen, dass sie die Zweisprachigkeit der Kinder fördern.
>
> Gefordert wird auch die Zweisprachigkeit in den Medien, die aktive Förderung der kulturellen Vielfalt und die Stärkung der Volksgruppenorganisationen.
>
> **Kurier, 16.10.2002**

24 XXI. GP., 601/A(E), 31.1.2002

25 Falter, 20.3.2002

Die Einschätzung von Stoisits gegenüber der real betriebenen Minderheitenpolitik in Kärnten war äußerst skeptisch. So etwa im Jahr 2006:

„ Die Frage wird instrumentalisiert [von der Kärntner Landespolitik]: Wenn ihr [die Slowenen und Sloweninnen] nicht auf Ortstafeln verzichtet, gibt's keine zweisprachigen Kindergärten, keine Musikschule und keine Förderung für Vereine. Da herrscht Erpressung, Drohung, eigentlich Unterdrückung. Das ist verwerflich.
Die Presse, 28.1.2006

Stoisits während einer Dringlichen Anfrage zum Ortstafelthema am 12.7.2006 im Parlament (im Hintergrund Bundeskanzler Wolfgang Schüssel), Robert Jäger, APA/picturedesk.com

Im April 2006 folgten die nächsten parlamentarischen Entschließungsanträge von Stoisits bezüglich zweisprachiger Ortstafeln. Im ersten Antrag forderten die Grünen eine Klage gegen den Kärntner Landeshauptmann Jörg Haider beim Verfassungsgerichtshof wegen Gesetzesverletzung.[26] Im zweiten Entschließungsantrag forderten sie

26 XXII. GP., 732/A(E), 16.11.2005

die Regierung auf, die Aufstellung einsprachiger Ortstafeln in Bleiburg und Bleiburg/Ebersdorf vor dem Verfassungsgerichtshof anzufechten.[27] Beide Anträge wurden aber dank der Stimmenmehrheit von ÖVP und FPÖ vertagt.

Mitte 2006 schlossen ÖVP und BZÖ einen Kompromiss zur Ortstafelfrage. Dieser Vorschlag sah statt 77 insgesamt 141 Ortstafeln vor.[28] Der Anteil von slowenischsprachigen Personen musste in einer Gemeinde mindestens 15 Prozent betragen und in einer kleineren Ortschaft 10 Prozent. Zusätzlich wurde eine „Öffnungsklausel" eingeführt, wonach Ortschaften, in denen mindestens 33 Prozent der Bevölkerung Slowenisch spricht, aber deren Anteil in der Gemeinde unter 10 Prozent liegt, einen Antrag auf Aufstellung einer zweisprachigen Ortstafel einbringen können. Für Stoisits war das dennoch ein fauler Kompromiss, der die Urteile des Verfassungsgerichts ignorierte.[29]

Im Jänner 2007 brachte Stoisits erneut einen Entschließungsantrag ins Parlament ein, der eine sofortige Umsetzung der Aufstellung zweisprachiger Ortstafeln in Kärnten gegen den Widerstand von Landeshauptmann Jörg Haider verlangte.[30]

Erfolg

Der kontinuierliche parlamentarische Druck von Stoisits führte zu einer ständigen Wiederbelebung der Debatte um Minderheiten und fehlende zweisprachige Ortstafeln. Die Aufstellung von Ortstafeln im Burgenland und die Aufrechterhaltung der Debatte in Kärnten sind im Wesentlichen ihrer Hartnäckigkeit zu verdanken.

27 XXII. GP., 791/A(E), 13.2.2006

28 Der Standard, 4.7.2006

29 Profil, 3.7.2006

30 XXIII. GP., 90/A(E), 16.1.2007

Menschenrechte: Kein Mensch ist illegal

Das Fremdenrecht und die damit verbundene Menschenrechtspolitik waren ein zentrales und umfangreiches Feld der parlamentarischen Arbeit von Terezija Stoisits. Das kann daran abgelesen werden, dass sich ein großer Teil ihrer Anfragen, Anträge und Reden Menschenrechtsfragen widmete.

Die konkreten Forderungen im Bereich AusländerInnenrecht waren sehr vielschichtig:

- Berücksichtigung des Integrationsfaktors im Fremdenrecht;
- AusländerInnen-Ombudsmann oder Ombudsfrau angelehnt an das Modell der Volksanwaltschaft und Festschreibung der Kompetenzen in einem Bundesverfassungsgesetz;
- Erleichterungen bei der Familienzusammenführung, keine Einschränkungen durch Quoten, Einkommen und Wohnsituation;
- Erleichterung von Einbürgerungen;
- Doppelstaatsbürgerschaften.

Auf den folgenden Seiten stehen zunächst das Verhältnis von Stoisits zu den jeweiligen InnenministerInnen und anschließend die parlamentarischen Aktivitäten zum Fremdenrecht im Vordergrund.

Kampf gegen Rassismus und Fremdenfeindlichkeit

Das Fremdenrecht - Die InnenministerInnen und Stoisits

Die Novellierung des AusländerInnenrechts stand seit Beginn der parlamentarischen Arbeit von Stoisits auf ihrer Agenda. Insgesamt fünf Innenminister und eine Innenministerin wirkten während ihrer Oppositionsarbeit in verschiedenen Regierungen. Zwei Mal wurde das Innenministerium interimistisch geleitet; vom 11. bis 21. Dezember 2004 von Günther Platter und vom 2. bis 10. Jänner 2007 von Wolfgang Schüssel.

Die ersten drei amtierenden Innenminister gehörten der SPÖ an, während die Ära danach von drei ÖVP-PolitikerInnen geprägt war. Das Verhältnis von Stoisits zu den AmtsinhaberInnen muss als ausserordentlich konfliktträchtig bezeichnet werden, wie die folgenden Einschätzungen Stoisits' bezeugen:

Franz Löschnak, SPÖ, ab 1.2.1989

„ [Ihm] weine ich keine Träne nach
Der Standard, 6.4.1995

Caspar Einem, SPÖ, ab 6.4.1995

„ Offener und liberaler
Der Standard, 6.4.1995

Karl Schlögl, SPÖ, ab 28.1.1997

„ Zwar ein sympathischer Mensch, politisch aber deshalb gefährlich, weil er mit freundlicher Miene sehr restriktive Gesetze durchsetzt.
Der Standard, 3.9.1998

„ Er ist kein herzloser Mensch. Aber was Schlögl jetzt macht, ist schlimmer als der übelste FPÖ-Politiker.
News, 8.4.1999

Ernst Strasser, ÖVP, ab 2.3.2000

„ Die krausen und rechtsstaatsfeindlichen Ideen seines Hardliner-Vorgängers Strasser.
Kurier, 17.12.2004

„ Daß man sie [AsylwerberInnen] deshalb auf die Straße stellt, wie das Innenminister Strasser tut, halte ich für skandalös.
Die Presse, 7.11.2002

Liese Prokop, ÖVP, ab 22.12.2004

„ Eine christlich-soziale Politikerin hat sich in eine Rechtsaussen-Politikerin gewandelt.
OTS 0195, 19.5.2006

Günther Platter, ÖVP, ab 11.1.2007

„ Mit seinen marktschreierischen Äußerungen ernennt sich Innenminister Platter selbst zum Abschiebeminister.
www.gruene.at, 28.4.2007

Innenminister Franz Löschnak/ SPÖ

Anhand einer parlamentarischen Debatte zum Entwurf eines neuen Fremdengesetzes im Dezember 1992 lässt sich das besonders spannungsreiche Verhältnis zwischen Stoisits und Löschnak zeigen:

„ 10.58
Bundesminister für Inneres Dr. Löschnak:
Nennen Sie mir ein Land im westlichen Europa, das gegen diese Ost-West-Wanderung ein Rezept auf die Beine stellen konnte, das halbwegs, und um das geht es – jetzt weiß ich schon, wenn ich „halbwegs" sage, wird mir wieder der Vorwurf gemacht, daß ich jemand wäre, der zaudert und immer versucht, einen Schritt nach vorne zu gehen, aber dann einen halben Schritt zurück nimmt, oder den ganzen Schritt –, ... *(Abg. Mag Terezija* ***Stoisits****: Zwei!)*

Zwei Schritte nehme ich zurück. Da bin ich Ihnen dankbar! Wenn das stimmte, müßte ich ja eigentlich schon in einem anderen Staat sein. Jetzt bin ich ja schon lange genug dabei, wenn ich da immer zwei Schritte zurückgehe, meine Damen und Herren – das nur zum rein Physischen – ... *(Abg. Dr.* ***Haider****: So klein ist Österreich wirklich nicht!)* Von hier zur Ostgrenze, Herr Parteiobmann, ist es wirklich keine Entfernung. Ich bin immerhin 16 Jahre in der Regierung. *(Abg. Dr.* ***Haider****: Bei den Schrittchen, die Sie machen!)* Wenn ich jede Stunde zwei Schritte zurückginge, wäre ich schon an der Ostgrenze. *(Abg. Dr.* ***Haider****: Sie gehen ja im Kreis!)* Ach so! Ihrer Meinung nach gehe ich im Kreis. Na fein!
SP, NR, XVIII. GP., 91. Sitzung, 2.12.1992, S. 10168

In einer Parlamentsdebatte über die Vollzugspraxis der neuen Asyl-, Fremden- und Aufenthaltsgesetze im Juni 1993 warf Stoisits Löschnak vor, mit seinen Äußerungen und Taten bewusst Ausländerfeindlichkeit zu schüren. Ihre Schlussfolgerung war prophetisch:

„ 18.16

Abgeordnete Mag. Terezija Stoisits (Grüne):
Sie persönlich werden es zu verantworten haben, wenn auch in unserem Land das passiert, was Gott sei Dank noch nicht passiert ist, nämlich daß ausländische Menschen verbrennen, verletzt und getötet werden.
SP, NR, XVIII. GP., 125. Sitzung, 17.6.1993, S. 14450

In derselben Parlamentssitzung, die einer Dringlichen Anfrage der Grünen-Fraktion gewidmet war, kritisierte Stoisits Löschnaks Asyl-, Fremden- und Aufenthaltsgesetze scharf.

„ 14.27

Abgeordnete Mag. Terezija Stoisits (Grüne):
Diese nicht menschenrechtskonformen und inhumanen Situationen, in die ausländische Mitbürgerinnen und Mitbürger in unserem Land gebracht werden, haben uns veranlasst, an den Herrn Bundesminister für Inneres heute eine dringliche Anfrage zu stellen. Es ist leider – mich betrübt das zutiefst – eine erwiesene und durch zahlreiche Bescheide, die uns und viel mehr noch den Flüchtlingsbetreuungseinrichtungen zur Verfügung stehen, vielfach dokumentierte Tatsache, daß es sich hiebei leider nicht um Einzelfälle handelt.

Ich bin mir der Tatsache bewusst, daß nicht der Herr Bundesminister Löschnak allein dafür verantwortlich ist, sondern jeder von Ihnen, einschließlich meiner Fraktion, der den neuen Fremdengesetzen in diesem oft reklamierten Paket seine Zustimmung gegeben hat. Die Ausschussmitglieder von der grünen Fraktion haben im Innenausschuß, in dem das neue Fremdengesetz verhandelt wurde, ich kann fast sagen, bis zur Erschöpfung, soweit ich mich an die Auseinandersetzungen im Ausschuß erinnern kann, versucht, Sie und auch die vollziehenden Behörden, vertreten durch den Bundesminister für Inneres, davon zu überzeugen, daß die im letzten Jahr und im vorletzten Jahr beschlossenen gesetzlichen Maßnahmen diesem Land einen ganz, ganz großen Schaden zufügen werden. Und in dieser Situation sind wir jetzt.

Wir sind heute in der Situation, eingestehen zu müssen, daß in Österreich Menschenrechte verletzt werden, nämlich Menschenrechte von Verfolgten und Menschenrechte von Flüchtlingen und Menschenrechte von Mitbürgern, die sich lediglich durch den Umstand, keinen österreichischen Reisepaß zu haben, von uns, die wir hier sitzen, unterscheiden. Das erscheint uns dringlich genug, um heute diese Fragen, die Sie bekommen haben, an den Herrn Bundesminister für Inneres zu stellen.
SP, NR, XVIII. GP., 125. Sitzung, 17.6.1993, S. 14412

Innenminister Caspar Einem/ SPÖ

Nach dem Abgang von Löschnak 1995 setzten Stoisits und andere große Hoffnungen auf seinen Nachfolger. Diese Hoffnungen wurden teilweise bestätigt, als etwa Einem in einem Erlass Vergewaltigung als Asylgrund anerkannte.[31] Dennoch kritisierte Stoisits drei Monate später, dass sich unter dem neuen Ressortchef in der Migrationspolitik „nichts zum Besseren ... gewendet habe".[32] Die etwas liberalere AusländerInnenpolitik von Caspar Einem scheiterte schließlich am Widerstand der Koalitionspartnerin ÖVP, am Widerstand der eigenen Partei sowie am Widerstand der BeamtInnenschaft des Innenministeriums.

Innenminister Karl Schlögl/ SPÖ

Auch mit Karl Schlögl kam Stoisits immer wieder in Konflikt. Ihre anfänglichen Sympathien waren schnell verflogen, sie bezeichnete Schlögl als „zynisch", weil er etwa Kosovo-Flüchtlinge in zwei Klassen einteilte: „Frauen mit Säuglingen darf man gleich zurückschieben, schwangeren Frauen dagegen gewährt Schlögl Schutz".[33] Im Jahr 1999 kritisierte die Mandatarin Schlögls Schubhaftpläne als „rassistisch", da die Zielgruppe seines Vorhabens vornehmlich RumänInnen gewesen seien.[34] Im Dezember 1999 gab Schlögl einen neuen Erlass zur Verhängung von Schubhaft über Minderjährige als „letztes Mittel" heraus. Stoisits stemmte sich vehement gegen diese Maßnahme.[35] Im Fall Omofuma eskalierte das ohnehin schon schlechte Verhältnis (siehe Kapitel „Knebelung von Schubhäftlingen mit Klebebändern - die Causa Omofuma).

Innenminister Ernst Strasser/ ÖVP

Mit dem neuen Innenminister unter der schwarz-blauen Regierung ab dem Jahr 2000, Ernst Strasser, geriet Stoisits fast schon zwangsläufig aneinander. So kritisierte sie die Verschärfungen des so genannten Integrationspakets 2002. Durch den Entwurf der Regierungskoalition sah sie den „Westenthaler-Geist" wehen – ein politischer Scharfmacher in den Reihen Jörg Haiders.[36]

Innenministerin Liese Prokop/ ÖVP

Unter Liese Prokop entbrannte ein Streit über die Handhabung des Falles Bakary J. Dieser Asylwerber war von Beamten gefoltert worden, die daraufhin wegen vorsätzlichen Quälens eines Schubhäftlings rechtskräftig verurteilt wurden. Die Innenministerin stellte sich jedoch hinter ihre Beamten und entließ sie nicht sofort aus

31 Die Presse, 12.8.1995

32 Kronen Zeitung, 5.11.1995

33 Profil, 19.10.1998

34 Der Standard, 1.2.1999

35 Der Standard, 9.12.1999

36 SN, 2.3.2002

dem Polizeidienst, was Stoisits gegen sie aufbrachte.[37] Ein weiterer Konflikt entstand durch Prokops Behauptung, dass die österreichischen MuslimInnen angeblich „integrationsunwillig" seien. Stoisits warf ihr anschließend vor eine „radikale Politik á la Haider/Strache" zu betreiben.[38] Auch beim Fremdenrechtspaket 2005 sowie bei Novellen zum Asyl-, Niederlassungs- und Aufenthaltsgesetz waren sich die Kontrahentinnen uneins.

Innenminister Günter Platter/ ÖVP

Nach Strassers Rücktritt im Jahr 2004 übernahm zunächst Verteidigungsminister Günter Platter für einige Tage interimistisch das Amt. Nach dem plötzlichen Tod von Prokop wurde er dann erneut Innenminister. In das Visier von Stoisits geriet Platter durch seine Ankündigung, die seit 2006 bestehende Zwangsernährung für hungerstreikende Schubhäftlinge weiter als „Heilbehandlung" zuzulassen. Zudem warf Stoisits Platter vor, mit der harten Haltung bei der Abschiebung von AusländerInnen „die Zerstörung von Familien ungeniert" fortzusetzen.[39]

Insgesamt kann festgehalten werden, dass das Verhältnis von Terezija Stoisits zu allen InnenministerInnen ein gespanntes war, das die Grenzen des politischen Diskurses immer wieder ins persönliche hinein zu überschreiten drohte.

37 OTS 0171, 15.9.2006

38 OTS 0195, 19.5.2006

39 OTS 0224, 27.4.2007

Stoisits und Platter
während der Budget-
debatte des Nationalrats
zum Thema „Inneres“ am
3.5.2007, Robert Jäger,
APA/picturedesk.com

Deserteure der jugoslawischen Armee – der Fall Sali K.

Ab 1991 setzte sich Stoisits für Deserteure der jugoslawischen Volksarmee ein, denen in Österreich kein Asyl gewährt wurde. In Zusammenarbeit mit der ARGE-Zivildienst und KriegsdienstgegnerInnen kämpfte sie für deren Rechte. Anfang Jänner 1993 appellierte Stoisits gemeinsam mit dem Gründer der Deserteursberatung, Peter Steyrer, und der Unternehmerin Gexi Tostmann, die Flüchtlingen Quartier gewährte, in einer Pressekonferenz an die Politik, Deserteure und Kriegsdienstverweigerer aus dem ehemaligen Jugoslawien in Österreich aufzunehmen und nicht abzuschieben.[40] Zehn Tage später folgte eine parlamentarische Anfrage.

Zwei der 18 Fragen an Innenminister Löschnak:

„ ANFRAGE:

4. Warum haben Sie es bis zum heutigen Tage unterlassen, dem Nationalrat einen Gesetzesentwurf vorzulegen, durch den Österreich dem Beispiel Italiens in dieser Frage folgt?
18. Was werden Sie tun, damit ab sofort Deserteure und Stellungsflüchtlinge aus dem ehemaligen Jugoslawien nicht mehr in Schubhaft genommen werden, sondern Asyl und Gastrecht in unserem Lande erhalten?

XVIII. GP., 4097/J, 15.1.1993

Die Antwort von Löschnak war ambivalent:

„ ANFRAGEBEANTWORTUNG:

Zu Frage 4:

Österreich hat seit Beginn der kriegerischen Auseinandersetzungen im ehemaligen Jugoslawien einer großen Zahl von Kriegsvertriebenen, darunter auch Deserteuren und Stellungsflüchtlingen, Zuflucht und Betreuung gewährt. Die Regelungen des § 8 Asylgesetz, des § 12 Aufenthaltsgesetz sowie des § 54 Fremdengesetz erfassen den in Rede stehenden Sachverhalt vollständig.

Zu Frage 18:

Diesem Ansinnen kann ich aufgrund der bestehenden Gesetzeslage nicht Rechnung tragen. Im übrigen verweise ich auf die Beantwortung zu Frage 4.

XVIII. GP., 4032/AB, 9.3.1993

Am 15. Jänner 1993 richtete Stoisits eine weitere Anfrage zur drohenden Abschiebung des Stellungsflüchtlings Sali K. an den Innenminister.[41] Zusätzlich folgten Ende

40 Der Standard, 5.1.1993

41 XVIII. GP., 4094/J, 15.1.1993

Jänner Anfragen zu Personen, die nach Auffassung von Stoisits rechtswidrig in Schubhaft festgehalten wurden.[42]

Um auf die Unmenschlichkeiten des 1992 beschlossenen Asylgesetzes hinzuweisen, setzte Stoisits am 19. April 1993 eine Aufsehen erregende Aktion für einen vom Tode bedrohten Kosovo-Albaner. Sein Schicksal stand exemplarisch für viele weitere. Diese Aktion begründete Stoisits' Ruf als unnachgiebige Kämpferin für Menschen am Rande der Gesellschaft und machte sie zu einer bekannten öffentlichen Person.

Die Vorgeschichte: Stoisits hatte sich als Delegationsmitglied einer Mission des *Interparliamentary Human Rights Network* im Februar 1993 eigene Eindrücke über die Ereignisse im Kosovo machen können. Zurück in Österreich griff sie das Schicksal eines jungen Kosovo-Albaners auf. Ausgerüstet mit einer Besuchserlaubnis der zuständigen Bezirkshauptmannschaft Baden besuchte sie zwei Monate später den 20-jährigen Sali K. im Polizeigefangenenhaus (PGH) Ost am Hernalser Gürtel in Wien.

Sali K. war Stellungsflüchtling vor der jugoslawischen Armee und saß seit 30. Dezember 1992 in Schubhaft, da ihm politisches Asyl in Österreich verwehrt wurde. Als der Kriegsdienstverweigerer in die Aufnahmekanzlei des Gefangenenhauses gebracht wurde, forderte Stoisits zunächst in einem Telefonat mit dem Kabinettschef von Franz Löschnak die sofortige Freilassung des Mannes. Stoisits verlangte zusätzlich vom Innenminister die Aufhebung des Ausweisungsbescheides und die Erteilung einer befristeten Aufenthaltsberechtigung für Sali K. Sie drohte andernfalls so lange im Gefangenenhaus zu bleiben, bis ihre Forderungen erfüllt würden. Die Gründe für diesen Protest beschrieb Stoisits später in einem Artikel für den *Standard* so:

„ Ich bin nicht so naiv, daß ich geglaubt hätte, Löschnak würde meinetwegen sofort seine unmenschliche Asylpolitik ändern. Ich wollte zeigen, was diese Politik konkret für einen Menschen, dessen einziges „Vergehen" war, nach Österreich zu flüchten, bedeutet.

Der Standard, 26.4.1993

Da sich der Innenminister nicht weiter um die Causa kümmerte und ein persönliches Gespräch mit der in zivilem Ungehorsam verharrenden Abgeordneten verweigerte, verbrachte Stoisits ihre erste Nacht im Gefangenenhaus:

„ Die erste Nacht war die ärgste für mich. Geschlafen habe ich auf einer Holzbank. 50 Zentimeter breit, ohne Decke und Polster. Dafür wurde ein eigener Beamter zu meiner Bewachung aufgeboten. Am zweiten Tag haben mir freundliche Beamte dann eine Campingliege aufgestellt. Ich habe nie damit gerechnet, daß es vier

42 XVIII. GP., 4209/J, 28.1.1993; 4245/J, 29.1.1993

Tage dauern wird. Aber Gott sei Dank habe ich immer eine Zahnbürste in meiner Handtasche. Erst am dritten Tag konnte ich duschen.
Aufzeichnungen von Stoisits, undatiert

Die Boulevardzeitung *Täglich Alles* titelte am nächsten Tag auf Seite 1:

„Um Schubhäftling zu helfen: Politikerin freiwillig im Gefängnis.
Täglich Alles, 20.4.1993

Der Innenminister verweigerte zunächst weiter das direkte Gespräch mit Stoisits. Dann bot er ihr an, dass Sali K. nicht nach Serbien gebracht würde. Die Reaktion von Stoisits war eindeutig:

Stoisits im Polizeigefangenenhaus Ost am Hernalser Gürtel in Wien, April 1993, Fotorechte Stoisits

„ Dieses Angebot ist inakzeptabel. Denn in Ungarn oder der Slowakei wird er ebenfalls abgeschoben. Ich kämpfe weiter!
Täglich Alles, 21.4.1993

So sehr Stoisits bei ihrer Aktion im PGH Ost auf sich allein gestellt war, so zahlreich und engagiert agierten ihre UnterstützerInnen draußen. So unterstützten die Asylkoordination Österreich, SOS Mitmensch und die Deserteursberatung das Begehren in Presseaussendungen. Im Grünen Klub kümmerten sich MitarbeiterInnen um den Fortgang der Ereignisse. Noch während Stoisits im Gefangenenhaus Ost saß, formulierte ihr Mitarbeiter Franjo Schruiff eine Grünen-Anfrage an den Innenminister die restriktive Asyl- und Schubhaftpraxis in Österreich betreffend, insbesondere gegenüber Personen albanischer Nationalität.[43] Peter Pilz organisierte unterdessen als Wiener Landtagsabgeordneter weitere Solidarität von außen und sprach bei Bundespräsident Thomas Klestil vor.

Nach der Intervention des Staatsoberhauptes entschied das Innenministerium am 22. April Sali K. nach 114-tägiger Schubhaft zu entlassen. Das Wehrdienstdokument von Sali K. wurde endlich anerkannt, die Vollstreckung der Abschiebung aber lediglich für zwei Monate aufgeschoben. Stoisits verließ damit nach insgesamt 72 Stunden und 37 Minuten das Polizeigefangenenhaus. Oberst Wunder, der Leiter der Einrichtung, verabschiedete Stoisits so:

„ Frau Abgeordnete, im Auftrag des Polizeipräsidenten, auf Weisung von Minister Löschnak, teile ich Ihnen mit, daß Sali K. aus der Schubhaft entlassen wird. Ich ersuche Sie, das PGH Ost zu verlassen, widrigenfalls ich Sie hinausbegleiten muß.
Aufzeichnungen von Terezija Stoisits, 22.4.1993, 11 Uhr 30

Sali K. folgte der Abgeordneten am Nachmittag desselben Tages in die vorläufige Freiheit. Mit Sali K. blieb Stoisits noch mehrere Jahre in losem Kontakt. Der Mann heiratete 1994 eine Österreicherin und entschlüpfte unter dem Namen Sali B. endgültig den Fängen des Innenministers.

Trotz dieses spektakulären Erfolges in einem Einzelfall gaben sich die Grünen nicht zufrieden und prangerten weiter die unmenschliche Praxis der Schubhaft an. Innenminister Löschnak zeigte sich jedoch unnachgiebig und sah keinen Anlass die bestehenden Grundsätze des Asylrechts zu ändern.

Im Juni 1993 brachte Stoisits einen Entschließungsantrag in den Nationalrat ein, in dem sie sich erneut für die Deserteure aus dem Gebiet des ehemaligen Jugoslawien einsetzte, der jedoch abgelehnt wurde.[44]

43 XVIII. GP., 4648/J, 21.4.1993

44 SP, NR, XVIII. GP., 125. Sitzung, 17.6.1993, S. 14451

Da sich an der rechtlichen Situation der Deserteure insgesamt nichts änderte, setzte Stoisits weitere Aktionen. 1994 wies sie – gemeinsam mit Madeleine Petrovic – ein halbes Jahr lang Woche für Woche anhand eines konkreten Schicksals auf die unmenschlichen Härten der AusländerInnengesetzgebung hin. Sieben von den ingesamt 25 publizierten Fällen konnten zumindest zum Teil gelöst werden (siehe das folgende Kapitel).

Noch im selben Jahr, 1994, gab der Verwaltungsgerichtshof Stoisits in zwei Fällen Recht. Er bestimmte, dass Kriegsdienstverweigerer nicht generell abgeschoben werden dürften, sondern dass von der Entscheidungsbehörde überprüft werden müsse, weshalb sie desertiert seien. Der Verwaltungsgerichtshof hob damit etwa den ablehnenden Asylbescheid eines Kriegsdienstverweigerers aus dem Kosovo auf. Stoisits qualifizierte das Urteil des Höchstgerichtes als „revolutionär".[45]

Auch in den folgenden Jahren blieb das Schicksal von Deserteuren auf der Agenda. 1997 warf Stoisits Innenminister Schlögl vor, bosnische Deserteure in die Illegalität zu treiben, da eine neue Verordnung zur Verlängerung des Aufenthaltsrechts für bosnische Flüchtlinge Wehrdienstverweigerer nicht mit einschloss.[46] 1999 appellierte die Kriegsgegnerin anlässlich der Kämpfe im Kosovo erneut an Schlögl, diesmal serbischen Wehrdienstverweigerern und Deserteuren ein Aufenthaltsrecht und Zugang zum Asylverfahren in Österreich zu gewähren.

Erfolg

Während der Kriege im ehemaligen Jugoslawien stand das Schicksal von Deserteuren immer wieder im öffentlichen Rampenlicht Österreichs. 1994 schlossen sich zwei SPÖ-Abgeordnete dem Begehren der Grünen an und forderten – unter Berufung auf eine Entschließung des Europäischen Parlaments – die Anerkennung der Waffendienstverweigerer als Flüchtlinge. Auf der individuellen Ebene konnte Stoisits beachtliche Erfolge feiern; an der bestehenden Gesetzeslage änderte sich jedoch kaum etwas.

45 SN, 4.10.1994

46 Der Standard, 15.7.1997

Der legendäre „Fall der Woche“

Im Jänner 1993 überzog die FPÖ unter dem Schlagwort „Anti-Ausländer-Volksbegehren“ Österreich mit einer beispiellosen Hetzkampagne. Jörg Haider und seine FPÖ vergifteten damit das innenpolitische Gesprächsklima für viele Jahre. In einer ängstlichen Reaktion auf die entfesselten Emotionen verschärfte die Regierung die Ausländergesetze im Juni massiv. Postwendend bezeichnete Haider Innenminister Löschnak als „seinen besten Mann in der Regierung“.

Auf diese Verschärfung der AusländerInnengesetze reagierten die Grünen ihrerseits mit einer ihrer größten Individualkampagnen – der Aktion „Fall der Woche“. Mit dieser für einen langen Zeitraum geplanten Kampagne sollte beim Thema Fremdenrecht nachhaltig Kompetenz gezeigt werden. Federführend wirkten neben Stoisits ihre Mitarbeiter Franjo Schruiff und Sepp Brugger mit.

Am 12. April 1994 präsentierte Stoisits in einer Pressekonferenz ihren ersten „Fall der Woche“. Bis zur Nationalratswahl stellte sie insgesamt 25 Wochen lang je ein exemplarisches Einzelschicksal aus der Vollzugspraxis der Fremdengesetzgebung der Öffentlichkeit vor, um damit die Absurditäten und Unzulänglichkeiten der Gesetzgebung aufzuzeigen und die Menschen aufzurütteln. Diese Einzelfälle wurden Stoisits durch Anfragen und persönliche Hilferufe zugetragen, durch RechtsanwältInnen, AusländerInnenberatungsstellen und durch organisierte Flüchtlingsgruppen. Die dargestellten Fälle sollten verschiedene Problemfelder aufzeigen:

- 5 Fälle zu Unzulänglichkeiten des Asylgesetzes;
- 3 Fälle zu den Problemen der Flüchtlinge aus Bosnien;
- 10 Fälle zur Frage der Familienzusammenführung;
- 7 Fälle zu den Schikanen des Aufenthaltsrechts.

Zu jedem Fall präsentierten die Grünen eine machbare behördliche Lösung. Das zielte letztlich auf eine umfassende und systematische Änderung der AusländerInnengesetzgebung. Beispielhaft für diese Aktion soll hier Fall 1 nachgezeichnet werden. Die anderen Fälle waren nach dem gleichen Schema aufgebaut.

„ FALL DER WOCHE I

Eine vergewaltigte Bosnierin erhält in Österreich weder Aufenthalt noch Asyl

Frau Z.T. ist Bosnierin aus Brčko. Sie wurde von serbischen Soldaten geschlagen und vergewaltigt. Ihr Bruder und Sohn wurden von Serben umgebracht. Frau Z.T. konnte am 30. Oktober 1993 über Ungarn nach Österreich flüchten. Hier hat sie umgehend um politisches Asyl angesucht.

Das Verfahren in Österreich:

Frau Z.T. reiste am 30. Oktober 1993 aus ihrer Heimatstadt Brčko ab und kam am darauffolgenden 1. November 1993 in Nickelsdorf über die österreichische Grenze.

Am 17. November 1993 ging Frau Z.T. zur „Bosnienhilfe". Von dort wurde sie zur Fremdenpolizei verwiesen. Hier wurde ihr mitgeteilt, daß sie innerhalb von 48 Stunden das Bundesgebiet zu verlassen habe. Frau Z.T. hat nie auch nur einen Schilling Unterstützung aus der Bosnienhilfe erhalten.

Asylverfahren, 1. Instanz

Am 24.11.1993 wurde sie im Bundesasylamt in Traiskirchen „niederschriftlich" zu ihrem Fluchtweg und den Fluchtgründen befragt.

Am 30. November 1993 wurde der Asylantrag der Z.T. als ungerechtfertigt abgelehnt.

Begründung: Erstens sei die behauptete Vergewaltigung unglaubwürdig, da sie erst am 24.11.1993 vorgebracht worden sei, darüber hinaus sei Frau Z.T. bereits während ihrer Fahrt durch Ungarn vor der Verfolgung sicher gewesen. Daher habe sie in Österreich kein Recht auf Asyl. Da Frau Z.T. nicht direkt aus dem Fluchtland und illegal eingereist sei, käme ihr auch keine vorläufige Aufenthaltsberechtigung zu.

Fazit: Die vergewaltigte Bosnierin Z.T. muß Österreich umgehend verlassen.

Asylverfahren, 2. Instanz

Frau Z.T. hat gegen diesen abschlägigen Bescheid fristgerecht berufen. Darüber hinaus hat sie einen Antrag auf befristeten Aufenthalt nach dem Asylgesetz gestellt, da ihr eine Abschiebung nach Bosnien nicht zumutbar sei.

Bundesminister Löschnak hat in seinem zweitinstanzlichen Bescheid am 3. Jänner 1994 die Ablehnung aus der ersten Instanz voll bestätigt.

Die Begründung: Frau Z.T. habe bereits mit dem Betreten ungarischen Bodens jedes Recht auf Asyl in Österreich verloren. Es komme ihr auch kein Recht auf befristeten Aufenthalt zu.

Frau Z.T. blieb eine „Illegale". Mit der Hilfe von Frauenorganisationen konnte Frau Z.T. dennoch medizinisch und psychologisch betreut werden. Gestützt auf medizinische und psychologische Befunde (Oberarzt Dr. Gutierrez und Dr. Weingarten) in denen die Vergewaltigungen an Frau Z.T. außer Zweifel gestellt werden, beantragte Frau Z.T. am 18.2.1994 eine Wiederaufnahme des Asylverfahrens.

Antrag auf Wiederaufnahme des Asylverfahrens:

Am 16. März wurde der Antrag auf Wiederaufnahme des Asylverfahrens der Frau Z.T. von Innenminister Franz Löschnak per Bescheid abgelehnt. Die Frage nach der tatsächlichen Vergewaltigung sei nicht mehr zu prüfen. Relevant sei lediglich, daß Frau Z.T. bereits mit dem Betreten ungarischen Bodens das Recht auf Asyl in Österreich verloren habe.

Die Vergewaltigte Bosnierin Z.T. bleibt „eine Illegale" in Österreich und kann jederzeit in Schubhaft gesperrt werden.

Perspektiven:

1. Sofortige Aufnahme von Frau Z.T. in die „de-facto-Aktion“ für bosnische Flüchtlinge und Gewährung des damit verbundenen befristeten Aufenthaltsrechtes
2. Bekämpfung des ablehnenden Bescheides und Wiederaufnahme des Asylverfahrens
3. Zuerkennung von Asyl für Frau Z.T.

Dokumentation Fall der Woche I, undatiert

Nach der Veröffentlichung dieses ersten Falles reagierte Innenminister Löschnak öffentlich und wies jede Kritik als ungerechtfertigt zurück. Dennoch wurde einen Tag nach der Präsentation des Falles Frau Z.T. durch eine Sonderregelung das Aufenthaltsrecht in Österreich gewährt. Die Frage des Asyls blieb weiterhin offen. Dieses Ergebnis reichte Stoisits nicht:

" Der Fall Z.T. ist erst dann rechtlich und menschlich korrekt erledigt, wenn Frau Z.T. nicht nur eine Aufenthaltsgenehmigung, sondern als schwer mißhandelte Frau auch das Asylrecht erhält.

OTS 119, 13.4.1994

Auch in weiteren Fällen der Kampagne konnten Erfolge erzielt werden. Nach einem offenen Brief an Franz Löschnak wurde etwa der kurdische Flüchtling M.G. aus der Türkei auf Weisung des Innenministers aus der Schubhaft in Eisenstadt entlassen. Stoisits reagierte positiv und freundlich:

" Damit hat Innenminister Löschnak prompt auf unsere Kritik reagiert und wahrscheinlich einem Flüchtling das Leben gerettet. ... Dafür möchte ich mich bedanken.

Presseinformation, 27.4.1994

Die Freilassung des kurdischen Flüchtlings M.G. aus der Schubhaft reichte der Abgeordneten allerdings nicht. Sie forderte für den Mann auch eine Aufenthaltsgenehmigung in Österreich.

Das Eintreten für Schwächere und Verfolgte endete nicht mit Pressekonferenzen zu besonders krassen Fällen. Stoisits informierte auch ausländische Medien, wie beispielsweise das deutsche Nachrichtenmagazin *Spiegel*, über die österreichische Abschiebepraxis. Einmal ging sie soweit, die Fluglinie Sabena zu bitten, zwei Regime-Gegner aus Zaire **nicht** auszufliegen. Die Leben von Funsu M. und Makulu N. stünden im Fall einer Abschiebung auf dem Spiel. Nach der öffentlichen Präsentation des Falles wurden die beiden Flüchtlinge aus Zaire zwar freigelassen, sie blieben aber weiterhin von der Abschiebung bedroht.

Die Medien berichteten umfangreich über die vorgestellten Fälle der Woche und stellten diese in all ihrer Ausführlichkeit dar. Hier nur ein Beispiel unter vielen:

„FEHLENDER STEMPEL ZERREISST FAMILIE

Grüne decken neuen Fall von Unmenschlichkeit in Österreichs Fremdengesetzen auf

Herr Z.B. ist Kroate. Er stammt aus Banja Luka in Bosnien, der Hauptstadt der bosnischen Serben. Nachdem er den Serben sein gesamtes Vermögen ausgeliefert hatte, durfte er im Vorjahr seine „ethnisch gesäuberte“ Heimat verlassen. Wohin er gehen sollte, war für ihn klar: Seiner Frau und seiner Tochter war bereits 1992 die Flucht nach Österreich geglückt. Daher machte sich auch Herr Z.B. auf die abenteuerliche Reise und langte schließlich im November 1993 via Ungarn in Wien ein. Die lange zerrissen gewesene Familie schloß sich in die Arme.

Alles paletti also, wenn, ja wenn da nicht die österreichischen Fremdengesetze wären: Diese schreiben nämlich seit 1. Juli 1993 vor, daß sich bosnische Flüchtlinge, die nach Österreich einreisen, an der Grenze einen Einreisestempel in den Paß drücken lassen müssen, um dadurch ihre legale Einreise zu dokumentieren. Herr Z.B. wußte das nicht (woher auch?) und konnte daher bei den Behörden in Wien den geforderten Stempel nicht vorweisen.

Daraufhin drückte ihm die Fremdenpolizei sofort einen anderen Stempel in den Paß: „Ausgewiesen!“ Im dazugehörigen Bescheid heißt es, daß Herr Z.B. wegen des fehlenden Einreisestempels offensichtlich illegal nach Österreich eingereist sei, was eine „nicht geringfügige Beeinträchtigung der öffentlichen Interessen“ darstelle. Sein weiterer Aufenthalt in Österreich (Herr Z.B. ist übrigens ehemaliger Fabriksdirektor) „rechtfertige die Annahme, daß die öffentliche Ruhe, Ordnung und Sicherheit gefährdet werden könnte“. Daher, so entschied die Behörde im Dezember 1993, sei er auszuweisen. Seither lebt Herr Z.B. in Wien als U-Boot und getraut sich nicht auf die Straße. Schließlich könnte er jederzeit von der Polizei aufgegriffen und abgeschoben werden. Und das, obwohl seine Frau und seine Tochter (die voll des Lobes über ihre Aufnahme in Österreich sind) hier Arbeit und Wohnung gefunden haben, ihren Mann und Vater also problemlos erhalten könnten.

Die grüne Abgeordnete Terezija Stoisits, die den Fall am Freitag an die Öffentlichkeit brachte, hofft nun, daß Herr Z.B. am Gnadenweg doch noch eine Aufenthaltsgenehmigung bekommt. Stoisits: „Ich glaube an das Gute im Menschen, sogar in Innenminister Franz Löschnak“.

SN, 30.4.1994

Auch nach der Kampagne mit dem „Fall der Woche“ brachte Stoisits immer wieder Einzelschicksale an die Öffentlichkeit, um so auf konkrete Missstände im Fremdenrecht hinzuweisen.

„ TÜRE ZU IM ADVENT

Grüne „Menschlichkeitsaktion"

Beim Adventkalender wird täglich ein Türchen geöffnet, bringt etwas Nettes zum Vorschein. Für die Grünen wird täglich ein Türchen zugeschlagen – hinter einem Menschenschicksal.

Am Freitag präsentierte Terezija Stoisits Frau Branka A., eine 42jährige Serbin. Seit 23 Jahren lebt sie in Österreich. Ihr letzter Sichtvermerk lief im Jänner '94 ab. Sie suchte um drei Wochen zu spät um Verlängerung an. Die Wiener MA 62 lehnte ihr Ansuchen daher ab, das Innenministerium ihre Berufung.

Am 1. Juni dieses Jahres trat eine Novelle zum Aufenthaltsgesetz in Kraft, wonach Fristversäumnis nicht in die Illegalität führen dürfe. Trotzdem: Frau A. sei schon zu lange „illegal", hieß es von seiten des Magistrats. Frau A. droht die Ausweisung.

Hans Werner Sokop, Leiter der MA 62, sieht kein Versäumnis seiner Behörde. Die Frau hätte sich „weiter bemühen müssen". Dagegen habe sie „gewartet, daß ihr eine Novelle hilft". Allerdings: Wenn Frau A. berufe, werde das „rasch behandelt".

Der Standard, 2.12.1995

„ „ILLEGALE" LEGALISIEREN

Stoisits: Wer lange hier ist, soll bleiben dürfen

Frau M. lebte seit 1990 völlig legal in Österreich. 1994 unterlief ihr ein kleiner Fauxpas: Sie beantragte zwar die Verlängerung ihres Visums – doch leider um rund zehn Tage zu spät. Der Schnitzer genügte die Dame zur „Illegalen" zu erklären, ihr das Aufenthaltsrecht zu entziehen, ihr einen Ausweisungsbescheid zuzustellen und sie sogar zwei Wochen in Schubhaft zu stecken.

Frau M. – ihr Fall wurde am Mittwoch in einer Pressekonferenz der grünen Migrationssprecherin Terezija Stoisits bekannt – ist ein Opfer des Aufenthaltsgesetzes 1993. Dieses sah für die Verlängerung von Visa eine Frist von vier Wochen vor. Wer die Frist versäumte, wie Frau M., geriet unweigerlich in die Mühlen der Bürokratie. Auf Grund zahlreicher Proteste wurde das Gesetz 1998 durch ein neues Gesetz, das Fremdengesetz, ersetzt. Dieses hat aber nur einem Teil der „illegalisierten" Personen wieder den legalen Aufenthaltsstatus verschafft. Frau M. war nicht darunter.

Stoisits forderte in ihrer gestrigen Pressekonferenz eine „Legalisierungsaktion" für Ausländerinnen und Ausländer, die trotz jahrelangen Aufenthalts in Österreich keine Aufenthaltsgenehmigung besitzen. Damit solle der „gesetzlich produzierten Illegalität" – wie im Falle der Frau M. – ein Riegel vorgeschoben werden. Von der „Legalisierungsaktion" sollten auch Flüchtlinge mit negativem Asylbescheid profitieren, die nicht in ihr Heimatland abgeschoben werden dürfen, sagte Stoisits. Weiters erhob die Grün-Politikerin die Forderung, Familienangehörige aus der Ausländerquote herauszunehmen.

SN, 26.7.2001

Erfolg

Nach dem Ende der Aktion „Fall der Woche" zogen die Grünen eine ambivalente Bilanz. Einerseits merkten die Grünen selbstkritisch an, dass bei der Präsentation von Einzelfällen eine „gewisse Abstumpfung eintritt und daß vor allem der Innenminister wiederholt versucht hat, sämtliche Fälle als **bedauerliche Einzelfälle** abzutun".[47] Dennoch, heisst es in der internen Analyse weiter, „scheint es durch die Dauer und die Konsequenz der Aktion gelungen zu sein, einen Eindruck von der Menschenunwürdigkeit der Ausländergesetze im allgemeinen, und zwar sowohl gegenüber Ausländern aber auch gegenüber Inländern zu vermitteln".

Von den 25 präsentierten Einzelfällen konnten sieben teilweise gelöst werden. Bei anderen Fällen jedoch war der Ausgang negativ:

> „Das Asylgesuch des Herrn T. aus dem Togo wurde abgelehnt, er kam daraufhin in Schubhaft und wurde gewaltsam abgeschoben, obwohl er mit einer Österreicherin verheiratet ist. Seine Frau – ein österreichisches Opfer der Fremdengesetze – hat inzwischen Österreich verlassen und ihren Mann in Afrika gefunden. Sie will versuchen, von Afrika aus wieder mit ihrem Ehemann nach Österreich zurückzukehren.
>
> Papier: Politische Erfahrungen aus einem halben Jahr „Grüner Fall der Woche", undatiert

Diese beschriebene Fall-Serie würde man heute wahrscheinlich als eine klug lancierte Kampagne bezeichnen und sie würde viel Geld und Human-Ressourcen verschlingen. Anfang der 1990er Jahre war diese Aktion mit den einfachsten Mitteln eine unerwartete Erfolgsgeschichte – effizient und effektiv zugleich. Drei Faktoren waren ausschlaggebend für den Erfolg der Aktion: Erstens war sie fast kostenfrei, da den Grünen die meisten Fälle ohne großes Zutun zugetragen wurden. Zweitens erzeugte sie (erwünschte) Spill-over-Effekte, da sich Medien wie beispielsweise *News* in diese Art von Politik einklinkten und bald selber Fälle ans Licht der Öffentlichkeit brachten. Drittens machte die Masse an himmelschreienden Fällen von Ungerechtigkeiten im Asylbereich klar, dass es hier letztlich nicht um Fehlleistungen im Behördensystem ging, sondern das geltende Fremdenrecht selbst die Quelle der Leiden war, auch wenn das von den politisch Verantwortlichen hartnäckig geleugnet wurde.

47 Papier: Grüner Fall der Woche – Rückblick auf eine Aktion, undatiert

Knebelung von Schubhäftlingen mit Klebebändern – die Causa Omofuma

Am 1. Mai 1999 starb der nigerianische Staatsbürger Marcus Omofuma an Bord eines Passagierflugzeuges, mit dem er aus Österreich abgeschoben werden sollte. Er erstickte an den Folgen von Klebebändern um Kopf und Mund, mit denen die begleitenden Beamten den Mann geknebelt hatten.

Schon vor dem Fall Omofuma war die Knebelung durch Klebebänder zwei Mal Anlass für parlamentarische Anfragen von Stoisits. Am 3. April 1993 war Hans-Peter Steinböck – gemeinsam mit 150 Reisenden – Augenzeuge einer solchen Knebelung eines nigerianischen Staatsbürgers am Flughafen Wien-Schwechat geworden. Dem Mann, der versucht hatte seinen Kopf blutig zu schlagen, wurden die Arme mit PVC-Bändern an den Körper angeklebt und das Gesicht bis auf Augen und Nase verschlossen. Steinböck machte Stoisits auf diesen Vorfall aufmerksam. Die Abgeordnete fragte anschließend beim damaligen Innenminister Franz Löschnak nach, ob es üblich sei, dass Schubhäftlingen mit Klebebändern Gesicht und Mund verklebt werde:

”

ANFRAGE:

3. Verwenden die Beamten regelmäßig breite Klebebänder, um Schubhäftlingen das Gesicht und den Mund zu verkleben?
6. Können Sie ausschließen, daß durch die Verwendung von Klebebändern die Schubhäftlinge verletzt werden, bzw. daß bei der späteren Entfernung der Klebebänder von der Gesichtshaut Verletzungen entstehen?

XVIII. GP., 4861/J, 17.5.1993

Die Antworten des Innenministers waren äußerst schlicht und nicht besonders aussagekräftig:

”

ANFRAGEBEANTWORTUNG:

zu Frage 3:
Nein.
zu Frage 6:
Ja.
XVIII. GP., 4790/AB, 13.7.1993

Das 1989 vom Europarat gegründete *Europäische Komitee zur Verhütung von Folter und unmenschlicher oder erniedrigender Behandlung* (CPT) stellte Österreich nach seinem zweiten Besuch im Jahre 1994 ein schlechtes Zeugnis aus. Das CPT sprach von Misshandlungsrisiken für von der Polizei verhaftete Personen und von einer folterähnlichen Form der Misshandlung durch die Wiener Polizei. Auch wies das CPT in seinem zweiten Österreich-Bericht 1995 darauf hin, dass es von der Anwendung von Klebebändern im Gesicht und auf Armen bei der Eskortierung von ausländischen StaatsbürgerInnen gehört habe.[48] Diesen Anschuldigungen wurde von der österreichischen Regierung aber nicht weiter nachgegangen. In Bezugnahme auf diesen CPT-Bericht stellte Terezija Stoisits im Juli und November 1996 zwei parlamentarische Anfragen an den neuen Innenminister Caspar Einem.[49] In jener aus dem November ging es auch um die gängige Abschiebepraxis:

> „ ANFRAGE:
>
> 24. Ist die Verwendung von Klebebändern zur Fesselung und Knebelung zulässig?
>
> XX. GP., 1463/J, 14.11.1996

In seiner Anfragebeantwortung wies Caspar Einem unmissverständlich darauf hin, dass Klebebänder zur Knebelung nicht verwendet werden dürften.

> „ ANFRAGEBEANTWORTUNG:
>
> Zu Frage 24:
>
> Klebebänder werden derzeit an die Organe des öffentlichen Sicherheitsdienstes nicht ausgegeben. In besonderen Ausnahmefällen wäre aber die Verwendung von Klebebändern (vor allem breitflächige Klebebänder) als gelinderes Mittel im Sinne des § 4 Waffengebrauchsgesetzes zur Fesselung der Hände oder Beine denkbar, etwa wenn herkömmliche Handschellen durch den Umstand, daß ein Festgenommener mit diesen zu heftig um sich schlagen und sich oder andere hierdurch verletzen würde, zu gefährlich wären.
>
> **Zur Knebelung dürfen Klebebänder keinesfalls verwendet werden** [Hervorhebung im Original].
>
> XX. GP., 1442/AB, 14.1.1997

Diese von Stoisits erzwungenen Klarstellungen der Innenminister Löschnak und Einem konnten nicht verhindern, dass Marcus Omofuma bei der Abschiebung am 1. Mai 1999 mit Klebebändern geknebelt wurde und an den Folgen starb. Drei Polizisten begleiteten den 25-jährigen nigerianischen Staatsbürger bei seiner Abschiebung. Sie fesselten ihn schon vor dem Einsteigen ins Flugzeug nach Sofia an Händen und Füßen und verklebten seinen Mund mit Klebeband. Im Flugzeug fixierten die Polizisten Marcus Omofuma zusätzlich mit Sitzgurt und Klebeband. Bei einer Zwischenlandung in Sofia konnte nur mehr der Tod von Omofuma festgestellt werden.

Schon am 10. Mai stellten die Grünen bei einer ausführlichen Sondersitzung des Parlaments einen Misstrauensantrag gegen Innenminister Karl Schlögl. Dieser zeigte sich

48 Bericht des Europäischen Komitees zur Verhütung von Folter an die österreichische Regierung, (www.cpt.coe.int/documents/aut/2005-13-inf-deu.pdf), Zugriff Juni 2008

49 XX. GP., 987/J, 9.7.1996; 1463/J, 14.11.1996

Ein Teilnehmer an einer Gedenkfeier für den verstorbenen Schubhäftling Marcus Omofuma am 12.5.1999 vor der Albertina, Wien, Hans Klaus Techt, APA/ picturedesk.com

zwar betroffen über den Tod Omofumas, blieb aber im Amt. Die Grünen richteten eine Dringliche Anfrage an den Innenminister. In ihrer Wortmeldung kritisierte Stoisits die Vorgangsweise des Innenministeriums in der ganzen Affäre. Außerdem verwies sie dezidiert auf ihre vergangenen Anfragen bezüglich Knebelungen mit Klebebändern sowie auf die kontinuierliche Anwendung der lebensgefährlichen Abschiebepraxis:

„ 18.03

Abgeordnete Mag. Terezija Stoisits (Grüne):

Herr Bundesminister! Das, was mich an dieser Sache, soweit es Sie und Ihre politische Verantwortung angeht, ganz persönlich stört, ist diese Art von unglaublichem Krisenmanagement das Sie in Ihrem Ressort in den letzten zehn Tagen an den Tag gelegt haben. Das ist ja, ehrlich gesagt, ein Dilettantismus – jetzt mit Ihren Augen betrachtet –, der ganz unglaublich ist. Es ist unglaublich, daß ein Innenressort in so einer Situation so eine Art von – Anführungszeichen – „Informationspolitik“ macht, wie wir es erlebt haben – nicht wir Oppositionsabgeordneten, sondern die österreichische Öffentlichkeit; Kollege Van der Bellen hat das in seinem Redebeitrag bereits aufgezeigt –: Widersprüchlichkeiten noch und noch, Beamte, die einen Bericht legen, in dem später, nachdem sie in Österreich angekommen sind und selbstverständlich schon am Flughafen mit ihren Vorgesetzten gesprochen haben, plötzlich neue Fakten auftauchen. Das sind unglaubliche Sachen!

Herr Bundesminister! Wenn man sich nämlich die Details Ihrer Vorschläge wirklich genau anschaut, dann sieht man, das ist wieder nichts anderes als der falsche Weg, gewissermaßen die Verfeinerung von Polizeimethoden. *(Abg. Mag.* ***Schweitzer****: Wie hätten Sie's denn gern?)* Was ist es denn anderes als Folter in einem anderen Sinn *(Abg. Mag.* ***Schweitzer****: Sagen Sie, wie Sie es gerne hätten!)*, wenn ich Menschen, die aus Österreich hinausgebracht werden, mit einem Helm in ein Flugzeug setze und sie weiter mit Klebebändern auf Sitzen fixiere? *(Abg. Mag.* ***Schweitzer****: Wie hätten Sie's denn gerne? – Abg. Dr.* ***Petrovic****: Menschenrechte!)* Das ist wirklich nichts anderes als eine Verfeinerung von Foltermethoden, wie sie zumindest seit 1993 in Österreich schriftlich amtsbekannt sind. *(Beifall bei den Grünen.)*

SP, NR, XX. GP., 168. Sitzung, 10.5.1999, S. 53

Dem Skandal des gewaltsamen Todes von Omofuma folgte der Skandal um seine Aufklärung. Stoisits nannte die Überprüfung der Affäre durch eine unabhängige Kommission ein „Gebot der Stunde“.[50] Allein, der Entschließungsantrag zur Kontrolle des Sicherheitsapparates wurde in der Parlamentssitzung abgelehnt. In derselben Sitzung verlangten die Grünen – gemeinsam mit dem Liberalen Forum – die Einsetzung eines parlamentarischen Unterausschusses, der ebenso abgelehnt wurde.

Von der Einrichtung einer Sicherheitsakademie oder von einer unabhängigen Kontrollinstanz für die Exekutive wollte die Regierung auch nichts wissen. Die Herangehensweise von Polizei und BeamtInnen an den Fall war von Beginn an von Intransparenz und von dem Wunsch nach Schadensbegrenzung geprägt. Der Wiener Polizeipräsident, Peter Stiedl, suspendierte die für den Tod von Omofuma verantwortlichen Beamten zunächst nicht vom Dienst, weil er den Eindruck vermeiden wollte, er stehe nicht hinter seinen BeamtInnen.

Nachdem ein weisungsungebundener Disziplinarsenat mit der Sache betraut worden war, war eine vorläufige Suspendierung nicht mehr möglich. In einer ersten Sitzung fand der dreiköpfige Disziplinarsenat eine Versetzung der Beamten in die Abteilung „Medienangelegenheiten“ für ausreichend. Daraufhin verzichtete Innenminister Schlögl auf den Dienst der drei Beamten und wies Stiedl an, eine „Nachtragsanzeige“ an den Disziplinarsenat zu verfassen. Zusätzlich brachte der Innenminister Vorschläge

50 Die Presse, 29.5.1999

für Neuerungen im Disziplinarrecht ein. Der wichtigste Punkt war eine Auflistung von Gründen, die in Zukunft zur zwingenden Suspendierung eines Beamten/einer Beamtin führen müssen.[51] Einige Zeit später wurden die für den Tod von Omofuma verantwortlichen Beamten dann doch vom Disziplinarsenat suspendiert.

Am 13. Juli 1999 richtete Stoisits - wie zuvor an Löschnak und Einem - auch an Karl Schlögl eine Anfrage zu Maßnahmen gegen das Verkleben des Mundes.

" ANFRAGE:

1. In welchem Rahmen und in welchen Gremien wurde von Ihrem Vorgänger Innenminister Dr. Caspar Einem das Problem der Knebelung von Personen auf dem Schubtransport besprochen?
2. Mit welchen konkreten Personen hat Ihr Vorgänger Innenminister Dr. Caspar Einem diese Angelegenheit besprochen?
3. Hat Innenminister Dr. Caspar Einem damals aufgrund der Erwähnung im CPT-Bericht Untersuchungen angestellt, ob und wie häufig Personen auf dem Schubtransport der Mund verklebt wurde?
4. Hat Ihr Vorgänger Innenminister Dr. Caspar Einem einen Erlass herausgegeben oder Weisungen erteilt, wonach das Verkleben des Mundes von Personen unzulässig ist?
5. Hat der damalige Innenminister Dr. Caspar Einem aufgrund des CPT-Berichtes disziplinarrechtliche Schritte veranlasst? Wenn ja, gegen wen?
6. Wer außer den oben erwähnten Spitzenbeamten des Innenministeriums wurde vom Innenminister Dr. Caspar Einem über den Vorwurf der Knebelung von Schubhäftlingen auf dem Schubtransport informiert und in welcher Art und Weise?
7. Hat der damalige Innenminister Dr. Caspar Einem den Ministerrat über den Vorwurf der Knebelung im Zuge des CPT-Berichtes informiert, wenn ja, in welcher Art und Weise und wie lautet das Protokoll dazu?

XX. GP., 6596/J, 13.7.1999

In der Anfragebeantwortung verwies Schlögl schlicht auf seinen Amtsvorgänger Caspar Einem (siehe oben) sowie auf eine frühere Anfragebeantwortung an Volker Kier (LIF). Hier dessen Anfrage:

" ANFRAGE:

8. Aus welchem Grund wurden bisher keine Konsequenzen aus den Feststellungen des OPI gezogen, daß bei der Eskortierung von Ausländern in Flugzeugen (meist bei Abschiebungen) laut Berichten Klebebänder im Gesicht verwendet wurden?

51 Profil, 22.5.1999

9. Aus welchem Grund ging das Bundesministerium für Inneres in seiner Stellungnahme zu diesem Bericht auf diesen konkreten Vorwurf nicht ein?
10. Welche bereits abgeschlossenen oder eingeleiteten und noch anhängigen Maßnahmen wurden seitens Ihres Amtsvorgängers getroffen, um diesen gravierenden Missstand abzustellen?
11. Welche Maßnahmen wurden seitens Ihres Vorgängers getroffen, um die übrigen im OPI-Bericht beschriebenen Missstände, insbesondere betreffend Folterungen und andere Misshandlungen, abzustellen?
12. Welche Initiativen (Weisungen etc.) hätten die genannten drei Sektionschefs ergreifen müssen, um sicherzustellen, daß sich alle Beamten in Ausübung ihres Dienstes an die Gesetze halten?

XX. GP., 6309/J, 20.5.1999

Karl Schlögl hatte auf die Anfragen von Volker Kier äußerst ausweichend geantwortet:

„ANFRAGEBEANTWORTUNG:

Zu den Fragen 8 bis 12:

Die in diesen Fragen angesprochene Feststellung findet sich in Absatz 29 des CPT-Berichtes aus dem Jahre 1995. Hiebei hat das CPT die Frage der bei Abschiebungen angewandten Methoden aufgeworfen, den konkreten Sachverhalt einer im Jänner 1995 im Transitraum des Flughafens Schwechat durchgeführten Amtshandlung geschildert, bei der es zu Misshandlungen gekommen sei, und schließlich noch darauf verwiesen, daß der Delegation (des CPT) Angaben über – im Jahr 1993 vorgefallene – Misshandlungen von Ausländern bei deren Eskortierung zu Flugzeugen zur Kenntnis gelangt seien. Das CPT ersuchte „um eine Stellungnahme über die oben stehenden Angaben" sowie „um Übermittlung einer Kopie jeglicher Weisung/Richtlinie, die über die erlaubten Mittel der Gewaltanwendung bei Ausweisungs- bzw. Abschiebungsverfahren verabschiedet wurde".

Diesem Ersuchen entsprechend wurde in der Stellungnahme zu dem konkret erhobenen Mißhandlungsvorwurf Stellung genommen und darüber hinaus die Rechtslage, wie sie sich damals auf Grund des § 40 des Fremdengesetzes 1991 ergab, dargestellt. Da in den Ausführungen des CPT in Bezug auf die Vorfälle aus dem Jahre 1993 jegliche Konkretisierung fehlte, bestand keinerlei Ansatz für eine Ermittlungstätigkeit. Dies war derart evident, daß in der Stellungnahme auf diese Ausführungen mangels entsprechender Anhaltspunkte nicht Bezug genommen wurde. Dementsprechend konnten diese Ausführungen auch nicht Ansatzpunkt für irgendwelche Maßnahmen der jeweiligen beamteten oder politischen Ressortverantwortlichen sein.

XX. GP., 6036/AB, 20.7.1999

Trotz der Zurückweisung aller Vorwürfe stand Innenminister Karl Schlögl durch den parlamentarischen Druck der Opposition derart unter Zugzwang, dass er mehrere

Maßnahmen setzte. Per Erlass untersagte er die Verwendung von Klebebändern bei Abschiebungen. Zweitens versprach er Richtlinien für die Abschiebepraxis auf dem Luftweg. Und drittens kündigte er die Einrichtung eines Menschenrechtsbeirates an, der dann unter anderem den Tod von Omofuma untersuchen werde.

Eine konkrete Initiative der Grünen als Reaktion auf den Fall Omofuma und weitere Missachtungen der Menschenrechte in Österreich war die „Mund-auf"-Aktion. Damit sollten zum einen die Menschen auf ihre Rechte aufmerksam gemacht werden und sie zum anderen zur Eigeninitiative aufgefordert werden. Mit einer Unterschriftenliste sammelten die Grünen Stimmen gegen tendenzielle Entwicklungen in Richtung Überwachungsstaat. Zusätzlich setzten sie sich für ein Antidiskriminierungsgesetz und eine Polizeireform ein.[52]

Stoisits bei einer Demonstration der Grünen Am Graben im ersten Bezirk in Wien im Rahmen der Aktion „Mund auf!", 7.2.2000, Kurier Fotoarchiv

Erfolg und Auswirkungen

Die beiden Anfragen von Stoisits Anfang und Mitte der 1990er Jahre zur Knebelung von Schubhäftlingen mit Klebebändern konnten den Tod von Marcus Omofuma nicht verhindern. Dennoch war damit auf einen schweren Missstand in der Abschiebepraxis öffentlich hingewiesen worden. Man hätte es besser wissen können! Ausgelöst durch den tragischen Tod von Omofuma wurde zumindest die Praxis der Knebelung

52 Kurier, 26.8.1999

von Schubhäftlingen ein für alle Mal für rechtswidrig befunden. Zusätzlich bewirkte der Fall, dass Beamte und Beamtinnen, die mit Abschiebungen beschäftigt sind, besser geschult werden.

Der Fall Omofuma hatte noch mehrere indirekte Auswirkungen. Zum einen kam es zu einer beschleunigten Einrichtung des Menschenrechtsbeirates, der vorher mit dem gesamten Sicherheitspolizeibefugnisgesetz auf Eis gelegen war. Dieses Organ setzte sich aus drei BeamtInnen aus dem Innenministerium, je einem Vertreter/einer Vertreterin des Justizministeriums und des Bundeskanzleramts sowie fünf NGO-Entsandten zusammen und hatte beratende Funktion.

Im Prozess gegen die drei für den Tod des Nigerianers verantwortlichen Beamten sagte Stoisits als Zeugin aus. Die drei Polizisten wurden am 15. April 2002 wegen fahrlässiger Tötung unter besonders gefährlichen Umständen schuldig gesprochen und jeweils zu Bewährungsstrafen von nur acht Monaten verurteilt.

Diskussion des Bleiberechtes

Als Anfang 2007 klar wurde, dass Stoisits in die Volksanwaltschaft wechseln würde, wollte sie sich mit einem markanten Abgang aus dem Parlament verabschieden. Aus diesem Vorhaben wurde die Idee geboren, nach deutschem Vorbild einer Bleiberechtsregelung für AusländerInnen aus dem Jahr 2006/07, eine österreichische Variante eines Bleiberechtes zu erarbeiten. Gemeinsam mit internen und externen MitarbeiterInnen stellte Stoisits einen Gesetzesentwurf zusammen. Der negativ besetzte deutsche Begriff „Duldung" wurde dabei mit dem positiv besetzten „Bleiberecht" ersetzt. Als Sprachrohr für die gesamte Aktion wurde Alexander Van der Bellen auserkoren.

„ GRÜNE FÜR BLEIBERECHT

Stoisits will Fremdenpaket Spitze nehmen

Sei es nun Afzaal Deewan, Erfolgswirt und „Illegaler" in einem, oder Milena Petrovic, in Wien aufgewachsene Schülerin unter permanenter Ausweisungsdrohung: Die immer wieder laut werdenden, tragischen bis absurden fremdenrechtlichen Einzelschicksale weisen laut der Grünen-Integrationssprecherin Terezija Stoisits „auf prinzipielle Defizite im Fremdenrecht" hin.

Auf Defizite, die im Interesse vieler Tausender Betroffener durch Neuregelungen beseitigt werden müssten: „Daher schlagen wir auch in Österreich ein Bleiberecht nach deutschem Muster für Menschen vor, die bei uns kein Aufenthaltsrecht oder keines mehr haben", erläutert Stoisits im Gespräch mit dem *Standard.*

Durch ein solches Bleiberecht könnten dem Fremdenpaket die Spitzen und somit „die Handschrift der FPÖ" genommen werden, die es trotz großkoalitionärer Regierung immer noch trage. Die Eckpunkte des Grünen Forderungskatalogs liegen dem Standard exklusiv vor. Konkret werden für vier Gruppen von Betroffenen Verbesserungen gefordert:

- Langzeitasylwerber sollen „nach fünf Jahren" ein befristetes, mit Arbeitsmarktzugang verbundenes Niederlassungsrecht erhalten – unter der Bedingung, dass sie unbescholten sind. Das Bleiberecht soll laut Stoisits auf möglichst „verfahrensökonomische" Art gewährt werden. Derzeit seien rund 10.000 Asylverfahren nach fünf Jahren Laufzeit immer noch offen: „ Geschieht nichts, so startet der neue Asylgerichtshof mit einer Altfälle-Hypothek". Ein solches Bleiberecht, das laut Stoisits vom Innenminister auf dem Erlassweg beschlossen werden könnte, hätte etwa die Lage der Asylwerberfamilie Sharifi in Leoben, die nach fünf Jahren in Österreich hätten abgeschoben werden sollen, mit einem Schlag saniert.
- Ausländer ohne reguläre Niederlassungsbewilligung sollen nach fünf Jahren Aufenthalt ohne reguläre Grundlage ebenfalls in Österreich bleiben dürfen. Damit sind laut Stoisits Menschen wie Milena Petrovic gemeint, deren Vater in den 1990er Jahren den legalen Status verlor - und eine Vielzahl weiterer „Illegaler", die „hier arbeiten und Steuern zahlen".

- Humanitärer Aufenthalt, der derzeit nur auf dem Gnadenweg in Einzelfällen gewährt wird, soll einem „rechtsstaatlichen Verfahren“ weichen. Zu diesem Zweck – so Stoisits – müsse das Fremdenrechtspaket novelliert werden: „Die Grünen werden einen Initiativantrag einbringen“.
- Binationalen Ehepartnern soll wieder die Möglichkeit eingeräumt werden, den Niederlassungsantrag für den Nicht-Österreicher im Inland zu stellen. Auch hier ist eine Gesetzesänderung nötig.

Das geforderte Bleiberecht sei nicht mit „Massenregularisierungen“ illegaler Einwanderer nach spanischem oder italienischem Vorbild zu verwechseln, betont Stoisits. Vielmehr handle es sich um ein „Instrument moderner Migrationspolitik“.

Der Standard, 31.3.2007

Stoisits forderte via Aussendungen die Schaffung eines Bleiberechtes für „Menschen, die länger als fünf Jahre in Österreich leben ebenso wie [für] AsylwerberInnen, die länger als fünf Jahre in Österreich auf eine Asylentscheidung warten und unbescholten sind“.[53]

Im Juni 2007 wurde bei einer Pressekonferenz der Grüne Gesetzesentwurf für ein Bleiberecht von Alexander Van der Bellen und der Abgeordneten zum Nationalrat Brigid Weinzinger vorgestellt. Die Einleitung resümierte noch einmal den Kampf gegen jene Windmühlen, den Stoisits jahrelang ausgefochten hatte:

„Das 2005 mit den Stimmen der damaligen Regierung sowie der SPÖ beschlossene Fremdenrechtspaket ist ein menschenrechtlicher und legistischer „Dauerpatient“. Es brachte nicht nur Verschärfungen im Niederlassungs- und Aufenthaltsrecht sowie im Asylrecht, sondern damit einhergehend auch Diskriminierungen beim Familiennachzug, Nachteile für binationale Ehen, zweitklassige Aufenthaltsrechte für ForscherInnen und menschenrechtlich mangelhaften Umgang mit LangzeitasylwerberInnen und integrierten Personen.

Das Fremdenrechtspaket bedürfte einer dringenden und grundlegenden Reform, um seine menschenrechtlichen und verfassungsrechtlichen Defizite zu beheben. Der Grüne Antrag für ein Bleiberecht kann diese umfassende und weiterhin nötige Reform nicht ersetzen. Er dient dazu rasch einen akuten und dringenden Notstand im Sinne der Betroffenen zu beheben. Das heißt, LangzeitasylwerberInnen und integrierten ZuwanderInnen ohne geregelten Aufenthaltsstatus soll die Möglichkeit auf ein Bleiberecht eröffnet werden. Der „Systemfehler“ Fremdenrechtspaket kann dadurch bestenfalls in einigen Fällen gemildert, nicht aber beseitigt werden.

Pressekonferenz, Grüner Gesetzesentwurf für ein Bleiberecht, 27.6.2007

53 OTS 0224, 27.4.2007

Nach dem Ausscheiden von Stoisits aus dem Nationalrat im Juni 2007 übernahm Weinzinger, die von Anfang an in dieses Thema einbezogen worden war, als neue Menschenrechtssprecherin die Bleiberechtsagenda. Aushängeschild der Initiative blieb Alexander Van der Bellen. Ein Gesetzesantrag wurde erst im Juli 2007 einen Monat nach dem Ausscheiden von Stoisits aus dem Parlament durch Weinzinger eingebracht.

Einrichtung des Ausschusses für Menschenrechte im Nationalrat

Im Jahr 1999 wurde – ausgelöst durch das Zusammentreffen mehrerer Ereignisse – der Menschenrechtsausschuss des Nationalrates eingerichtet, der in der Folge von Stoisits geleitet und für den Menschenrechtsschutz in Österreich eine wichtige Plattform wurde.

Zur Vorgeschichte: In den Jahren 1996/97 arbeiteten Amnesty International, Caritas, SOS Mitmensch, Diakonie und Volkshilfe einen politischen Forderungskatalog aus. Eine der Ideen war die Einrichtung eines parlamentarischen Menschenrechtsausschusses. Terezija Stoisits nahm diese Vorschläge der Nichtregierungsorganisationen (NRO, angelehnt an den englischen Terminus NGO) aufmerksam auf und brachte sie in der Folge in den parlamentarischen Prozess ein.

Schon im Jahr 1997 forderte Stoisits – gemeinsam mit dem damals noch im Nationalrat vertretenen Liberalen Forum (LIF) – vehement die Einrichtung eines Menschenrechtsausschusses im Nationalrat, zunächst nur als Unterausschuss des Verfassungsausschusses. Im Juli 1997 richteten die Grünen und das LIF umfangreiche Fragenkataloge zu den Menschenrechten in Österreich und zur Umsetzung der Menschenrechte in den internationalen Angelegenheiten an den Bundeskanzler und an verschiedene FachministerInnen. Diese Fragenkataloge waren in Zusammenarbeit mit NGOs erarbeitet worden. Eine der Fragen betraf beispielsweise die Menschenrechtsberichte der Bundesregierung:

> ”
>
> ANFRAGE:
>
> 36. Werden Sie dafür sorgen, daß von der Bundesregierung dem Nationalrat jährlich ein Menschenrechtsbericht vorgelegt wird, der Rechenschaft über eine aktive Menschenrechtspolitik in den internationalen Beziehungen gibt.
>
> XX. GP., 2860/J, 11.7.1997

Die Antwort des Außenministers Wolfgang Schüssel:

> ”
>
> ANFRAGEBEANTWORTUNG:
>
> ad 36) - 38)
>
> Hinsichtlich der Akzentsetzungen in der internationalen Menschenrechtspolitik wird auf den jährlichen Außenpolitischen Bericht, der vom Nationalrat geschäftsordnungsgemäß behandelt wird, verwiesen. Die von Österreich im Rahmen des internationalen Menschenrechtsschutzes nach den VN-Konventionen erstellten Berichte werden jeweils als VN-Dokument veröffentlicht; das Bundesministerium für auswärtige Angelegenheiten wird diese Berichte den Klubobleuten der im Parlament vertretenen Parteien zur Information zur Verfügung stellen.
>
> XX. GP., 2803/AB, 9.9.1997

Ein gemeinsamer parlamentarischer Antrag aller Parteien zum Menschenrechtsjahr im Mai 1998, der auch maßgeblich von Stoisits getragen wurde, zielte hauptsächlich auf die internationale Ebene ab. Dennoch wurde auch hier schon die Bundesregierung aufgefordert, die fälligen Menschenrechtsberichte so bald wie möglich vorzulegen und verstärkt mit Nichtregierungsorganisationen im Menschenrechtsbereich zusammenzuarbeiten.[54]

Am 3. Oktober 1999 feierten die Grünen einen beachtlichen Erfolg bei der Nationalratswahl. Sie gewannen 7,4% der Stimmen und 14 Mandate. Das bedeutete im Vergleich zum Rückschlag bei den Wahlen 1995 (4,8%) einen Zugewinn von 2,6% und zusätzlichen fünf Mandaten. Begünstigt durch diesen Wahlerfolg und das Zusammentreffen verschiedener Ereignisse, unter anderem das zurückliegende Menschenrechtsjahr 1998 und die österreichische EU-Präsidentschaft im selben Jahr, setzten die Grünen durch, dass von der Präsidiale des Nationalrats drei zusätzliche Ausschüsse eingerichtet wurden. Damit wuchs die Zahl der Ausschüsse auf insgesamt 34 an. Unter den drei neuen Ausschüssen war der Menschenrechtsausschuss (MRA). Zusätzlich zur Leitung des Rechnungshofausschusses bekamen die Grünen den Vorsitz dieses MRA, der anfangs zwischen Petrovic und Stoisits umstritten war. Schlussendlich wurde die Justizsprecherin zur ersten Vorsitzenden ernannt.

Zu den expliziten Agenden, die dem MRA zugewiesen wurden, zählten unter anderem:
- Volksgruppen;
- die Menschenrechtsberichte der Regierung an den NR;
- internationale Konventionen wie die UN-Kinderrechtskonvention.

Ein Wehrmutstropfen für Stoisits war allerdings, dass die Asyl- und Fremdengesetzgebung ausschließlich im Innenausschuss verblieb. Die Abgrenzung zum Innen- und zum Verfassungsausschuss war in der Anfangszeit allgemein umstritten. Dennoch ließ die Geschäftsordnung dem MRA einigen Gestaltungsspielraum.

„Für die Grünen hat sich dank satter Zugewinne bei der Nationalratswahl ein langgehegter Wunsch erfüllt: Im Parlament wurde ein Menschenrechtsausschuss eingerichtet, zur Vorsitzenden die grüne Justizsprecherin Terezija Stoisits bestimmt. Eines stellt sie im SN-Gespräch gleich klar: „Menschenrechtsfragen sind nicht nur Ausländerfragen. Auch wenn das viele gerne damit abtun würden". Die Menschenrechte stünden immer dann auf dem Spiel, wenn Mitbürger aufgrund ihrer Herkunft, Religion, sexuellen Orientierung, Sprache, Behinderung oder ihres Geschlechts diskriminiert werden. Die hehren Grundsätze unserer Verfassung würden im Alltag allzu oft mit Füßen getreten, sagt Stoisits.

Zwei Gründe führt sie ins Treffen, warum die Zeit reif für diesen Ausschuss war: Der Wahlkampf und unmittelbar danach die Nicht-Einigung der Parlaments-

54 XX. GP., 784/A(E), 15.5.1998

parteien auf einen gemeinsamen Antrag für mehr Toleranz hätten gezeigt, welch geringen Stellenwert Menschenrechtsfragen unterdessen in der politischen, aber auch gesellschaftlichen Auseinandersetzung einnehmen; und: die Menschenrechtsorganisationen (von amnesty über das Boltzmann-Institut bis zu Caritas und Diakonie) bekämen mit dem neuen Ausschuss endlich den zentralen Ansprechpartner im Hohen Haus, den man seit Jahren fordert.

SN, 6.12.1999

„ Stoisits hofft dennoch, daß dem Menschenrechtsausschuß Gewicht zukommen werde, „denn er ist ja keine Idee von den Grünen, sondern wurde von der Präsidiale des Nationalrates eingerichtet".

So will Stoisits es ausnützen, „daß die Geschäftsordnung uns viel Raum lässt". Mit Hearings, öffentlichen Veranstaltungen und Exkursionen soll der Ausschuß zu einer „offenen Plattform für die Zivilgesellschaft" werden. Denn, so glaubt die grüne Abgeordnete: „Die Bedeutung eines Ausschusses hängt davon ab, wie initiativ er ist".

Die Presse, 29.11.1999

Am 10. Dezember 1999, anlässlich des „Tages der Menschenrechte", präsentierte Stoisits ihre Vorstellungen für den neuen parlamentarischen Menschenrechtsausschuss. Sie forderte unter anderem:

- die Anhörung von ExpertInnen;
- die institutionalisierte Einbeziehung der Zivilgesellschaft in die politische Diskussion und in die politische Entscheidungsfindung;[55]
- den Beschluss eines österreichischen Anti-Diskriminierungsgesetzes;[56]
- die Gestaltung des MRA als Menschenrechtsforum.

Die konkrete politische Tätigkeit des MRA begann im Jänner 2000 mit der ersten Arbeitssitzung des Ausschusses. In den folgenden Jahren wurde in diesem Ausschuss eine Vielzahl von unterschiedlichen Themen behandelt:

- die Ratifizierung der Europäischen Charta der Regional- und Minderheitensprachen durch Österreich;[57]
- die Aufnahme einer Staatszielbestimmung zum Minderheitenschutz in der Verfassung;[58]
- der Toleranz-Antrag zur Verurteilung von Fremdenfeindlichkeit, Diffamierung von Minderheiten, Verhetzung und Antisemitismus.

55 XXI. GP., 114/A(E), 14.3.2000

56 XXII. GP., 27/A(E), 20.12.2002

57 XXI. GP., 176/A(E), 18.5.2000

58 Ibid

Ab dem Jahr 2000 initiierte Stoisits als MRA-Vorsitzende gemeinsam mit ihrem Stellvertreter, dem SPÖ-Abgeordneten Walter Posch, Round-Table-Gespräche mit Nichtregierungsorganisationen im Menschenrechtsbereich. Zunächst fanden diese Gespräche, in denen es um eine Bewertung der aktuellen Menschenrechtslage und -politik in Österreich ging, im Parlament aber außerhalb des Menschenrechtsausschusses statt. In den folgenden Jahren wurden diese Round-Table-Gespräche dann im Rahmen des MRA institutionalisiert.

In den drei Gesetzgebungsperioden, in denen Stoisits den MRA-Vorsitz führte, trat der Ausschuss insgesamt zu 25 Sitzungen zusammen: Die mit Abstand intensivste Phase erlebte er in der XXI. Gesetzgebungsperiode vom 18.11.1999 bis zum 19.12.2002 mit insgesamt 13 Sitzungen. In der XXII. GP. vom 26.2.2003 bis zum 29.10.2006 gab es nur mehr neun Sitzungen und in der XXIII. GP. vom 30.11.2006 bis 30.6.2007 wurden unter dem Vorsitz von Stoisits drei Sitzungen abgehalten. Nach Stoisits' Ausscheiden im November 2007 folgte Brigid Weinzinger ihr als Vorsitzende nach.

Erfolg

Die Einrichtung eines parlamentarischen Menschenrechtsausschusses ist den Grünen und unter diesen besonders Terezija Stoisits zu verdanken. Das Ziel, ExpertInnen und die Zivilgesellschaft aktiv in die Ausschussarbeit des MRA einzubinden, wurde von ihr konsequent und erfolgreich verfolgt. So wurden etwa am 20. Juni 2000 in einem Unterausschuss VolksgruppenvertreterInnen in den Beschluss einer Staatszielbestimmung zum Schutz der Minderheiten eingebunden.[59] Kontinuierlich drängte Stoisits auch auf die Umsetzung eines Beschlusses des Ministerrates, MenschenrechtskoordinatorInnen in den Bundesministerien einzurichten.

59 Die Presse, 2.6.2000

Justizpolitik: Im Mittelpunkt der Mensch

Einsatz für einen humanen Strafvollzug und für die Rechte von Untersuchungshäftlingen

In ihren parlamentarischen Anfangszeiten, Ende der 1980er und zu Beginn der 1990er Jahre, standen bei den Grünen zwei Wirkungsbereiche im Vordergrund: Umweltthemen und so genannte Aufdeckergeschichten, besonders die von Peter Pilz bearbeiteten Fälle „Lucona" und „Noricum". Als Pilz 1991 aus dem Nationalrat ausschied und als Klubobmann in den Wiener Landtag wechselte, galt es ein personelles und inhaltliches Vakuum zu füllen.

Justizsprecherin Stoisits und ihre MitarbeiterInnen entschieden sich dafür, besonders brisante und noch nicht aufgearbeitete Konflikte politisch zu besetzen. Dazu zählten der Bereich der Untersuchungshaft, der bei den vorangegangenen Strafrechtsreformen nie beachtet worden war, und das Feld des Strafvollzugs insgesamt.

Strafvollzugsgesetz-Novellen

Nach gescheiterten Reformen des Strafvollzugsgesetzes arbeitete der Grüne Klub unter Federführung von Karl Staudinger einen umfangreichen eigenen Entwurf aus. 1991 wurde dieser als selbstständiger Gesetzesantrag im Nationalrat eingebracht. Der Justizausschuss setzte einen eigenen Unterausschuss zur Vorbehandlung des Antrages ein. In einer Pressekonferenz im August 1991 präsentierte Stoisits ihre Vorstellungen zur Novelle des Strafvollzugsgesetzes der Öffentlichkeit.[60] Die wichtigsten Forderungen waren:

- kollektivvertragliche Entlohnung mit Sozialversicherung für Strafgefangene;
- Förderung der Resozialisierung der Gefangenen durch Haftunterbrechungen;
- Wahl von GefangenenvertreterInnen;
- Abschaffung des lebenslänglichen Freiheitsentzugs.

Im Jänner 1992 brachte Stoisits einen Antrag zur Novellierung des Strafvollzugsgesetzes ein, der eine umfassende Reform zum Ziel hatte.[61] Die Regierungsvorlage, die im Februar 1993 dem Justizausschuss vorgelegt wurde, übernahm mehrere dieser Vorschläge, was Stoisits jedoch nicht davon abhielt Vorbehalte anzumelden, die sie in einer abweichenden persönlichen Stellungnahme ausformulierte.

60 Der Standard, 23.8.1991

61 XVIII. GP., 278/A, 29.1.1992

„ ABWEICHENDE PERSÖNLICHE STELLUNGNAHME:

III.

Wenn auch seitens der Grünen durchaus positiv bemerkt wird, daß das Strafvollzugsgesetz nunmehr novelliert werden soll, so muß doch kritisch angemerkt werden, daß die Reformen auf halbem Weg stehengeblieben sind ... So bleibt die Übertragung der Mitverantwortung auf Strafgefangene – eine wesentliche Voraussetzung zur Resozialisierung – auch weiterhin nur ein frommer Wunsch. Auch die Verpflichtung der Justizanstalten, Vorsorge für ausreichende psychohygienische und psychotherapeutische Maßnahmen zu treffen bzw. Entwöhnungs- oder Substitutionsbehandlungen vorzusehen, bleibt leider unberücksichtigt. Ebenso muß der Rechtsschutz der Strafgefangenen als mangelhaft bezeichnet werden, da weder das Disziplinarrecht wesentlich reformiert (so wird zum Beispiel der Hausarrest nicht abgeschafft) noch generell eine Beschwerdemöglichkeit an den unabhängigen Verwaltungssenat vorgesehen ist. Es bleibt jedoch zu hoffen, daß es diesbezüglich möglichst rasch zu weitergehenden Novellierungsvorschlägen durch das Justizministerium kommt.

Kritisiert werden muß weiters, daß auch in Zukunft die Strafgefangenen in ihren staatsbürgerschaftlichen Rechten eingeschränkt sind (Wahlrecht) und daß der Maßnahmenvollzug (sog. Vorbeugende Maßnahmen für geistig abnorme Rechtsbrecher sowie für gefährliche Rückfallstäter ohne verbindliche Obergrenze) nicht abgeschafft wird, obwohl es diesbezüglich bereits eine erfolgreiche Beschwerde an den Europäischen Gerichtshof für Menschenrechte gegeben hat.

SP, XVIII. GP., 1253 d.B., 30.9.1993

Trotz der heftigen Kritik wurde im Jahr 1993 die Strafvollzugsgesetz-Novelle einstimmig beschlossen. Auch in den folgenden Jahren setzte sich Stoisits für einen humaneren Strafvollzug ein. Ihre konkreten Forderungen:

- Eingliederung der Häftlinge ins ASVG-System, volle kollektivvertragliche Entlohnung, volle Kranken-, Unfall- und Pensionsversicherung;
- Förderung der Resozialisierung;
- Einrichtung von unabhängigen Anstaltsbeiräten.

Im Jahr 2001 machte Stoisits mit mehreren Abgeordneten einen Lokalaugenschein in der Gefangenenanstalt Stein; Anlass dafür war eine Häufung von Todesfällen. Stoisits besuchte gemeinsam mit Werner Miedl (ÖVP) und Jutta Wocheländer (FPÖ) die „Korrektionszellen" im Keller der Anstalt. Nach dem Lokalaugenschein zog sie folgendes erschütternde Resümee:

„Hier wurden tatsächlich Häftlinge tagelang völlig nackt in Absonderungszellen angehalten. Auch das Wasser wird von außen abgedreht". In diesen Zellen mit Fußbodenheizung, die laut Justizressort auf bis zu 34 Grad aufgeheizt werden können, „befindet sich außer einer Matratze nichts, nicht einmal Klopapier".

Falter, 18.7.2001

2002 der nächste Vorstoß: Im Rahmen eines umfangreichen Grünen Justizprogrammes präsentierte Stoisits ihre Vorstellungen einer Strafvollzugsreform.[62] Diese umfassten unter anderem die folgenden Punkte:

- außergerichtlicher Tatausgleich;
- Ausbau bedingter Entlassungen;
- Beweislastumkehr bei bedingten Entlassungen.

62 Die Presse, 19.10.2002

Stärkung der Rechte von Untersuchungshäftlingen – Wahlrecht

Dürfen Untersuchungshäftlinge wählen? Das österreichische Justizministerium hatte im Jahr 1986 per Erlass festgelegt, dass ihnen und nicht rechtskräftig verurteilten Strafgefangenen die Möglichkeit gegeben werden müsse, sich an Wahlen zu beteiligen. Um zu überprüfen, ob die Ausübung des Wahlrechts auch in der Praxis gewährleistet wird, stattete Terezija Stoisits – anlässlich der Wiener Gemeinderats- und Landtagswahlen am 10. November 1991 – dem landesgerichtlichen Gefangenenhaus in der Josefstadt am Wahltag einen spontanen, d.h. unangekündigten Besuch ab. Zwar waren von den eintausend Häftlingen etwa 200 bis 300 wahlberechtigt – wählen konnten diese jedoch nicht. Die Begründung des Direktors: Niemand habe zur Wahl gehen wollen.

Diese Erklärung verwarf Stoisits umgehend als unwahrscheinlich. Sie beklagte die Nichtumsetzung des Erlasses. Das Justizministerium verwies darauf, dass so genannte fliegende Wahlkommissionen für Gefängnisse nicht gesetzlich verankert seien.[63] Die Reaktion auf Stoisits' Beschwerde erfolgte prompt: Ein neues Wahlrecht sah fliegende Wahlkommissionen auch für Gefängnisse vor.

Ein Jahrzehnt später nahm Stoisits das Wahlrecht von Untersuchungshäftlingen erneut per Lokalaugenschein ins Visier. Diesmal kritisierte sie die geringe Wahlbeteiligung der Haftinsassen und forderte deren verstärkte Einbeziehung in den Wahlprozess mittels Wahlinformationen.[64]

Erfolg

Stoisits ist dafür verantwortlich, dass Untersuchungshäftlinge seit 1991 nicht nur theoretisch sondern auch in der Praxis ihr Wahlrecht ausüben können.

63 SN, 12.11.1991; Standard, 15.11.1991

64 Falter, 20.11.2002

Die „Woche der Untersuchungshaft“

Im Dezember 1991 veranstaltete der Grüne Parlamentsklub anlässlich des Tages der Menschenrechte eine „Woche der Untersuchungshaft“, mit der auf Missstände bei der Verhängung und Durchführung von Untersuchungshaft aufmerksam gemacht werden sollte. Veranstaltet wurde diese Aktion von der Abgeordneten Stoisits in ihrer Funktion als Justizsprecherin. Die Schwerpunkte der Aktionswoche waren:

- Parlamentarische Enquete (Dienstag);
- Parlamentarische Anfrage mit 98 detaillierten Fragen an den Justizminister Nikolaus Michalek (Donnerstag);
- Gespräche mit Untersuchungshäftlingen im Wiener Landesgericht (Freitag).

Die Forderungen zur Untersuchungshaft waren vielschichtig:

- Eine Anhaltung sollte nur noch in seltenen Ausnahmefällen verhängt werden;
- Im Normalfall sollten „gelindere Mittel“, wie der Entzug der Reisedokumente oder eine tägliche Meldepflicht, angewandt werden;
- Jede Verhängung von Untersuchungshaft sollte so rasch wie möglich unter Beiziehung eines Verteidigers überprüft werden;
- Es sollte keine Zusammenlegung von Untersuchungshäftlingen mit Strafgefangenen mehr geben;
- Die aufschiebende Wirkung durch einen Einspruch der Staatsanwaltschaft bei einem Senatsbeschluss auf Freilassung eines Untersuchungshäftlings sollte abgeschafft werden;
- Es sollte eine angemessene Haftentschädigung bei zu Unrecht verhängter Untersuchungshaft geben.

Zur anschaulichen Untermauerung ihrer Reformvorschläge präsentierten die Grünen sieben typische Fälle der exzessiven und ungerechtfertigten Verhängung von Untersuchungshaft, die medial breit diskutiert wurden. Wir greifen die von Hali Özen und Stera Karo heraus:

„ Untersuchungshaft für Bagatelldelikte

Der türkische Staatsbürger Hali Özen wird bei einer Gegenüberstellung von einem heroinabhängigen Häftling als „jener Italiener“ beschrieben, der ihm Drogen verkauft habe. Özen wandert für vier Monate in Untersuchungshaft. Bei der Hauptverhandlung wird er freigesprochen: Es sei eine „bedauerliche Verwechslung“ passiert, sagt der Richter. Özen hat indessen seinen Arbeitsplatz verloren. Haftentschädigung erhält er keine.

Der rumänische Staatsbürger Stera Karo stellt in Traiskirchen einen Asylantrag. Dem diensttuenden Beamten fällt auf, daß das Lichtbild in Karos Reisepaß nicht ordnungsgemäß abgestempelt wurde. Karo wandert für vier Wochen in Untersuchungshaft. Dann findet das Innenministerium heraus, dass es sich bei dem Paß um keine Fälschung, sondern um ein „authentisches Formular“ handelt. Karo

wird freigesprochen. Haftentschädigung erhält er erst nach der Intervention eines Rechtsanwalts.
SN, 10.12.1991

Dienstag

Am selben Tag, an dem dieser Zeitungsbericht erschien, dem Tag der Menschenrechte, fand die besagte parlamentarische Enquete zum Thema „U-Haft in Österreich" statt. Unter den TeilnehmerInnen: der Kriminalsoziologe Wolfgang Stangl, der Strafrechtler Christian Bertel, der Verfassungsrichter Rudolf Machacek, der Präsident des Jugendgerichtshofs Udo Jesionek und die Kriminalsoziologin Inge Morawetz. Alle ExpertInnen der Enquete schätzten die Praxis der Untersuchungshaft als dringend reformbedürftig ein. Die Abgeordnete Stoisits machte anlässlich dieser Veranstaltung darauf aufmerksam, dass bei AusländerInnen und Randgruppen die „notwendige Sorgfaltspflicht" fehle und diese schon bei kleineren Delikten in Untersuchungshaft genommen würden.[65]

Donnerstag

Zwei Tage später richtete die Abgeordnete ihre detaillierte Anfrage zur Situation in den österreichischen Untersuchungsgefängnissen an Justizminister Michalek. Die konkreten Vorhaltungen der Anfrage bezogen sich in großen Teilen auf eine kriminalsoziologische Studie von Stangl und Morawetz. Die beiden JuristInnen hatten darin große regionale Unterschiede bei der Verhängung der Untersuchungshaft aufgedeckt.

” ANFRAGE:

Nach einer Studie des Instituts für Rechts- und Kriminalsoziologie in Wien wird die Untersuchungshaft in jedem Bundesland unterschiedlich verhängt. Die Studie ist bekannt. Geändert hat sich bis dato nichts. Nach wie vor wird mit der Freiheit von Menschen in Wien, Linz, Graz oder Innsbruck unterschiedlich umgegangen. Wenig unterscheiden sich die Haftbedingungen für Untersuchungshäftlinge: sie sind überall schlecht und menschenunwürdig. Überlange Anhaltungen, unbefriedigende und unmenschliche Haftsituationen prägen den Alltag heimischer Untersuchungshäftlinge. Menschen, solange sie nicht rechtskräftig verurteilt sind und daher nach wie vor als unschuldig gelten, müssen oft monatelang auf grundlegende Rechte verzichten.
XVIII. GP., 2141/J, 12.12.1991

Freitag

Am letzten Tag der Aktionswoche besuchte die Abgeordnete das Wiener Landesgericht, Österreichs größtes Untersuchungsgefängnis, und sprach mit dort einsitzenden Häftlingen. Anschließend zog sie folgende Bilanz:

65 Die Presse, 10.12.1991

„ Die U-Haft wird in Österreich viel zu schnell und viel zu oft verhängt. Es wird sorglos mit der Freiheit der Menschen umgegangen, obwohl oft auch gelindere Mittel als die Haft zum gewünschten Erfolg führen würden.
SN, 14.12.1991

Schon am 18. Dezember folgte eine Dringliche Anfrage an Justizminister Michalek. Wichtigstes Thema neben dem Strafverfahrensrecht und der Mediengesetz-Novelle: die Reform der U-Haft. In der Debatte brachte Stoisits ihre detaillierten Kenntnisse von den Zuständen im „Grauen Haus" ein.

„ 16.01
Abgeordnete Mag. Terezija Stoisits (Grüne):
Im Grauen Haus in Wien, das eine Aufnahmekapazität von 633 Menschen hat, gibt es zurzeit einen Belagsstand von – die Zahl ist von letzter Woche – 1018 Menschen. In den Einzelzellen für Untersuchungshäftlinge, die in diesem Jahr um Milliardenbeträge in diesem neu gebauten Haus – das kommt noch dazu – gebaut wurden, sind zwei Untersuchungshäftlinge untergebracht, die kaum gleichzeitig aus ihrem Bett steigen können. In Gefängniszellen, die für fünf Untersuchungshäftlinge gebaut wurden, liegen zwischen zehn und zwölf Personen übereinandergestaffelt, denn das geht nur mit Stockbetten.
SP, NR, XVIII. GP., 55. Sitzung, 18.12.1991, S. 5685

Das hartnäckige Fordern einer raschen gesetzlichen Neuregelung der Materie zeigte bereits 1992 Wirkung. Der Justizsprecher der ÖVP und Obmann des Justizausschusses, Michael Graff, bezeichnete ein von der Abgeordneten Stoisits präsentiertes Papier als „beachtenswert". Da das Justizministerium mit einer Gesetzesnovelle zum Strafvollzug im Verzug war, sollte dieser Entwurf als Grundlage für einen Unterausschuss dienen.[66]

Es folgten Monate des zähen Verhandelns. September 1992 lag schließlich ein gemeinsamer Entwurf vor. Im November 1992 wies die Abgeordnete erneut auf die zu häufige und auf die zu lange Untersuchungshaft hin.

„ Zur Illustration der ungleichen U-Haft-Praxis in Österreich nannte die Justizsprecherin der Grünen, Terezija Stoisits, zwei Zahlen: Im Sprengel des Oberlandesgerichts Innsbruck werde nur jeder 33. Tatverdächtige in Untersuchungshaft genommen, in Wien, Linz und Graz dagegen jeder zwölfte.
Die Presse, 18.11.1992

66 Der Standard, 11.1.1992; Die Presse, 11.1.1992

Auch in den folgenden Jahren stand das Thema Untersuchungshaft immer auf der Agenda der Grünen. 2002 kritisierte Stoisits, dass die U-Haft oft nur als Abschreckung eingesetzt werde. Deshalb forderte sie – gemeinsam mit SP-Justizsprecher Hannes Jarolim – die Abschaffung des Paragrafen 70 StGB, der die „Gewerbsmäßigkeit" einer strafbaren Handlung definierte und eine schnelle Verhängung der U-Haft ermöglichte.[67]

Erfolg

Das Engagement für die Untersuchungshäftlinge führte zur Reform der Untersuchungshaft und zur so genannten Grundrechtsbeschwerde. Dass das Justizministerium auf die Vorschläge der Opposition teilweise einging, lag unter anderem daran, dass der zuständige Minister Michalek hieß und parteilos war. Michalek hatte immer ein offenes Ohr für Vorschläge aus den Oppositionsreihen.

67 Der Standard, 4.9.2003

Dauerbrenner: das Recht auf den eigenen Namen

Bereits 1989 forderten die Grünen eine Änderung des österreichischen Ehenamensrechts. Dazu existiert ein parlamentarischer Initiativantrag für ein umfassendes Antidiskriminierungsgesetz vom 22. Februar.[68] Demnach sollte Frauen nach einer Eheschließung die Möglichkeit gegeben werden, ihren eigenen Familiennamen zu behalten. Die Kinder sollten entweder jenen Namen tragen, der von den Ehepartnern gemeinsam bestimmt wird, oder – wenn keine Einigung zustande kommt – einen Doppelnamen bekommen.

Die Standpunkte der Parlamentsparteien zu diesen Fragen lagen meilenweit auseinander. 1990 reagierten zunächst der parteifreie Justizminister Egmont Foregger und die beiden Großparteien auf den oppositionellen Vorstoß. Foregger legte im März einen Ministerialentwurf vor, der zwar in Begutachtung ging, aber zu keiner Regierungsvorlage wurde. Die SPÖ brachte ihrerseits einen Vorschlag ein; die ÖVP stützte sich auf einen Diskussionsvorschlag des Abgeordneten Graff.

Worum ging es konkret? Die SPÖ schlug vor, dass es grundsätzlich einen gemeinsamen Familiennamen geben sollte und nur auf Wunsch der eigene Name nach der Heirat weitergeführt werden sollte.[69] Die ÖVP hielt am Prinzip eines gemeinsamen Namens für beide Ehepartner fest; Frauensprecherin Rosemarie Bauer betonte, dass „damit die Identität der Institution Familie auch nach außen gewahrt bleibt".[70]

In der 17. Gesetzgebungsperiode konnte keine Einigung mehr über das Ehenamensrecht im Justizausschuss erzielt werden. Im Laufe der 18. Gesetzgebungsperiode brachten schließlich auch die FPÖ[71] und das Liberale Forum[72] je einen eigenen Antrag ein.

Der ursprüngliche Antidiskriminierungsantrag der Grünen wurde 1991 geteilt, da kein parlamentarischer Gleichbehandlungsausschuss gebildet worden war und die Vorschläge rechtsübergreifende Materien umfassten. Stoisits brachte den zivilrechtlichen Teil ein.[73] Die folgenden Prinzipien sollten damit eingeführt werden:

- Prinzip des getrennten Ehenamens;
- Prinzip des fakultativen gemeinsamen Familiennamens;
- Prinzip der Rückwirkung.

68 XVII. GP., 221/A, 22.2.1989

69 XVII. GP., 412/A, 6.6.1990; XVIII. GP., 197/A, 8.7.1991

70 Der Standard, 19.8.1991; XVIII. GP., 196/A, 8.7.1991

71 XVIII. GP., 545/A, 26.5.1993

72 XVIII. GP., 513/A, 21.4.1993

73 Das „Antidiskriminierungsgesetz Erster Teil" forderte die Beseitigung der Diskriminierung der Frauen im Ehenamensrecht und anderen Rechtsinstituten (XVIII. GP., 130/A, 18.4.1991).

In der parlamentarischen Debatte plädierte Stoisits für die Abschaffung der männlich dominierten Ehenamensgebung:

> **„** 19.08
> Abgeordnete Mag. Terezija Stoisits (Grüne):
> Unser gegenwärtig noch gültiges Ehenamensrecht geht vom Primat des Mannes aus. Mit diesem Namensrecht, so würde ich sagen, hat das Patriarchat seine allerletzten Zuckungen und wird demnächst, so hoffe ich doch, in Form einer Änderung des Ehenamensrechts ausgezuckt haben. *(Beifall bei den Grünen.)*
> **SP, NR, XVIII. GP., 28. Sitzung, 15.5.1991, S. 2673**

Dieses Begehren ähnelte jenem der SPÖ. Jedoch plädierten die Grünen dafür, dass das Grundprinzip des gemeinsamen Namens überhaupt wegfallen solle, weil es dem Gleichheitsgrundsatz widerspreche.

Die unterschiedlichen Positionen der Parteien näherten sich auch in der 18. Gesetzgebungsperiode nicht wesentlich an, weshalb das Thema Ehenamensrecht zu einem parlamentarischen Dauerbrenner wurde. Immer wieder versuchte Stoisits erfolglos das Ehenamensrecht auf die Tagesordnung des Justizausschusses zu setzen. Der Ausschussvorsitzende Michael Graff (ÖVP) verhinderte dies jedoch. Auch ein Fristsetzungsantrag im Jahr 1993 blieb erfolglos.[74]

Im November des Folgejahres lieferten sich Stoisits und Andreas Khol einen kurzen aber heftigen Schlagabtausch zu neuen Anträgen. Khol verriet, dass er das Namensrecht für ein völlig belangloses „Orchideenthema" hielt.[75] Stoisits warf ihm daraufhin Frauenfeindlichkeit vor.[76] Am 6. Dezember wurden die verschiedenen Anträge der Parteien schließlich im Justizausschuss verhandelt und ein Kompromiss beschlossen.[77]

Dieser Kompromiss sah folgende Eckpfeiler vor:
- jeder Ehepartner darf seinen eigenen Namen behalten;
- Doppelnamen werden in allen Variationen erlaubt;
- bei der Hochzeit muss ein gemeinsamer Familienname für die Kinder bestimmt werden;
- falls sich die Ehepartner nicht einigen, bekommen die Kinder automatisch den Namen des Vaters;
- verheiratete Frauen können ihren eigenen Namen wieder annehmen.

74 SP, NR, XVIII. GP., 133. Sitzung, S. 15408-10
75 SN, 9.11.1994
76 Kurier, 9.11.1994
77 XIX. GP., 49 d.B., 6.12.1994

Stoisits hatte den Stein ins Rollen gebracht – und wieder war sie unzufrieden mit der vorgeschlagenen Novelle. Ihre Bedenken:

„ABWEICHENDE PERSÖNLICHE STELLUNGNAHME

Das Ergebnis der koalitionären Verhandlungen wird von den Grünen abgelehnt, weil das Männerprivileg im Ehenamensrecht nicht beseitigt wurde und damit patriarchale Denkmuster und Strukturen weiter bestätigt werden. Die Möglichkeiten zur Regelung des Ehenamens wurden zwar erweitert, doch keine Chancengleichheit von Mann und Frau in den Fragen, wessen Name gemeinsamer Familienname und wessen Name der Familienname der Kinder wird, geschaffen. Bei allem Verständnis für den Zwang zum Kompromiß auf Grund der gegebenen Mehrheitsverhältnisse, sind folgende Pfeiler der beabsichtigten Neuregelung untragbar:

1. Aufrechterhaltung des Männerprivilegs beim gemeinsamen Ehenamen (§ 93 Abs. 1 laut Satz)
   Geben die Heiratenden keine Erklärung ab, welcher Name der Familienname wird, so wird automatisch der Name des Mannes Familienname. Es gibt genügend Paare, wo Mann und Frau einen gemeinsamen Familiennamen wünschen; der Druck des Mannes, sich die Argumente der Frau für die Wahl ihres Namens anzuhören, ist gleich Null, da der Gesetzgeber seinen Namen ohnehin schon bevorzugt hat.

2. Männerprivileg beim Familiennamen der Kinder (§ 139 Abs. 3)
   Macht die Frau von der Regelung des § 93 Gebrauch und erklärt, ihren bisherigen Familiennamen beibehalten zu wollen und sind damit getrennte Ehenamen gegeben, so greift für den Familiennamen der Kinder auch wieder eine gesetzliche Automatik zugunsten des Mannes. Wie im oben genannten Fall ist damit der Frau jegliche Verhandlungsbasis entzogen. Sie hat so wie bisher nur die Alternative, nicht zu heiraten und damit sicherzustellen, daß die Kinder so wie sie heißen (siehe § 165: „Das uneheliche Kind erhält den Geschlechtsnamen der Mutter.") Eine geschlechtsneutrale Regelung wäre möglich gewesen: Doppelname für die Kinder oder Entscheid durch Los.

3. Festlegung des Familiennamens der Kinder spätestens bei der Eheschließung (§ 139 Abs. 2)
   Ist ein getrennter Familienname auf Grund der Erklärung der Frau gegeben, so erhalten die Kinder nur dann ihren Namen, wenn bereits vor oder bei der Eheschließung ihr Name dazu bestimmt wird. Wird diese Gelegenheit – z.B. mangels Kenntnis der Rechtslage oder weil kein Kinderwunsch zu diesem Zeitpunkt besteht – versäumt, so erhalten spätere Kinder den Familiennamen des Vaters. Dieser frühe Zeitpunkt ist nicht einsichtig.

Die beabsichtigte neue Regelung läuft in Summe darauf hinaus, daß es den Frauen ermöglicht wird, ihren Namen trotz Eheschließung beizubehalten. Sie ge-

hören dann aber nicht mehr zur Familie, denn diese wird über den Mannesnamen definiert. Ein Wahnwitz angesichts der Tatsache, daß Haushaltsarbeit, Pflege und Erziehung der Kinder zu über 90% derzeit von den Frauen geleistet wird. Die Regelung ist daher nur für kinderlose Ehepaare adäquat.
SP, NR, XIX. GP., 49 d.B., 6.12.1994, S. 22-23

Die nächste Etappe des Ehenamensstreits fand am 16. Dezember 1994 im Parlament statt.[78] Stoisits wiederholte die Positionen ihrer Fraktion und zeigte sich trotz ihrer Bedenken vorsichtig optimistisch:

" 9.30
Abgeordnete Mag. Terezija Stoisits (Grüne):
Meine sehr geehrten Damen und Herren! Die Namensrechtdiskussion hat eine Geschichte, die keine allzu rühmliche ist. Denn kaum ein Thema, meine sehr geehrten Damen und Herren, ist in der öffentlichen Diskussion und auch hier im Plenum des Nationalrates – wir hatten ja schon einmal Gelegenheit, bei einer ersten Lesung eines Antrags der Grünen eine wirklich ausführliche und hochstehende Debatte zu diesem Thema zu führen; das liegt jetzt schon zweieinhalb Jahre zurück – so überschattet gewesen von zahlreichen Stellungnahmen, die ich heute gar nicht mehr erwähnen möchte.

Der Gesetzgeber schlägt sich auch künftig im Konfliktfall, nämlich dann, wenn Mann und Frau ein Problem damit haben, sich über einen gemeinsamen Familiennamen zu einigen, immer auf die Seite des Mannes. Das, meine Damen und Herren, ist nicht Chancengleichheit.

Daher möchte ich ganz zuletzt gleich den Wunsch bei Ihnen deponieren, daß diese heutige Änderung des österreichischen Ehenamensrechtes und des Namensrechtes von allen wirklich nur als ein erster Schritt akzeptiert wird, dem demnächst ein zweiter Schritt folgen muß, durch den diese von mir kritisierten Punkte auch aus dem Gesetz verbannt werden, damit man tatsächlich von einem alle Möglichkeiten bietenden, niemanden benachteiligenden Ehenamensrecht in Österreich sprechen kann. *(Beifall bei den Grünen und beim Liberalen Forum.)*
SP, NR, XIX. GP., 12. Sitzung, 16.12.1994, S. 15-19

Das neue Ehenamensrecht wurde schließlich von einer parlamentarischen Mehrheit beschlossen.[79] Die Opposition lehnte den SPÖ/ÖVP-Kompromiss allerdings mehrheitlich ab. Drei Grüne Abgeordnete stimmten dem Gesetz als Ausdruck des guten Willens zu, darunter Stoisits. Am 1. Mai 1995 trat das novellierte Ehenamensrechtsänderungsgesetz in Kraft.

78 SP, NR, XIX. GP., 12. Sitzung, 16.12.1994, S. 10-54
79 SP, NR, XIX. GP., 12. Sitzung, 16.12.1994, S. 54

Erfolg

Auch wenn das schlussendlich verabschiedete Gesetz nicht all ihren Wünschen entsprach, ist es Stoisits und den Grünen zu verdanken, dass Frauen heute ihren eigenen Namen in der Ehe behalten dürfen.

Vergangenheit: Niemals vergessen

Österreichs Umgang mit seiner jüngeren Vergangenheit: Wider das Verdrängen und das kollektive Vergessen

Anfang der 1990er Jahre war Johannes Voggenhuber gemeinsam mit Karl Öllinger inoffizieller vergangenheitspolitischer Sprecher der Grünen. Nachdem Voggenhuber 1994/95 ins Europäische Parlament nach Brüssel wechselte, übernahm Stoisits diese inoffizielle Funktion.

Ein Profil dieser SprecherInnenrolle bzw. inhaltliche Zielvorgaben gab es zu jener Zeit nicht. Es lag einzig und allein am Interesse und am politischen Geschick der Politikerin sich Themen anzueignen, die niemand parteiintern besetzte.

Stoisits' Engagement fiel in eine Zeit, in der Vergangenheitspolitik, also die bewusste politische Aufarbeitung der Geschichte von Österreich, ein immer wichtigeres öffentliches Thema wurde. Die Mandatarin und ihre Mitarbeiter Peter Schwarz, Franjo Schruiff und Hannes Metzler wirkten bei einer ganzen Reihe von wichtigen vergangenheitspolitischen Projekten der Republik Österreich mit:

- der Einrichtung des Nationalfonds;
- dem Umgang Österreichs mit den Opfern des NS-Regimes;
- der Einrichtung des NS-Opfer-Gedenktags;
- der Restitution von geraubtem Vermögen und geraubten Kunstwerken;
- der Rehabilitierung und Anerkennung der österreichischen Opfer der NS-
- Militärjustiz;
- der Einrichtung des Versöhnungsfonds;
- der Einrichtung des Allgemeinen Entschädigungsfonds.

Einrichtung des Nationalfonds

Der Österreichische Nationalfonds wurde im Jahr 1995 gegründet.[80] Er sah auf Beschluss des Kuratoriums symbolische Einmalzahlungen von damals 70.000 Schilling (5.087,10 Euro) für alle NS-Opfer vor, ohne diesen Personen einen Rechtsanspruch zu gewähren. Es war eine „Gestezahlung" an Personen, die vom NS-Regime aus politischen Gründen, wegen ihrer Abstammung, Religion, Nationalität, wegen ihrer sexuellen Orientierung, geistigen oder körperlichen Behinderung, wegen so genannter Asozialität oder auf andere Weise Opfer geworden waren oder die das Land verlassen hatten, um einer Verfolgung zu entgehen.

Wie ist es zu der Einmalzahlung gekommen? – 1992 rückten Österreichs nationalsozialistische Vergangenheit und die Nichtentschädigung österreichischer Opfer der NS-Diktatur durch eine Grüne Anfrage in den Mittelpunkt der parlamentarischen Debatte. Johannes Voggenhuber richtete 405 geballte Einzelfragen an die Bundesregierung. Dabei ging es um die Mitverantwortung Österreichs an den Verbrechen des Nationalsozialismus, um die Wahrnehmung dieser Mitverantwortung durch die Zweite Republik sowie die Anerkennung und Entschädigung der Opfer des Nationalsozialismus.[81]

Die Anfrage-Lawine löste eine intensive politische und ministerielle Beschäftigung mit dem Thema aus. Das Hauptresultat war die oben beschriebene Einrichtung eines „Nationalfonds für Opfer des Nationalsozialismus", was am 16. Juli 1994 per Entschließungsantrag von SPÖ, ÖVP, Grünen und Liberalem Forum geschah.

In der Entschließung wurde die Bundesregierung aufgefordert, bis zum 27. April des darauffolgenden Jahres, dem 50. Jahrestag der Zweiten Republik, eine gesetzliche Regelung zu schaffen, „durch die ein *Nationalfonds für Opfer des Nationalsozialismus* eingerichtet wird, aus dem Leistungen an Opfer des Nationalsozialismus erbracht werden können".[82]

In der dazugehörigen Nationalratsdebatte von 1995 meldete sich auch Stoisits zu Wort:

> „ 21.36
> **Abgeordnete Mag. Terezija Stoisits** (Grüne):
> Ich habe in den letzten Tagen selbstverständlich alles, was so in den Zeitungen über den Nationalfonds geschrieben wurde, gelesen und habe auch in den *Salzburger Nachrichten* den Kommentar eines sehr jungen Journalisten namens

80 Nationalfondsgesetz, BGBl 1995/432 und 433

81 XVIII. GP., 2666/J, 13.3.1992

82 SP, NR, XVIII. GP., 173. Sitzung, 16.7.1994, S. 20843-44

Alexander Purger gelesen. Ich glaube, er ist jünger als ich. Und der hat geschrieben: „Der Schatten ist immer da." Denn: „Wahre Freude wird auch weiterhin nicht aufkommen bei Republiks- und sonstigen Feiern des Staates." – Das ist der Schatten der Regelung, die Sie heute beschließen werden. Und er schreibt weiter über diesen Schatten:

„Es wäre höchste Zeit, ihn wegzuwischen. Junge Menschen haben das Recht und die Pflicht, die Geschichte ihres Landes zu kennen. Sie haben aber auch das Recht, unbelastet von dieser Geschichte zu leben. Österreich hat gestern" – das schrieb er, als der Beschluß im Verfassungsausschuß gefallen war – „eine der letzten Chancen auf eine solche Entlastung vergeben. In zehn oder zwanzig Jahren werden die letzten Opfer des Nationalsozialismus tot sein. Dann ist auch die allerletzte Chance vorbei."

Als ich das gelesen habe, habe ich mir gedacht: Habe ich das Recht, unbelastet von dieser Geschichte zu leben? Habe ich das wirklich? Ich habe mich im ersten Augenblick nicht mit ihm einverstanden erklärt, und ich habe es auch noch immer nicht so gedacht, als die Debatte heute begonnen hat. Aber jetzt, nachdem ich hier gehört habe, daß es Rechtsanspruch auf Entschädigung dessen, was so vielen im Zweiten Weltkrieg durch das NS-Regime angetan wurde, deshalb nicht zu geben braucht, weil das ja ein Rechtsschutzverfahren mit sich bringen würde und Rechtsschutzverfahren es so an sich haben, daß sie lange dauern, daß es Formalverfahren sind, daß es nicht dem Sinn einer Entschädigung entsprechen würde, daß es lange dauert, bin ich überzeugt davon, daß ich als Jahrgang 1958 ein Recht darauf habe, unbelastet von dieser Geschichte zu leben. Und nicht ich allein habe dieses Recht, andere, die so jung sind wie ich, haben es auch.

Aber genau dieses Recht, unbelastet zu sein, das nehmen Sie so vielen. Das nehmen Sie so vielen mit einem Beispiel, über das uns die rührendsten – bitte, verzeihen Sie, Herr Bundesminister, wenn ich es so sage – Worte nicht hinwegtäuschen. Denn, meine sehr geehrten Damen und Herren, die Geschichte der Entschädigung der Opfer ist eine so unrühmliche für Österreich, daß das, was heute hier passiert, ja nur ein kleiner Mosaikstein ist.

SP, NR, XIX. GP., 40. Sitzung, 1.6.1995, S. 81

Nach einer sehr heftig geführten Debatte im Nationalrat wurde schließlich das Nationalfondsgesetz mehrheitlich beschlossen. Die Grünen verweigerten die Zustimmung aus drei Gründen: Erstens, die Präambel mit einer Erklärung der Mitverantwortung Österreichs war auf Druck der ÖVP gestrichen worden. Zweitens, die Opfer des NS-Regimes erhielten keinen Rechtsanspruch, sondern sollten pauschal entschädigt werden. Und drittens wurde die Dotierung des Fonds nicht im Gesetz verankert.

Der NS-Opferfonds nahm im September 1995 seine Tätigkeit auf. Immer wieder versuchte Stoisits mit parlamentarischen Anfragen darauf aufmerksam zu machen, wie wenige Personen in den Genuss einer Entschädigung kamen. Die Anfrage-Serie sollte die Auszahlung beschleunigen und das Bewusstsein dafür, dass jeden Monat, der verstrich, weitere Opfer des NS-Regimes verstarben, schärfen. 1996 ging der Ball dreimal an den Bundeskanzler und den Außenminister:

„ANFRAGE:

1. Wie hoch ist die Zahl der Leistungsberechtigten im Sinne der Bundesgesetze Nr.432 und Nr.433, die 1945, unmittelbar nach Kriegsende noch am Leben waren?
2. Wie hoch ist die Zahl der Leistungsberechtigten im Sinne der Bundesgesetze Nr.432 und Nr.433, die derzeit noch am Leben sind?
3. Wie hoch schätzen Sie die Zahl der Leistungsberechtigten im Sinne der Bundesgesetze Nr.432 und Nr.433, die derzeit monatlich verstirbt?
4. Welche Anstrengungen unternimmt die Bundesregierung, um möglichst alle Opfer des Nationalsozialismus, auch jene, die im Ausland leben, über eine eventuelle Leistungsberechtigung zu informieren und ihnen den Zugang tatsächlich so leicht, „rasch und unbürokratisch" wie möglich zu gestalten?
5. Gibt es Bestrebungen von Seiten der Bundesregierung, jene Personen zu suchen, die vermutlich leistungsberechtigt sind, sich jedoch bisher nicht gemeldet haben? In welcher Weise, dem Bestreben der Republik Österreich entsprechend, die Mitverantwortung am Leid der Opfer anzuerkennen, geht demnach die Republik Österreich auf die betroffenen Personen zu, sucht diese und recherchiert wo immer dies möglich scheint, um Betroffene ausfindig zu machen?
6. Sind der Bundesregierung Fälle bekannt, wo die mit der Umsetzung des Gesetzes befaßten österreichischen Behörden, insbesonders österreichische Vertretungsbehörden im Ausland, die nicht zu Ihrer vollen Zufriedenheit miteinander und mit den Betroffenen kooperiert haben? Liegen Beschwerden dahingehend vor und wie lauten diese?
7. Was unternimmt die Bundesregierung, um Vorfälle mangelnder Kooperation zu verhindern und welche Konsequenzen hat dies für die betroffenen Behördenvertreter oder in anderer Weise für die Republik Österreich tätigen Personen? Wie lautet der Bericht?

XX. GP., 1377/J, 28.10.1996

Der Bundeskanzler Franz Vranitzky antwortete wie folgt:

„ANFRAGEBEANTWORTUNG:

Im Bewußtsein der moralischen Mitverantwortung Österreichs an den Verbrechen des Nationalsozialismus war und ist es mir seit Übernahme der Amtsgeschäfte ein besonderes Anliegen, daß das heutige Österreich sich der dunklen Seite seiner Geschichte stellt und von der Bundesregierung konkrete Maßnahmen zur Unterstützung der Opfer des Nationalsozialismus eingeleitet werden. Eine der wichtigsten Maßnahmen der letzten Jahre, die auch international auf große Anerkennung und Würdigung gestoßen ist, ist sicherlich die Einrichtung des Nationalfonds für Opfer des Nationalsozialismus.

Da allerdings weder die Vollziehung des Bundesgesetzes über den Nationalfonds der Republik Österreich für Opfer des Nationalsozialismus, BGBl. Nr. 432/1995, noch die Vollziehung des Bundesgesetzes, mit dem das Opferfürsorgegesetz und das Bundesgesetz betreffend Abänderung und Ergänzung des Kleinrentnergesetzes geändert werden, BGBl. Nr. 433/1995, in meinen Aufgabenbereich fallen, ersuche ich jedoch um Verständnis, daß ich von einer Beantwortung dieser Anfrage absehe.

SP, NR, XX. GP., 1428/AB, 2.1.1997

Zwischen 1995 und 2005 wurden insgesamt 31.962 Anträge an den Nationalfonds gestellt. In 29.598 Fällen wurde die „Gestezahlung" von 5.087 Euro pro Person gewährt. Die ausbezahlte Gesamtsumme betrug insgesamt 150 Millionen Euro. Zusätzlich wurden 385 Projekte gefördert.

Ab 1996 war Stoisits Mitglied des Nationalfonds-Kuratoriums, des obersten Gremiums des Fonds, in dem sie versuchte, den Opfern des Nationalsozialismus zu ihrem Recht zu verhelfen.

Österreichs Umgang mit den Opfern des NS-Regimes

Als 1996 zum Stichwort „Raubgold in der Schweiz" die emotionalen Wogen der internationalen Öffentlichkeit hochgingen, warf das auch Schatten auf Österreich. Die Grünen trugen das ihre dazu bei, dass sich schließlich auch die amtierende Bundesregierung ihrer historischen Verantwortung stellen musste.

Unter dem Eindruck der internationalen Debatte über das „Nazi-Gold" richtete der Grüne Klub im Oktober 1996 eine umfangreiche parlamentarische Anfrage zum Verbleib des „gestohlenen, entwendeten, arisierten und unter Zwang unter dem tatsächlichen Wert von den Opfern erworbenen Vermögens" an Bundeskanzler Vranitzky.[83] Darin verlangten die Grünen Auskunft über das Ausmaß der wirtschaftlichen Schäden für die Betroffenen. Hier eine der insgesamt 18 Fragen:

"

ANFRAGE:

11. Falls die Einschätzung des verlorenen Vermögens bisher nicht zur Gänze vorgenommen wurde, bis wann ist mit entsprechenden Unterlagen zu rechnen und welche Stellen wurden wann mit der Erstellung derselben beauftragt?

XX. GP., 1323/J, 3.10.1996

Das Kanzleramt versuchte sich mit folgenden dünnen Zeilen aus der Affäre zu ziehen:

"

ANFRAGEBEANTWORTUNG:

Zu Frage 11:

Da mangels konkreter Unterlagen und Informationen verläßliche Daten nicht vorhanden sind, ist es auch nicht möglich, Schätzungen vorzunehmen. Somit wurden und werden auch keine Stellen mit einer derartigen Arbeit beauftragt.

XX. GP., 1337/AB, 6.12.1996

Stoisits und ihr Team gaben nicht klein bei. Aufgrund der unbefriedigenden Antworten vom Ballhausplatz erzwangen die Grünen eine Parlamentsdebatte.

" 17.29

Abgeordnete Mag. Terezija Stoisits (Grüne): Meine sehr geehrten Damen und Herren! Sehr geehrter Herr Staatssekretär! Im In- und im Ausland vor allem ist in den letzten Monaten eine heftige Diskussion über Gold, das während der NS-Herrschaft ins Ausland, in verschiedene Länder geschafft wurde, entbrannt. Vor allem ist diese Diskussion in der Schweiz sehr heftig. Dabei, meine sehr geehrten Damen und Herren, handelt es sich nicht nur um Gold aus Nationalbankbeständen, sondern in erster Linie geht es in dieser Diskussion um Gold von Verfolgten,

83 XX. GP., 1323/J, 3.10.1996

das während ihrer Emigration, aber vor allem während ihrer Haft, ihrer Deportation, ihrer Gefangenhaltung und nach ihrer Ermordung in einem KZ gestohlen wurde. Es handelt sich hier um gestohlenes Vermögen.

Für uns ist das wirklich Anlaß genug, konkret zu hinterfragen, welche Schäden die Opfer des NS-Regimes in wirtschaftlicher Hinsicht erleiden mußten. Es ist doch wahrlich so, daß heute kein Zweifel mehr darüber besteht, daß es zur Aufarbeitung der österreichischen Geschichte gehört, daß dieser wesentliche Aspekt durchleuchtet wird.

Meiner Ansicht nach ist es ganz sicher nicht möglich, das menschliche Leid der Opfer, das menschliche Leid, das diese Opfer damals ertragen mußten und bis heute ertragen, das Leid, an dem Tausende, Hunderttausende, Millionen umgekommen sind, zu erfassen, und schon gar nicht, dieses Leid mit Zahlen quantifizierbar zu machen. Das ist etwas, was nicht versucht werden kann, denn dieses Leid läßt sich nicht quantifizieren.

Sehr wohl läßt sich aber in Zahlen darstellen – und das ist ganz wesentlich für diese laufende Diskussion –, was dem wirtschaftlichen Teil dieses Leides entspricht. Darüber, meine Damen und Herren, gibt es ganz divergierende Meldungen in der jüngsten Vergangenheit, daher haben wir diese unterschiedlichen Wortmeldungen über die Zahlen, die kursieren, zum Anlaß genommen, um an den Herrn Bundeskanzler in seiner Eigenschaft als Koordinator der Regierung eine Anfrage zu richten.

Meine Damen und Herren! Ich verhehle nicht, daß ich sehr enttäuscht bin über die Art der Anfragebeantwortung durch Dr. Vranitzky, deshalb besonders enttäuscht bin, weil gerade er es ist, der in den letzten Jahren als erster österreichischer verantwortlicher Politiker so klare Worte über die österreichische Mitverantwortung und über die österreichische Täterschaft in dieser Zeit gefunden hat.

Aber, meine sehr geehrten Damen und Herren, was hat der Herr Bundeskanzler geantwortet? Und das ist der Anlaß für die Besprechung. Er fasst elf Fragen mit einer Antwort von drei Zeilen zusammen, die ich Ihnen vorlesen muß, damit Sie verstehen, warum dieses Thema ein so heikles ist.

SP, NR, XX. GP., 52. Sitzung, 12.12.1996, S. 148-49

Parlamentarisch und medial kommunizierte Stoisits das Thema weiter. Im Februar 1997 richtete sie eine weitere Anfrage an den Finanzminister.[84] Im April 1997 gab sie folgende pointierte Losung aus:

84 XX. GP., 1938/J, 12.2.1997; 1936/AB, 9.4.1997

„ Das menschliche Leid, das Gedemütigte, Gefolterte, Ermordete, Vertriebene und deren Nachkommen erlitten haben und immer noch erleiden, ist **unermesslich** – die wirtschaftlichen Schäden jedoch sind **meßbar**.

OTS 110, 2.4.1997

Im darauffolgenden Juni veranstaltete der Grüne Parlamentsklub im Budgetsaal eine große Enquete zur „Erfassung der wirtschaftlichen Schäden der NS-Opfer in Österreich – Eine Bestandsaufnahme". In der Einladung bekräftigten die Grünen noch einmal ihre Ansicht, dass der wirtschaftliche Schaden der NS-Opfer in Zahlen fassbar sei.

Die Veranstaltung traf auf ein unerwartet starkes öffentliches Interesse und zeigte so, dass der Umgang der Republik Österreich mit den NS-Opfern den Menschen unter den Nägeln brannte. Über 300 Personen, die interessierte Öffentlichkeit, JournalistInnen, PolitikerInnen und WissenschafterInnen, fanden kaum Platz im Budgetsaal. Viele BesucherInnen mussten sich mit Stehplätzen begnügen.

Die ReferentInnen der Enquete waren Brigitte Bailer-Galanda vom Dokumentationsarchiv des Österreichischen Widerstandes (DÖW), Gerhard Botz von der Universität Salzburg, der ehemalige Richter Heinrich Gallhuber, Elisabeth Klamper vom DÖW, Hubert Steiner vom Archiv der Republik und Fritz Weber von der Wirtschaftsuniversität Wien. Die Vorträge behandelten verschiedene Aspekte der „Arisierung" und der Entrechtung, der sogenannten Wiedergutmachung sowie der Erfassung des vorhandenen Aktenbestandes.

Einen Monat nach der auch medial vielbeachteten Enquete[85] kam es zu einem von Stoisits sorgfältig vorbereiteten Gespräch mit dem neuen Bundeskanzler Viktor Klima (SPÖ). Am 24. Juli 1997 informierte sie ihn über den unbefriedigenden Umgang der Republik Österreich mit den Opfern des NS-Regimes. Die angesprochenen Themen waren sehr vielschichtig und deckten die ganze Bandbreite der zukünftigen Aktivitäten der Republik Österreich im Bereich Umgang mit der NS-Vergangenheit ab:

- praktischer Zugang der NS-Opfer zu Recht und Betreuung;
- gesicherter Lebensabend in Österreich;
- Zugang zur Opferfürsorge;
- erleichterter Zugang zur österreichischen Staatsbürgerschaft;
- Erweiterung der Entschädigungskriterien des Nationalfonds;
- wissenschaftliche Aufarbeitung der NS-Schäden;
- Entschädigung von ausländischen NS-ZwangsarbeiterInnen;
- Rückstellungen von arisiertem Vermögen;
- Gedenktag für NS-Opfer.

85 Wiener Zeitung, 18.6.1997; Die Presse, 18.6.1997; Der Standard, 18.6.1997; Kurier, 18.6.1997

Erfolg

Die Bemühungen um eine Quantifizierung der wirtschaftlichen Schädigung von Menschen durch die nationalsozialistische Terrorpolitik veränderten den Umgang des offiziellen Österreichs mit den NS-Opfern. Viele der zukünftigen Schritte hin zu einem aufgeklärten Verständnis der jüngeren Geschichte verdanken wir diesen pionierhaften Bemühungen.

Einrichtung des NS-Opfer-Gedenktags am 5. Mai

Im Jahr 1996 wurde in Deutschland der 27. Jänner, der Tag der Befreiung des KZs Auschwitz, auf Vorschlag des Zentralrats der Juden in Deutschland und auf Bemühen des deutschen Bundespräsidenten Roman Herzog, zum offiziellen Gedenktag für die Opfer des Nationalsozialismus bestimmt. In Österreich gab es zu jener Zeit noch keinen derartigen offiziellen Gedenktag.

Inspiriert durch das deutsche Beispiel nahm Hans Werbig, ein österreichischer Psychologie-Professor an der Universität Erlangen-Nürnberg, die Idee eines Gedenktags auf und schlug noch im selben Jahr verschiedenen Persönlichkeiten in Österreich vor, ebenfalls einen Auschwitz-Gedenktag einzurichten. Werbig schrieb unter anderem an NR-Präsident Heinz Fischer, Bundespräsident Thomas Klestil, Bundeskanzler Franz Vranitzky und Simon Wiesenthal.

Diese Idee wurde schließlich von einer zivilgesellschaftlichen BürgerInnen-Initiative bestehend aus Persönlichkeiten des politischen und kulturellen Lebens aufgegriffen. Auch einige ParlamentarierInnen wie Stoisits und Volker Kier unterstützten die Initiative.

Bereits am 27. Jänner 1997 schlug die inoffizielle vergangenheitspolitische Sprecherin der Grünen die Aufwertung dieses Datums durch einen Gedenktag vor:

> „Dieses historische Datum [Tag der Befreiung des KZs Auschwitz] sollte auch für Österreich Anlaß sein, diesen Schlussstrich unter die industrielle Menschenvernichtung im Dritten Reich entsprechend zu würdigen und im Gedenken zu bewahren", verlangt die Grüne Menschenrechtssprecherin Terezija STOISITS.
>
> Besonders bedenklich sei, so STOISITS, daß heute wieder vermehrt am Abbau von Menschenrechten und an der sozialen und gesellschaftlichen Ausgrenzung von Minderheiten und ausländischen Mitgliedern unserer Gesellschaft gearbeitet werde. STOISITS erinnert in diesem Zusammenhang daran, daß sich auch das menschenverachtende Regime der Nazis langsam entwickelt hatte. „Die Wirkungen waren nicht zuletzt deshalb so furchtbar, weil sie sich wohldosiert in das öffentliche Bewusstsein einschleichen konnte. Es gab keinen Point-of-no-return, an dem der Sprung von der Diskriminierung und Demütigung zur Vernichtung für jeden erkennbar gewesen wäre. Die Gewöhnung an die ‚kleinen Schritte' half beim Wegschauen, und das Wegschauen half, Geschehendes zu übersehen. Selbst viele von den späteren Opfern verfielen zeitweise der Versuchung, die Entwicklung harmloser zu sehen, als sie wirklich war", mahnt STOISITS.
>
> Deshalb sei es umso wichtiger, aus dieser Erfahrung zu lernen und sich die

Mechanismen, die von der anfänglichen Diskriminierung und Demütigung von Mitbürgern bis hin zum menschenverachtenden Gesamtsystem führten, immer wieder zu vergegenwärtigen", verlangt STOISITS.
Presseaussendung der Grünen, Stoisits: Österreichischen Gedenktag für NAZI-Opfer schaffen, 27.1.1997

Einen Monat später folgte eine erste parlamentarische Anfrage an den damaligen Bundeskanzler Viktor Klima:

" ANFRAGE:

1. Gibt es Gründe, warum die Republik Österreich bis heute keinen Gedenktag für die Opfer des Nationalsozialismus eingeführt hat. Wenn ja, welche?
2. Meinen Sie, daß es sinnvoll wäre, einen jährlich wiederkehrenden Tag als zusätzlichen Anlaß zu haben, um etwa in Schulen, Medien, etc. über dieses Verbrechen zu informieren und somit künftige Generationen vor verbrecherischer, menschenverachtender extremistischer Politik zu warnen?
3. Werden Sie sich für die Einführung eines offiziellen österreichischen Gedenktags für die Opfer des Nationalsozialismus einsetzen? Wenn nein, warum nicht?

XX. GP., 1954/J, 17.2.1997

Klima lenkte jedoch ab und antwortete, dass bereits sein Vorgänger Vranitzky angeregt habe, den Vorschlag im Rahmen des österreichischen Nationalfonds für die Opfer des Nationalsozialismus zu diskutieren. Der Vorsitzende des 21-köpfigen Kuratoriums des Nationalfonds, Heinz Fischer, wies jedoch darauf hin, dass „der NS-Opferfonds für diese Frage nicht unbedingt zuständig ist. Die Frage soll aber gründlich geprüft und internationale Vorhaben beobachtet werden. Es soll ‚nicht aus der Hüfte geschossen' werden".[86]

Im Juli 1997 war dann der Gedenktag einer jener Punkte, den Stoisits im Gespräch mit Klima ansprach (siehe das Kapitel über Österreichs Umgang mit den Opfern des NS-Regimes). Im Protokoll wurde folgendes vermerkt:

" Gedenktag für NS-Opfer
Österreich hat noch immer keinen offiziellen Gedenktag zur Erinnerung an die Opfer des NS-Regimes.

Mögliche Lösung:
* Offizielle Proklamation eines Gedenktages zur Erinnerung an die Opfer des NS-Regimes durch die Bundesregierung. Über die genaue Bezeichnung des Gedenktages und den Termin sollte Einvernehmen mit den Widerstandsverbänden, dem

86 Die Presse, 27.1.1997

Dokumentationsarchiv des österreichischen Widerstandes, den Opferverbänden und der IKG hergestellt werden.
Gespräch mit BK Viktor Klima, Umgang der Republik Österreich mit den Opfern des NS-Regimes, 24.7.1997

Im Oktober 1997 unternahm Nationalratspräsident Fischer nach Rücksprache mit allen Fraktionen einen Vorstoß. In der Präsidialkonferenz am 10. Oktober wurde über einen ersten Entwurf eines Holocaust-Gedenktags debattiert.

> „Im Präsidium des Nationalrates herrscht Einvernehmen über die Zweckmäßigkeit einer solchen Initiative, die als Signal gegen Gewalt und Rassismus zu verstehen ist und darüber hinaus durch die Verbindung mit der Befreiung des Konzentrationslagers Mauthausen in eindrucksvoller Weise zum Ausdruck bringt, zu welchen schrecklichen und menschenvernichtenden Ergebnissen das Aufgehen der Saat von Gewalt und Rassismus führen kann", so Fischer abschließend.
> **OTS 064, 17.10.1997**

Stoisits zeigte sich mit dem 5. Mai als neuem vorgeschlagenen Termin zufrieden. Es ist der Jahrestag der Befreiung des Konzentrationslagers Mauthausen. Trotz der grundsätzlichen Zustimmung bemängelte Stoisits jedoch die geplante Umsetzung durch den Nationalrat:

> Es sollte ein Tag geschaffen werden, der der dramatischen Einzigartigkeit dieses monumentalen Verbrechens, das in doppelter Weise viele Österreicher betroffen hat, gerecht wird, und der sowohl den Nationalsozialismus, als auch das Gedenken an dessen Opfer tatsächlich anspricht.
> **Brief an den Nationalratspräsidenten Heinz Fischer, 17.10.1997**

Hinter der Formulierung verbarg sich der Wunsch über das offizielle Gedenken hinaus ein umfassendes gemeinsames öffentliches Erinnern in Schulen, im Bundesheer, in den Ländern und den Gemeinden zu initiieren.

Die parlamentarischen Beratungen über den NS-Gedenktag waren von großer Vorsicht geprägt. Zum einen sollte es keine Veranstaltung sein, die das Gedenken der offiziellen Opferverbände (Bund Sozialdemokratischer Freiheitskämpfer und KZ-Verband) rund um die Befreiung des KZs Mauthausen abwertete. Zum anderen wurde kein offizieller Holocaust-Gedenktag anvisiert, sondern ein viel allgemeiner betitelter „Gedenktag gegen Gewalt und Rassismus im Gedenken an die Opfer des Nationalsozialismus".

Ende Oktober 1997 wurde im Budgetausschuss ein gemeinsamer Entschließungsantrag der drei NR-Präsidenten und der fünf Klubobleute eingebracht. Dieser begründete die Schaffung des NS-Opfer-Gedenktages folgendermaßen:

„ Auf europäischer Ebene hat es in den letzten Jahren verschiedene Initiativen zur Schaffung eines Gedenktages für die Opfer des Nationalsozialismus gegeben.

Österreich sollte sich diesen Initiativen anschließen und im Jahr 1997 – das zum europäischen Jahr gegen Rassismus und Fremdenfeindlichkeit erklärt wurde – ein deutliches Zeichen setzen.

Die Entscheidung über den Termin eines solchen Gedenktages in Österreich soll einerseits die Intentionen berücksichtigen, die das Europäische Parlament in einer einstimmigen Entschließung vom 18. Juni 1995 zum Ausdruck gebracht hat, aber auch den Besonderheiten der österreichischen Zeitgeschichte Rechnung tragen.

Unter Berücksichtigung all dieser Überlegungen scheint der 5. Mai ein geeigneter Termin für einen solchen Gedenktag, da an diesem Tag das Konzentrationslager Mauthausen befreit wurde.

Das Konzentrationslager Mauthausen wurde im August 1938 errichtet. Die Gefangenen dieses Lagers stammten aus zahlreichen europäischen Staaten und aus den verschiedensten politischen und gesellschaftlichen Schichten. Im Konzentrationslager Mauthausen wurden Menschen sowohl aus rassischen als auch aus politischen oder religiösen (und anderen) Gründen inhaftiert. Insgesamt wurden darin etwa 210 000 Menschen einem schlimmen Schicksal und brutaler Gewaltanwendung ausgesetzt; rund die Hälfte davon ist in Mauthausen und seinen Nebenlagern ermordet worden bzw. ums Leben gekommen.

Dies alles war Grund dafür, daß bereits in der Vergangenheit der Opfer des Konzentrationslagers Mauthausen gedacht wurde und daß der Tag der Befreiung dieses Konzentrationslagers in Österreich zum Anlaß genommen wurde, um ein Bekenntnis gegen Gewalt und Rassismus abzulegen, wobei Gewalt in einem umfassenden Sinn verstanden und abgelehnt werden muß.

SP, NR, XX. GP., 910 d.B., 31.10.1997, S. 21-22

Am 11. November 1997 beschloss der NR einstimmig in einer Entschließung, einen jährlichen „Gedenktag gegen Gewalt und Rassismus im Gedenken an die Opfer des Nationalsozialismus" am 5. Mai abzuhalten.[87]

„ ENTSCHLIESSUNG:

Der 5. Mai – der Tag der Befreiung des Konzentrationslagers Mauthausen – möge in Österreich im Gedenken an die Opfer des Nationalsozialismus als Gedenktag gegen Gewalt und Rassismus begangen werden.

Der Nationalrat ersucht daher die Bundesregierung, die in diesem Zusammenhang erforderlichen Veranlassungen zu treffen.

87 In einer gleichlautenden Entschließung eine Woche später zog der Bundesrat nach (E-176-BR/97, 20.11.1997).

Insbesonders erscheint es dem Nationalrat erforderlich zu sein, in den Schulen, innerhalb des österreichischen Bundesheeres sowie beim Zivildienst auf diesen Gedenktag in geeigneter Weise Bedacht zu nehmen, um die Sensibilität gegenüber den verschiedenen Formen der Gewalt zu wecken und zu verstärken.

Darüber hinaus möge an die Länder und Gemeinden herangetreten werden, damit auch von den Gebietskörperschaften im Gedenken an die Opfer des Nationalsozialismus und an die Befreiung des Konzentrationslagers Mauthausen der 5. Mai als Gedenktag gegen Gewalt und Rassismus wahrgenommen wird.

Auch der Nationalrat wird in Zukunft jedes Jahr diesen Gedenktag in einer besonderen Weise begehen.

Mit diesem Schritt schließt sich die Republik Österreich einer europäischen Initiative an und bringt damit zum Ausdruck, daß sie die Idee eines Gedenktages an die Opfer des Nationalsozialismus auch auf europäischer Ebene mit großem Nachdruck unterstützt.

SP, NR, XX. GP., 910 d.B., 11.11.1997, S. 24

Stoisits begrüßte namens der Grünen die Entschließung und äußerte sich ausführlich in der parlamentarischen Debatte:

" 14.38

Abgeordnete Mag. Terezija Stoisits (Grüne):

Diese Initiative ist jetzt vom Präsidenten des Nationalrates Dr. Fischer aufgenommen worden. Er hat im Zuge der Vorberatungen zum Budgetkapitel Oberste Organe mit allen fünf Fraktionen Kontakt aufgenommen und Einvernehmen darüber erzielt, daß bei dem jetzt zur Diskussion stehenden Budgetkapitel eine Entschließung, die die Einführung eines Gedenktages für die Opfer des Nationalsozialismus in Österreich vorsieht, eingebracht wird.

Ich möchte ihm aufrichtig für diese Initiative danken, ich möchte ihm dafür danken, daß er das ernst genommen hat, was Bürger und Bürgerinnen dieses Landes wünschen, die auch Anregungen an den Nationalrat herantragen. Ich möchte ihm nicht zuletzt auch deshalb danken, weil er damit etwas nachvollzieht, wofür es schon ausländische Beispiele gibt. In der Bundesrepublik Deutschland ist auf Initiative des Bundespräsidenten Roman Herzog auch ein jährlicher Gedenktag für die Opfer des Nationalsozialismus – dort wird er „Auschwitz-Gedenktag" genannt – eingeführt, der heuer bereits zum zweiten Mal begangen wurde. In Österreich wird am 5. Mai 1998 dieser Gedenktag erstmals zum Tragen kommen.

Ich möchte die betreffende Entschließung jetzt nicht vorlesen, da Sie sie ja in den Beilagen zu den jetzigen Beratungen finden können. Diese Entschließung hat meiner Überzeugung nach weit mehr Bedeutung, als die kurzen, knappen Sätze in diesem Antrag überhaupt zum Ausdruck bringen. Denn diese Entschließung und den daraus resultierenden Gedenktag sehe ich als sehr große Chance für die Republik Österreich, unser eigenes Bewußtsein und das unserer Nachkommen den unfaßbaren Verbrechen gegenüber, die während der NS-Zeit geschehen sind, in unserem Gedenken an die Opfer festzuschreiben.

In Verbindung mit einem jährlich wiederkehrenden Gedenktag scheint mir dies besonders gut und effizient machbar zu sein. Ein Tag **wider** das Vergessen! Meine Damen und Herren! Das ist wichtig in einer Zeit, in der die Generationen, die persönliche Erfahrungen mit dem Nationalsozialismus gemacht haben, allmählich aussterben.

Viele Österreicherinnen und Österreicher haben sich nach dem Krieg diesem Gedenken in einer Weise gestellt, daß sie sich entweder berechtigt oder unberechtigt als Opfer zu sehen oder zu fühlen geglaubt haben und sich **nicht** mit der Mitverantwortung Österreichs an den Greueln des Nationalsozialismus auseinandergesetzt haben.

Meine Damen und Herren! Sie alle wissen ganz genau, daß erst in jüngster Zeit in Österreich das Bewußtsein darüber breiter geworden ist, daß gerade der Anteil der österreichischen Täter am NS-Massenmord überdurchschnittlich hoch war, daß Österreicher nicht aus der zweiten Reihe agiert haben, sondern vielfach die absolut wichtigsten Treiber und Betreiber von maschinellem Massenmord gewesen sind; **Österreicher** – nicht irgend jemand weit weg, sondern Menschen aus unserer Umgebung. Dieses Bewußtsein ist es auch, das dieser NS-Opfer-Gedenktag weiter unterstreichen und weiter schaffen soll.

Wir dürfen **nicht** den Standpunkt vertreten, daß wir erst dann Widerstand zu leisten haben, wenn wir persönlich von Menschenrechtsverletzungen oder solchen Vorgängen betroffen sind, sondern wir müssen – dafür sind wir als Abgeordnete des Nationalrates verantwortlich – die Entwicklung undemokratischer, rassistischer, nationalistischer und menschenverachtender Einstellungen bereits in den Anfängen **erkennen**, sie bekämpfen und abwehren. *(Beifall bei den Grünen.)*

Meine sehr geehrten Damen und Herren! Es ist ein Faktum, daß wir in einem Land leben, das zwei Vergangenheiten zu bewältigen hat – so sehr ich das bedauere –, nämlich die Vergangenheit des Nationalsozialismus auf der einen Seite und die Vergangenheit der fortgesetzten Demütigung der Opfer in der Zweiten Republik auf der anderen Seite. Davor sollten wir die Augen nicht verschließen! Wenn dieser Gedenktag ein ganz kleiner Beitrag dazu sein kann, daß jährlich an diese beiden Verantwortungen – auf der einen Seite an die Mitverantwortung und auf der anderen Seite an die Verantwortung für das Verdrängen und Vergessen der Opfer – erinnert wird, daß das auch ein Ende hat ..., dann soll diese andere Haltung gegenüber den Opfern ..., die wir unseren Kindern und nachfolgenden Generationen weitergeben wollen, ein Schritt sein, um uns von dieser Hypothek der Mitverantwortung zu befreien. Dazu stehe ich.

SP, NR, XX. GP., 96. Sitzung, 11.11.1997, S. 55-56

Auch nach der verabschiedeten Entschließung ließ Stoisits nicht locker. Bereits im März 1998 richtete sie an den Bundeskanzler und verschiedene FachministerInnen Anfragen zur konkreten Umsetzung des Gedenktages.

" ANFRAGE:

1. Welche Aktivitäten plant die Bundesregierung, um den ersten offiziellen Gedenktag an die Opfer des Nationalsozialismus entsprechend der Entschließung des Nationalrates zu begehen?
2. Welche budgetären Mittel sind dafür geplant?
3. Wann und in welcher Form sind Sie entsprechend der Entschließung des Nationalrates an die Länder und Gemeinden herangetreten, damit auch diese den Gedenktag für die Opfer des Nationalsozialismus entsprechend wahrnehmen?
4. Welche einschlägigen Aktivitäten und Veranstaltungen der Gebietskörperschaft sind geplant bzw. ihnen bekannt?
5. Gibt es eine Koordination dieser Aktivitäten?
   a) wenn nein, werden Sie eine Koordination veranlassen?

XX. GP., 3818/J, 10.3.1998

Bundeskanzler Viktor Klima antwortete – im Gegensatz zur ersten Anfrage in der Causa – diesmal ausführlicher:

" ANFRAGEBEANTWORTUNG:

Zu Frage 1:

Grundsätzlich möchte ich bemerken, daß die Bundesregierung sich dieses Jahr besonders intensiv mit der NS-Vergangenheit Österreichs und den Opfern der Nazi-Diktatur auseinandersetzt. Mit zahlreichen Veranstaltungen im Rahmen des vom Bundesminister für Inneres gemeinsam mit der Lagergemeinschaft Mauthausen, der Initiativgruppe „Mauthausen aktiv" und dem Dokumentationsarchiv des Österreichischen Widerstandes organisierten „Gedenkprojekts 1938 - 1998" gedenkt die Bundesregierung jener Ereignisse, die vor 60 Jahren zur Eingliederung Österreichs in das nationalsozialistische Unrechtssystem führten. Dementsprechend fokussieren sich die Veranstaltungen dieses Jahr nicht nur um den 5. Mai, sondern erstrecken sich auf einen Großteil des Jahres 1998.

In diesem Zusammenhang hat die Bundesregierung ausdrücklich die Initiative zur Schaffung eines „Gedenktages gegen Gewalt und Rassismus im Gedenken an die Opfer des Nationalsozialismus" unterstützt. Damit wurde die formale Voraussetzung geschaffen, gemeinsam der Opfer der Nazi-Diktatur zu gedenken und gleichzeitig jene Bedingungen in das Bewußtsein zu rufen, unter denen Gewalt, Intoleranz, Nationalismus, Diktatur und Krieg imstande sind, sich zu entwickeln.

Zunächst möchte ich darauf hinweisen, daß die Bundesregierung im Zuge der Ministerratssitzung am 5. Mai 1998, in der ich eine Erklärung zum Gedenktag abgegeben habe, der Opfer des Nationalsozialismus gedacht hat und daß die

Bundesregierung an der „Gedenkveranstaltung für die Opfer des Nationalsozialismus", die ebenfalls am 5. Mai im Parlament stattgefunden hat, teilgenommen hat.

Seitens des Bundeskanzleramtes (Bundespressedienst) wurde zum Gedenktag gegen Gewalt und Rassismus im Gedenken an die Opfer des Nationalsozialismus ein umfangreiches Informationsmaterial erarbeitet, so eine mehrteilige Dokumentation über „Maßnahmen gegen Rassismus und Fremdenfeindlichkeit in Österreich" sowie ein Artikel „Gedenktag gegen Gewalt und Rassismus", die auch über das Internet beziehbar sind oder in gedruckter Form kostenlos zugeschickt werden können.

Zu den Maßnahmen im Bereich des Bundesministeriums für Inneres anläßlich der 60. Wiederkehr der Errichtung des Konzentrationslagers Mauthausen lege ich den diesbezüglichen Bericht des Herrn Bundesministers für Inneres an den Ministerrat bei.

Hinsichtlich der geplanten Aktivitäten des Bundesministeriums für Unterricht und kulturelle Angelegenheiten und des Bundesministeriums für Landesverteidigung verweise ich auf die Beantwortung der Frau Bundesministerin für Unterricht und kulturelle Angelegenheiten und des Bundesministers für Landesverteidigung zu den an sie gerichteten parlamentarischen Anfragen Nr. 3822/J bzw. 3823/J.

Wie mir vom Bundesministerium für Wissenschaft und Verkehr mitgeteilt wurde, werden an den Universitäten punktuell entsprechende Lehrveranstaltungen angeboten werden, wie z.B. am Institut für Zeitgeschichte in Wien ein Seminar von Prof. Wolfgang Neugebauer zum Thema „NS - Herrschaft in Österreich 1938 - KZ Mauthausen".

Zu Frage 2:
Die geplanten Aktivitäten des Bundeskanzleramtes werden aus dem laufenden Budget finanziert.

Zu den Fragen 3 und 4:
Der Bundesminister für Inneres hat diesbezüglich ein Schreiben an die Landeshauptmänner gerichtet. Meines Wissens sind in den Ländern zahlreiche Aktivitäten geplant, deren Inhalte mir aber im Detail nicht bekannt sind.

Zu Frage 5:
Soweit eine Koordination erforderlich war oder ist, erfolgte diese durch die betroffenen Stellen.
XX. GP., 3819/AB, 12.5.1998

Am 5. Mai 1998 fand der NS-Opfer-Gedenktag zum ersten Mal statt. Im Zentrum stand dabei eine Gedenkveranstaltung im Parlament, an der der Bundespräsident, die Mitglieder beider Kammern des Parlaments, die Bundesregierung, die VertreterInnen des diplomatischen Korps, die Repräsentanten der Religionsgemeinschaften sowie Überlebende des NS-Regimes teilnahmen.

Der damalige Nationalratspräsident, Heinz Fischer, eröffnete den „Gedenktag gegen Gewalt und Rassismus im Gedenken an die Opfer des Nationalsozialismus“ mit einer Ansprache, in der er die zwei wesentlichen Elemente hervorhob: einerseits das Gedenken an die Opfer des NS und andererseits die Botschaft für die Gegenwart und Zukunft, dass Gewalt und Rassismus abzulehnen seien. Im Anschluss an diese Ansprache wurde im Reichsratssitzungssaal des Parlaments die Oper *Das Tagebuch der Anne Frank* von Grigori Frid in Österreich erstaufgeführt. Die Abschlussrede hielt Ludwig Bieringer, der damalige Bundesratspräsident. Der NS-Gedenktag, eine Sonderveranstaltung des Parlaments, wurde zur Gänze vom Österreichischen Rundfunk übertragen. Zusätzlich zu diesem offiziellen Gedenken wurde auch in Schulen, im Bundesheer und von den Zivildienstleistenden der NS-Opfer gedacht.

In den Jahren 1999 und 2000 fand die Gedenkveranstaltung jeweils im Parlament am 4. Mai statt. 2001 konnte in der Präsidialkonferenz kein Konsens über die Programmfolge der Gedenkveranstaltung gefunden werden. Deshalb ging die Veranstaltung in diesem Jahr am 4. Mai auf Einladung des Bundespräsidenten Thomas Klestil im Redoutensaal der Wiener Hofburg über die Bühne. In den darauffolgenden Jahren fand die offizielle Gedenkveranstaltung jedoch wieder im Sitzungssaal des Parlaments statt.

Bei der Gedenkveranstaltung 2006 hielt Stoisits als Grünen-Vertreterin eine Ansprache, bei der sie nicht mit Kritik an der österreichischen Gedenkkultur im Allgemeinen und der NS-Gedenkveranstaltung im Besonderen sparte:

> „ **Abgeordnete Mag. Terezija Stoisits** (Grüne): Dobar dan, poštovane dame i gospodo! ... Der Nationalrat gedenkt seit einer Initiative von Bürgern und Bürgerinnen Österreichs immer in Form einer festlichen und feierlichen Gedenksitzung der Opfer des Nationalsozialismus, in einer Form, die mir persönlich immer sehr gut gefallen hat, nämlich – Herr Präsident Khol hat es ja auch geschildert – im Reichsratssitzungssaal.
>
> Ich habe diesen Reichsratssitzungssaal nie mit Prunk der Monarchie verbunden, wenn wir dort festlich zusammengekommen sind, sondern ich habe vielmehr die Art und Weise der Veranstaltung – nämlich die Anwesenheit des Nationalrates, des Bundesrates, der österreichischen Bundesregierung, der Repräsentanten dieser Republik, der Religionsgemeinschaften, von öffentlichen Körperschaften, es waren auch die Präsidenten der Gerichtshöfe immer hier –, diese Form der Würdigung für die Opfer des Nationalsozialismus immer für jene gehalten, die diesem Anlass entsprechend ist. Und ich gehöre zu jenen, die nicht den Konsens teilen, dass diese Form, die wir heute gewählt haben, den Gedenktag des 5. Mai zu begehen – nämlich im Nationalrat, wir für uns, zwar vom Fernsehen übertragen, aber beispielsweise mit einer leeren Regierungsbank –, ein positives Anknüpfen an diese Tradition ist.
>
> Es ist für mich in den letzten Jahren nicht Routine gewesen, im Reichsratssitzungssaal zu sein und Opern zu hören oder, letztes Jahr, Stuart Eizenstat zu

hören, Frau Präsidentin Schaumayer, sondern ich habe das als eine Verpflichtung gesehen, diesen Auftrag des Gedenktages auch nach außen in einer Form darzustellen, die ein Signal ist. Und das sehe ich für die Zukunft weiter als Auftrag und als Aufgabe – denn diesen Gedenktag des 5. Mai gibt es in Österreich deshalb, weil Menschen Zivilcourage hatten, ein Anliegen an PolitikerInnen heranzutragen; ich war damals eine von jenen. Ein Professor, ein Österreicher, der in Deutschland lebte, Herr Professor Werbig, war der Erste, der in Österreich diese Anregung gemacht hat. Dann hat sich eine kleine Gruppe gebildet und hat dieses Anliegen an den Nationalrat herangetragen, und daraus ist dann eine Allparteieninitiative entstanden.

Und dabei soll es bleiben, dass das eine Allparteienangelegenheit ist, aber „Allparteien" heißt nicht nur, die vier beziehungsweise jetzt fünf politischen Parteien des Nationalrates, sondern das heißt, dass das ein würdiger Akt der Republik ist, den die Republik im Gedenken an die Opfer des Nationalsozialismus setzt – neben Veranstaltungen, deren Bedeutung ich für noch viel größer halte, wie die Befreiungsfeier in Mauthausen, die heuer am 7. Mai stattfinden wird und von der Präsidentin Prammer bereits gesprochen hat.

Deshalb bitte ich, dass wir nachdenken darüber, wie dieser Staatsakt – und es geht mir um einen Staatsakt, der hier gesetzt wird! – gestaltet sein muss, um die Zivilcourage der Menschen sozusagen auch weiter zu ermutigen.

Ich möchte an Professor Van der Bellen anknüpfen, an seine Schilderung dessen, was ich in einem legalen oder semi-legalen Bereich abgespielt hat, wovon alle wussten und wo genau das gefehlt hat, wofür wir ein Signal setzen wollen, nämlich Zivilcourage, sich dagegen zu stellen, und Zivilcourage gegen Unrecht. Das ist es, wozu wir unsere Mitbürgerinnen und Mitbürger, BewohnerInnen dieses Landes, ermutigen wollen, ermutigen sollen und müssen – das ist unsere Aufgabe als PolitikerInnen!

Die Erinnerung an die Gräuel des Nationalsozialismus, an die Systematik des Aufbaues, die geendet hat im Holocaust, im maschinellen Massenmord von Millionen von Menschen, wird nur dann aufrechterhalten werden können, wenn wir immer und immer wieder das sagen, was Hermann Langbein – der in KZs war, der so genannter Lagerschreiber in KZs war und dadurch auch vielen Menschen selber als Häftling helfen konnte – gesagt hat, was er einmal – er ist schon gestorben – zu Frau Dr. Moser und auch zu mir gesagt hat, nämlich: Was ist das Entscheidende bei der Erinnerung an die Gräuel des Nationalsozialismus? – Das Entscheidende ist, dass wir wissen, dass anderen Menschen nicht das volle Menschsein abgesprochen werden kann! – Darum geht es!

Da Zukunft Erinnerung braucht, wie es György Konrád ausgedrückt hat, deshalb ist dieser Satz vom „Niemals Vergessen!" so wichtig. Und deshalb sollten wir unseren Beitrag leisten – wir als Nationalrat, wir als Republik –, beispielsweise – als Anregung – indem wir das Simon Wiesenthal-Institut für Holocaust-Studien unterstützen, eine Initiative, die von engagierten Wissenschaftlern im Auftrag des im letzten September verstorbenen Simon Wiesenthal gesetzt wurde und wo immer noch die Zusage der Bundesregierung für die Unterstützung dieses Simon Wiesenthal-Instituts fehlt. Das könnten wir uns heute bei unserer feierlichen Sitzung vornehmen, und das ist eine Anregung, die ich an die Repräsentanten, die hier anwesend sind, und auch an die, die heute nicht hier sind, richte.

Ich hoffe, dass wir, anknüpfend an die heutige Gedenkveranstaltung, am 7. Mai weiter gedenken – und nächstes Jahr nicht warten, bis der Gedenktag wieder kommt, sondern dieses „Niemals Vergessen!" sozusagen zu einem **Perpetuum mobile** machen. Es gilt nämlich nicht nur heute, sondern es gilt jeden Tag und für immer. *(Beifall.)*

SP, NR, Gedenksitzung zum Gedenktag gegen Gewalt und Rassismus, 27.4.2006

Erfolg

Terezija Stoisits war eine der VorkämpferInnen und HauptunterstützerInnen für den NS-Opfer-Gedenktag, der am 5. Mai 1998 zum ersten Mal begangen wurde und seitdem fest im politischen Kalender Österreichs verankert ist – als Symbol für eine neue offizielle Sichtweise auf die nationalsozialistische Vergangenheit des Landes.

Restitution von geraubtem Vermögen und geraubten Kunstwerken

Wenige Jahre nach der Waldheim-Affäre setzte die Republik Österreich mehrere Schritte hin zu einer Neuinterpretation der Vergangenheit und verabschiedete sich von der Politik der Verdrängung: 1991 gestand Bundeskanzler Vranitzky die kollektive Verantwortung der Österreicher und Österreicherinnen für die Untaten des NS-Regimes ein; 1995 wurde der Nationalfonds für die Opfer des NS-Regimes eingerichtet; und 1998 folgte die HistorikerInnenkommission.

Zu ernsthaften Verhandlungsschritten bezüglich Entschädigungszahlungen kam es zunächst nicht. Dank der Schweizer Goldaffäre blieb das Thema Restitution jedoch weiterhin lebendig. Die Klagen von amerikanischen OpferanwältInnen erreichten 1998 schließlich auch Österreich.

Konkrete Restitutionsschritte von Kunstgegenständen kamen damals durch zwei in New York beschlagnahmte Gemälde von Egon Schiele aus der Sammlung Leopold ins Rollen.

Im April 1998 richteten die Grünen unter Federführung von Stoisits insgesamt 248 (!) Anfragen an die Bundesministerin für Unterricht und kulturelle Angelegenheiten, Elisabeth Gehrer (ÖVP), um mehr über die Herkunft verschiedenster Kunstwerke im staatlichen Besitz zu erfahren, die mutmaßlich von den NationalsozialistInnen ihren rechtmäßigen BesitzerInnen geraubt worden waren. Hier ein Beispiel zu einem Werk von Schiele:

" ANFRAGE:

1. Wer war Besitzer dieses Kunstwerkes am 10. März 1938?
2. Wer waren Besitzer dieses Kunstwerkes zwischen dem 10. März 1938 und heute?
3. Unter welchen genauen Umständen wechselte wann dieses Kunstwerk seine Besitzer?
4. Welche Kontakte zu den Besitzern vom 10. März 1938 oder deren Erben bestanden nach dem Krieg von Seiten der Republik Österreich und von wem wurden diese mit wem aufgenommen?
5. Wenn keine Kontakte bestanden, warum nicht und was hat die Republik Österreich bisher unternommen und was wird sie in Zukunft unternehmen, um diese Kontakte herzustellen, bzw. die Betroffenen aufzufinden?
6. Wurde dieses Kunstwerk nach Ende der NS-Herrschaft in Österreich von irgendeiner Person beansprucht und hat diese es erhalten oder wie wurde sie entschädigt?
7. Wenn das Kunstwerk nicht beansprucht wurde, was unternahm die Republik Österreich bisher und was wird sie in Zukunft unternehmen, um eventuelle rechtmäßige Besitzer bzw. deren Erben aufzufinden?

8. Welche Erlöse durch die Verwertung von Rechten aus diesem Kunstwerk wurden seitens der Republik Österreich oder anderen Besitzern zwischen dem 10. März 1938 und heute lukriert?
9. Was planen Sie im Zusammenhang mit heute nicht mehr eruierbaren ursprünglichen Besitzern (Besitzer vom 10. März 1938) dieses Kunstwerkes zu unternehmen?
10. Wurde irgendwann eine Ausfuhrgenehmigung für ein anderes Kunstwerk aus gleichem ursprünglichem Besitz (Besitz am 10. März 1938) erteilt?
11. Wenn ja, wann?
12. Falls nicht alle Fragen beantwortbar sind, stellt sich die Frage, ob und seit wann ihrem Ministerium bzw. untergeordneten Stellen Unklarheiten bzw. Unrecht - wenn auch nur im moralischen Sinne - im Zusammenhang mit den Besitzverhältnissen bzw. den Besitzerwechsel bei diesem Kunstwerk bekannt waren?
13. Welche Konsequenzen wurden bisher aus auftretenden Unklarheiten über ursprüngliche Besitzer bzw. Besitzerwechsel seitens der Republik Österreich gezogen?
14. Welche grundsätzlichen Entscheidungen über die weitere Vorgangsweise der Republik Österreich im Zusammenhang mit Unklarheiten bzw. Unrecht - wenn auch nur im moralischen Sinne - mit diesem Kunstwerk wurden seitens der Republik bisher getroffen, bzw. planen Sie?
15. Was planen Sie zu unternehmen, um eventuell bestehendes Unrecht - wenn auch nur im moralischen Sinne auszugleichen? Welche Dienststellen haben Sie bisher mit diesen Angelegenheiten befaßt? Welche konkreten Fortschritte sind diesbezüglich von Ihrem Ministerium und den untergeordneten Dienststellen bisher zu berichten?
16. Gab es bisher eine systematische Erforschung der Vorgänge der Besitzerwechsel seit 10. März 1938 dieses Kunstwerkes?
17. Falls es bisher keine solche Erforschung gab, planen Sie diese in die Wege zu leiten?
18. Wenn ja, wie und wann soll dies geschehen? Planen Sie auch Experten aus dem Ausland in dieser Angelegenheit zu beschäftigen?
19. Wem gegenüber darf/muß darüber berichtet werden?

XX. GP., 4263/J, 15.4.1998

Die Antwort der Ministerin Gehrer war wie folgt:

„ANFRAGEBEANTWORTUNG:

Mein Ministerium hat im Zusammenwirken mit dem Bundesdenkmalamt auch nach der im Jahre 1997 vollzogenen so genannten Mauerbachversteigerung (2. Kunst - und Kulturbereinigungsgesetz 1986) seine Bemühungen fortgesetzt, Nachforschungen nach fragwürdigen Erwerbungen von Kunstgegenständen, die 1938-1945 sichergestellt bzw. beschlagnahmt wurden, und heute moralisch nicht mehr vertretbaren Perspektiven der seinerzeitigen „Schenkungen" an Museen und Sammlungen im Zusammenhang mit Ausfuhrpraktiken anzustellen und diese kritisch zu überprüfen. Die Thematik war auch – ausgelöst durch eine 1997 in London abgehaltene Konferenz über die Rückerstattung geraubter Goldbestände durch eine so genannte „Tripartite Gold Commission" international in Bewegung geraten, wobei die US Regierung für Ende 1998 eine Washingtoner Konferenz über Holocaust-Vermögen ankündigte, in deren Rahmen auch Fragen im Zusammenhang mit Kunst- und Kulturgütern behandelt werden sollten. Diese Konferenz hat inzwischen stattgefunden und „Principles on Nazi-Confiscated Art" festgelegt, wofür die österreichischen Aktivitäten als dafür vorbildlich hervorgehoben wurden.

Ich habe nun die eingehende Überprüfung der Herkunft aller Kunstgegenstände, die im Zuge oder als Folge der NS-Gewaltherrschaft in das Eigentum des Bundes gelangt sind, veranlasst und im Jahre 1998 eine Arbeitsgruppe für Provenienzforschung im Bundesdenkmalamt und in den Bundesmuseen eingesetzt. Ihr Ziel ist die Aufarbeitung des historischen Materials, das für die Rückgabe der identifizierten Kunstgegenstände an die ursprünglichen Eigentümer oder deren Rechtsnachfolger von Todes wegen Voraussetzung war.

In der Folge wurde auf meine Initiative das Bundesgesetz über die Rückgabe von Kunstgegenständen aus den Österreichischen Bundesmuseen und Sammlungen, BGBl.- Nr. 181/1998, von allen Fraktionen im Nationalrat beschlossen. Dieses Gesetz sieht folgende Kategorien von Kunstgegenständen vor, die von Amts wegen zu restituieren sind:

1. Kunst- und Kulturgegenstände, die im Zuge von Verfahren nach dem Ausfuhrverbotsgesetz zurückbehalten wurden und als „Schenkungen" oder „Widmungen" in den Besitz der Österreichischen Museen und Sammlungen eingegangen sind. Die in diese Kategorie einzureihenden Kunstgegenstände waren bereits Gegenstand von Rückstellungen und wurden auch tatsächlich nach 1945 an die Eigentümer zurückgestellt. Im Gegenzug für die Erteilung einer Ausfuhrbewilligung nach dem Ausfuhrverbotsgesetz wurde mit den Ausfuhrwerbern vereinbart, dass einzelne dieser Werke an österreichische Museen gehen sollten. Aus heutiger Sicht und auf Grund der Tatsache, dass bei den beiden Kunst- und Kulturgutbereinigungsgesetzen die Anwendung der Bestimmungen des Ausfuhrverbotsgesetzes ausdrücklich ausgenommen wurde, ist die damals gewählte Vorgangsweise nicht zu rechtfertigen.
2. Kunst- und Kulturgegenstände, welche zwar rechtmäßig in das Eigentum des Bundes gelangt sind, jedoch zuvor Gegenstand eines Rechtsgeschäftes gewesen sind, das nach den Bestimmungen des so genannten Nichtigkeitsgesetzes aus dem Jahre 1946 nichtig ist. Einige Museumsdirektionen haben in der Nachkriegszeit im guten Glauben Kunstgegenstände am Kunstmarkt bei befugten Händlern erworben, wobei sich erst zu einem späteren Zeitpunkt Zweifel an der Unbedenklichkeit der Herkunft ergeben haben. Im Zuge der Provenienzforschung sind Fälle dieser Art bekannt geworden.

3. Kunst- und Kulturgegenstände, die trotz Durchführung von Rückstellungen nicht an die ursprünglichen Eigentümer oder deren Rechtsnachfolger von Todes wegen zurückgegeben werden konnten und als herrenloses Gut in das Eigentum des Bundes übergegangen sind.

§ 3 Rückgabegesetz statuiert die Einrichtung eines Beirates, der den Bundesminister für wirtschaftliche Angelegenheiten, den Bundesminister für Landesverteidigung und mich bei der Feststellung jener Personen, denen die obgenannten Kunstgegenstände zu übereignen sind, zu beraten hat. Dieser Beirat hat sich am 9. Dezember 1998 konstituiert und hat in einer weiteren Sitzung am 20. Jänner 1999 seine Arbeit soweit vorangetrieben, dass **nach der nächsten Sitzung am 11. Februar 1999 bereits eine Berichterstattung an mich über** [Hervorhebung im Original] die Restitution einer bedeutenden Familiensammlung erfolgen konnte. Hinsichtlich anderer Privatsammlungen ist die Arbeit soweit gediehen, dass in den nächsten Monaten weitere Restitutionen erfolgen können.

Das Rückgabegesetz trägt in vieler Hinsicht den Intentionen der vorliegenden parlamentarischen Anfrage bereits Rechnung. Diese Anfrage betrifft allerdings nur einen Teil der von der Provenienzforschungskommission überprüften mehreren tausend Kunstgegenständen, geht aber andererseits in ihrer inhaltlichen Dimension über den Aufgabenbereich und die Zielsetzung der Provenienzforschung hinaus: Einige Fragen erfordern für die Beantwortung Erkenntnisse, die eine generelle Aufarbeitung des gesamten Archivbestandes über Sicherstellung und Akte der Beschlagnahme 1938-1945 zur Voraussetzung haben. Diese Erkenntnisse liegen derzeit noch nicht vor, ihre Erarbeitung wird eine Aufgabe auch der Historikerkommission bilden. Ein Beispiel möge dies verdeutlichen: Wenn etwa ein Gemälde im Jahre 1947 von einem Bundesmuseum erworben wurde, bzw. ihm durch „Widmung" zugekommen ist, dann erfolgte damals keine Prüfung, wer Eigentümer dieses Objektes am 10. März 1938 war. Archivmaterialien darüber in den Bundesmuseen und im Bundesdenkmalamt bedürfen dazu noch einer systematischen Aufarbeitung. Im Bundesdenkmalamt allein sind mehr als 120.000 Dokumente zu diesem Fragenkomplex vorhanden.

XX. GP., 5184/AB, 17.2.1999

Der damalige Klubobmann der ÖVP, Andreas Khol, opponierte heftig gegen die Restitutionsbegehren. In einer Anfrage an den Nationalratspräsidenten Fischer beklagte er sich über den „politischen Aktionismus" der Grünen und sah in den Stoisits-Anfragen Papierverschwendung.[88]

Im Juli 1998 sprach der US-Vizeaußenminister Stuart Eizenstat mit der Unterrichtsministerin Gehrer, die zuständig für die österreichischen Museen war, über die Restitution jüdischen Vermögens im Kunstbereich. Damit versuchte die Bundesregierung

88 OTS 0171, 17.4.1998

internationalem Druck und Klagen zuvorzukommen.[89] Die Grünen und das LIF setzten sich vehement für die Restitution ein. Terezija Stoisits befürwortete die Einrichtung einer eigenen Kommission für Fragen der Restitution von geraubtem jüdischem Vermögen. Sie meinte, dass die Regierung nicht auf internationalen Druck warten, sondern selbst den Anstoß geben solle.

Im Mai 2000 setzte Bundeskanzler Schüssel den Leiter der Diplomatischen Akademie, Ernst Sucharipa, als „Bevollmächtigten für Restitution" ein. Zwei Monate später begannen die Verhandlungen. Der Abschluss im Jänner 2001 fiel mit dem Ende der Amtszeit des US-Präsidenten, Bill Clinton, zusammen. Insgesamt wurde eine Summe von 410 Millionen Euro für die Opfer der „Arisierungen" fixiert.

Im Oktober 2000 forderten die Grünen eine sofortige Novellierung des Kunstrückgabegesetzes von 1998. Es sollte nicht nur für geraubte oder abgepresste Kunstwerke der Bundesmuseen, sondern auch für jene der bundeseigenen Stiftung Leopold gelten. Anlass dafür war die fragwürdige Provenienz mehrerer Kunstwerke im Besitz der Stiftung Leopold.[90]

2001 wurden ergänzende Gesetze zur Restitution von geraubtem jüdischem Vermögen beschlossen. Die schwarz-blaue Regierung stellte – unter Druck von außen und innen – umgerechnet rund 5,7 Milliarden Schilling für diesen Zweck bereit.

Im Juli wies Stoisits anlässlich des Verkaufs von Bundesforstgebieten in der Steiermark an einen Industriellen auf die Problematik der Restitution von geraubtem jüdischem Vermögen hin. Zugleich kündigte sie für den September eine „Offensive in Sachen Restitution" an.[91]

Stoisits beklagte stets die Hinhaltetaktik der Regierung und der zuständigen Restitutionsinstitutionen und versuchte, auf diese Druck auszuüben.

> " Noch pessimistischer [als der IKG-Präsident Ariel Muzicant] ist die grüne Migrationssprecherin Terezija Stoisits. Sie rechnet damit, dass es „mindestens noch drei bis vier Jahre dauern wird", bis alle Anträge geprüft und die Entschädigungssummen ausbezahlt sind. Im Gespräch mit dem Standard befürchtet Stoisits weitere administrative Komplikationen: „Was passiert denn, wenn bis März 2006 tatsächlich Rechtssicherheit vorliegt? Dann werden 19.000 Leute, die einen Antrag gestellt haben, beim Entschädigungsfonds ihr Geld einfordern. Und dann wird man seitens des Fonds in rund 13.000 Fällen sagen müssen: Wir haben Ihren Akt noch nicht bearbeitet."
> **Der Standard, 18.11.2005**

89 Die Presse, 14.7.1998
90 Der Standard, 20.10.2000
91 Der Standard, 30.7.2001

Auch in den folgenden Jahren wurden von den Grünen immer wieder die Lücken des Kunstrückgabegesetzes kritisiert und seine Novellierung gefordert. Im Jahr 2006 zum Beispiel forderte Stoisits „einen Anspruch der Betroffenen auf Rückgabe, eine aktive Ausforschung der Berechtigten und eine Erweiterung des Wirkungsbereichs auch auf Objekte, die nach dem Zweiten Weltkrieg nicht Teil eines Restitutionsverfahrens waren".[92]

Weitere Forderungen wie Veröffentlichungspflicht für die Entscheidungen des Restitutionsbeirats, Geltung auch für Privatstiftungen, die unter Verwendung öffentlicher Mittel errichtet wurden, sowie verpflichtende Restitution, gingen aus einem Initiativantrag im Parlament hervor.[93] Anfang Februar 2006 brachte Stoisits einen Antrag für ein fertig ausgearbeitetes Restitutionsrechtsänderungsgesetz ein, in dem all diese Forderungen eingearbeitet wurden.[94]

Erfolg

Die Abgeordnete Stoisits gehörte zu den treibenden Kräften hinter der Restitution von geraubtem Vermögen und geraubten Kunstwerken in Österreich. Die bisher erreichten Restitutionen und ein teilweises Umdenken in der Herangehensweise an diese Frage sind ihrer Beharrlichkeit zu verdanken.

92 Der Standard, 31. Jänner 2006

93 Die Presse, 31.1.2006

94 XXII. GP., 782/A, 2.2.2006

Rehabilitierung und Anerkennung der österreichischen Opfer der NS-Militärjustiz

Im Jahr 1999 beerbte Stoisits ihren Parteikollegen Andreas Wabl um eine politische Aufgabe: den Kampf um die Rehabilitierung und Anerkennung der österreichischen Deserteure der Deutschen Wehrmacht. Dieses vergangenheitspolitische Thema wurde in den folgenden Jahren zu einer wichtigen Baustelle der Abgeordneten, die schließlich 2005 in die pauschale rechtliche Rehabilitierung der Deserteure mündete.

Zur Vorgeschichte: Im Februar 1999 starteten die Grünen eine Offensive zur Rehabilitierung der Wehrmachtsdeserteure. Wabl richtete an den parteifreien Justizminister Nikolaus Michalek eine entsprechende Anfrage:

"

ANFRAGE:

1. Haben die Verurteilungen wegen Kriegsdienstverweigerung Fahnenflucht oder Zersetzung der Wehrmacht durch die NS-Justiz rechtsstaatlichen Grundsätzen widersprochen?
2. Sind die österreichischen Deserteure der großdeutschen Wehrmacht, juristisch betrachtet, aus einer fremden Armee desertiert?

XX. GP., 5690/J, 2.2.1999

Aus der Anfragebeantwortung konnte ein Auftrag zur wissenschaftlichen Untersuchung des Themas herausgelesen werden.

"

ANFRAGEBEANTWORTUNG:

Zu 1:
Wenngleich man eine allen juristischen Differenzierungen Rechnung tragende Beurteilung der Militärgerichtsverfahren in der Zeit des NS-Regimes nur nach einer umfassenden wissenschaftlichen Untersuchung vornehmen könnte, ist grundsätzlich davon auszugehen, dass diese Verfahren rechtsstaatlichen Grundsätzen nicht entsprochen haben.

Zu 2:
Vor dem Hintergrund der in der österreichischen Verfassungsrechtslehre herrschenden Okkupationstheorie kann man die Deutsche Wehrmacht als fremde Armee ansehen, doch steht diese Frage bei der hier relevanten strafrechtlich-rechtsstaatlichen Bewertung nicht im Vordergrund.
XX. GP., 5377/AB, 30.3.1999

Einen Monat später, im April 1999, brachte der Grün-Abgeordnete Wabl einen Entschließungsantrag ins Parlament ein, der die amtswegige Rehabilitierung aller Opfer der NS-Militärjustiz zum Inhalt hatte:

„ ENTSCHLIESSUNGSANTRAG:

Der Nationalrat wolle beschließen:
Alle Urteile der nationalsozialistischen Militärgerichtsbarkeit gegen Österreicher sind von Amts wegen aufzuheben. Die dafür notwendigen Mittel zur Auffindung der Opfer, und Hinterbliebenen und die Aufarbeitung der NS-Militärgerichtsakten sind bereitzustellen.

XX. GP., 1070/A(E), 22.4.1999

Dieser Entschließungsantrag wurde dem Justizausschuss zugewiesen. Dank einer erfolgreichen Akkordierung im parlamentarischen Vorfeld - die Wehrsprecher von SPÖ und ÖVP und das Justizministerium wurden eingebunden - lehnte nur die FPÖ den Entschließungsantrag ab.

„ Abgeordneter Dr. OFNER argumentierte, dass jeder, der einzelne Fälle aufrollen möchte, das tun könne, unabhängig von einem Beschluss des Justizausschusses. Als Deserteur zu sterben, sei aber in keinem Land angesehen, gab er zu bedenken. Viele Hinterbliebene wollten vielleicht gar nicht wissen, dass der Betroffene nicht gefallen, sondern als Deserteur gestorben sei. Schwere Bedenken gegen die Entschliessung äusserte auch Abgeordneter JUNG, der anführte, dass jemand, der beispielsweise seinen Kommandanten erschoss, um von Norwegen nach Schweden zu flüchten, in seinen Augen nicht ehrenhaft sei.

Abgeordnete Mag. STOISITS (G) sieht die Entschliessung hingegen als Akt zur „historischen Hygiene". Es sei nach wie vor so, dass Deserteure als Feiglinge, Vaterlandsverräter oder Kameradenschweine angesehen würden, kritisierte sie, hier gelte es, Bewusstseinsarbeit zu leisten.

Abgeordneter Dkfm. BAUER (F) sagte dazu, hinter der Entschliessung stecke offensichtlich die Absicht zu vermitteln, es sei „schick und o.k.", Deserteur und Saboteur zu sein.

Parlamentskorrespondenz, Nr. 392, 6.7.1999

Am 14. Juli wurde überraschend schnell und problemlos der Entschließungsantrag auf Initiative der Grünen im Nationalratsplenum mit Stimmenmehrheit angenommen. Darin wurde zunächst die Aufarbeitung der österreichischen Deserteursschicksale gefordert, um anschließend deren juristische Rehabilitierung zu ermöglichen. Alle Parlamentsfraktionen, außer der FPÖ, stimmten dem Antrag zu. Stoisits zeigte sich sehr erfreut:

„ 21.04

Abgeordnete Mag. Terezija Stoisits (Grüne):
Meine sehr geehrten Damen und Herren! Es ist auch hier wesentlich, klarzustellen, daß es den Initiatoren ... in erster Linie darum geht, daß diejenigen, die jahrzehntelang mit dem Makel, „Feiglinge", „Kameradenschweine", „Vaterlandsverräter" und

ähnliches zu sein, leben mußten – und es leben nur noch ganz wenige –, diese späte Genugtuung bekommen.
SP, NR, XX. GP., 180. Sitzung, 14.7.1999, S. 189

2002 kam erneut Bewegung in die politische Diskussion um die Deserteure. Im Jänner kritisierte Stoisits in einer Aussendung, dass „diejenigen Soldaten, die sich nicht dem NS-Terrorsystem unterwerfen wollten", nämlich die Wehrmachtsdeserteure, übergangen würden.[95] Wenige Tage später folgte eine Anfrage an den Sozialminister Herbert Haupt, in der Stoisits wissen wollte, auf welche Entschädigungs- und Versorgungsleistungen die Opfer der NS-Militärjustiz und ihre Angehörigen Anspruch haben.[96] Die Antwort von Haupt war entmutigend:

" ANFRAGEBEANTWORTUNG:
Fragen 1,2 und 5:
Zeiten einer wegen Desertion verhängten Haft in Gefängnissen, Wehrmachtsstraf- oder Konzentrationslagern können grundsätzlich nicht als Ersatzzeiten in der österreichischen Pensionsversicherung angerechnet werden. Voraussetzung für die Anrechnung einer Ersatzzeit gemäß § 228 Abs. 1 Z 4 ASVG ist, dass die Freiheitsbeschränkung nicht auf Grund einer Tat erfolgt, die nach österreichischen Gesetzen im Zeitpunkt der Begehung strafbar war oder strafbar gewesen wäre. Unter der Annahme der Weitergeltung der am 12. März 1938 in Geltung gestandenen Rechtsvorschriften wäre Desertion strafbar gewesen.
XXI. GP., 3243/AB, 4.3.2002

Die Abgeordnete empörte sich über den Inhalt dieser Anfragebeantwortung: „Das ist ein Denkmuster, das es bedauerlicherweise lange nach dem Krieg gegeben hat, diese Zeiten sollten aber vorbei sein."[97] In einer weiteren umfangreichen Anfrage stellte Stoisits zunächst klar, dass die NS-Gerichte der verlängerte Arm des NS-Regimes gewesen seien. Zusätzlich verlangte sie weitere Auskünfte über den versorgungsrechtlichen Status der österreichischen Opfer der NS-Militärjustiz.[98]

Auf Verlangen der Grünen gab es am 17. April 2002 eine parlamentarische Debatte zu der abschlägigen Anfragebeantwortung von Haupt.

" 15.03
Abgeordnete Mag. Terezija Stoisits (Grüne):
57 Jahre nach Ende des Zweiten Weltkriegs und 57 Jahre nach der Befreiung

95 OTS 0148, 29.1.2002
96 XXI. GP., 3359/J, 31.1.2002
97 APA 0037, 23.3.2002
98 XXI. GP., 3715/J, 4.4.2002; 3686/AB, 3.6.2002

vom Nationalsozialismus ist es meiner Ansicht nach wirklich höchste Zeit, dass wir Widerstand und Verweigerung von Menschen gegen das nationalsozialistische Regime, gegen die Intentionen des Nationalsozialismus, gegen die Absichten, die mit diesem Krieg verfolgt wurden, endlich auch anerkennen. Dieser Widerstand hat sich in vielfältigster Form ausgedrückt. Eine seiner Facetten war die Weigerung von Menschen, diesem verbrecherischen Regime zu dienen, indem sie sich dem Dienst in der Wehrmacht entzogen haben.

Seit 57 Jahren erleben so genannte Wehrmachtsdeserteure eine leidvolle Geschichte. Es ist keine Geschichte anerkannter Widerstandskämpfer oder Helden, anerkannter hochgesinnter Demokraten. Nein, meine Damen und Herren, es handelt sich um eine 57 Jahre andauernde Stigmatisierung und Diskriminierung, die diese Menschen durchmachen mussten. ...

Die zweite Wunde, die ihnen zugefügt wurde – und das sagen alle Deserteure, die es heute wagen, sich an die Öffentlichkeit zu wenden, und es ist immer noch ein Wagnis, meine sehr geehrten Damen und Herren! –, ist, dass sie bisher keinerlei positiven Zuspruch erfahren haben. *(Beifall bei den Grünen.)*

Selbst die dafür vorgesehene Einrichtung der Republik, nämlich der Nationalfonds für die Opfer des Nationalsozialismus, hat bis heute noch nicht zur Entscheidung gefunden, Deserteure der Wehrmacht und Opfer der NS-Militärgerichtsbarkeit als Opfer des Nationalsozialismus anzuerkennen. Ich bin allerdings voller Hoffnung, dass das demnächst der Fall sein wird. Bisher wurden diese Opfer nur mit Schmach und Schande bedacht.

Meine sehr geehrten Damen und Herren! Mit dieser eindeutigen Stellungnahme der Bundesregierung habe ich dieses Kapitel eigentlich als abgeschlossen betrachtet. Man kann sich aber nicht genug wundern: Es ist Ihre Anfragebeantwortung, Herr Bundesminister, die vor einem Monat bei uns eingelangt ist und in der Sie uns schlicht und einfach mitteilen, dass die Voraussetzung für die Anrechnung einer Ersatzzeit für die Pensionsanrechnung die ist, dass die Freiheitsbeschränkung, in diesem Fall Gefängnisstrafe, nicht auf Grund einer Tat erfolgt sei – und da zitiere ich Sie jetzt wörtlich –, „die nach den österreichischen Gesetzen im Zeitpunkt der Begehung strafbar war oder strafbar gewesen wäre ..."

Herr Bundesminister! Die heutige Diskussion soll Ihnen Gelegenheit geben, hier klare Worte zu sprechen. Es handelt sich **nicht** um eine Diskussion gegen Sie oder gegen die Geschichte der letzten Jahrzehnte, sondern es soll eine Möglichkeit eröffnet werden, in gewisser Hinsicht einen Neubeginn und Neustart zu machen, meine sehr geehrten Damen und Herren. Feiglinge, Verräter, Vaterlandsverräter waren diese Menschen in den Augen vieler und in den Augen der politisch Verantwortlichen in Österreich lange genug. Wir wollen einen kleinen, bescheidenen Beitrag dazu leisten, dass diese rund 70 Personen, die heute noch leben und die im Rahmen dieses Forschungsprojekts bislang in Österreich eruiert werden konnten, am Ende ihres Lebens wenigstens noch so etwas wie Anerkennung erfahren, Anerkennung in Form einer Entschuldigung für die Schmach *(Präsident*

*Dr. **Fischer** gibt das Glockenzeichen),* die sie nicht so sehr durch die Verurteilung durch die NS-Militärjustiz erfahren haben, sondern durch Österreich, durch seine Einwohner und Einwohnerinnen und durch die österreichische Politik insgesamt. Darum bitte ich Sie, Herr Bundesminister, hier und heute klare Worte zu finden. – Ich danke Ihnen. *(Beifall bei den Grünen.)*

SP, NR, XXI. GP., 100. Sitzung, 17.4.2002, S. 108-10

Im September 2002 beantragten die Grünen die pauschale Rehabilitierung der Opfer der NS-Militärjustiz im NR. Sie forderten die Verabschiedung eines Gesetzesentwurfs, der vom Linzer Universitätsprofessor Reinhard Moos ausgearbeitet worden war und an das Vorbild des deutschen kollektiven Rehabilitierungsgesetzes aus dem Mai 2002 angelehnt war.

” ANTRAG:

Der Nationalrat hat beschlossen:

§ 1 Durch dieses Gesetz werden verurteilende militärstrafgerichtliche Entscheidungen der NS-Militärgerichte an Österreichern, die unter Verstoß gegen elementare Gedanken der Gerechtigkeit nach dem 12. März 1938 zur Durchsetzung oder Aufrechterhaltung des nationalsozialistischen Unrechtsregimes ergangen sind, aufgehoben.

§ 2 Der Nationalrat bezeugt mit diesem Bundesgesetz den Opfern derartiger Verurteilungen und ihren Familien Achtung und Mitgefühl.

XXI. GP., 753/A, 19.9.2002

Wenig später, im November 2002, wurde jedoch neu gewählt. So konnte der Antrag erst in der XXII. Gesetzgebungsperiode behandelt werden. Der Gesetzesantrag zur Rehabilitierung der österreichischen Wehrmachtsdeserteure stand zwar in den folgenden Jahren mehrmals auf der Tagesordnung des Justizausschusses, Einvernehmen aber ließ sich keines herstellen. Kompromissvorschläge und Fristsetzungsanträge der Grünen wurden von den Regierungsfraktionen ÖVP und FPÖ kurzerhand abgelehnt. Zusätzlich versuchte die Regierung die Materie der Rehabilitierung der Wehrmachtsdeserteure vom Justiz- ins Sozialressort zu verlagern.

Obwohl der parlamentarische Entscheidungsprozess de facto zum Stillstand gekommen war, ließ Stoisits gemeinsam mit dem von Richard Wadani gegründeten Personenkomitee „Gerechtigkeit für die Opfer der NS-Militärjustiz“ nicht locker. Auch außerhalb des Parlaments unterstützte sie die Rehabilitierung der Wehrmachtsdeserteure. So nahm sie etwa ab 2002 an zivilgesellschaftlich organisierten Gedenkfeiern für die erschossenen Deserteure im Wiener Donaupark in Kagran teil.

Am 5. Juni 2003 präsentierte das wissenschaftliche Forschungsprojekt zu den Opfern der NS-Militärjustiz seine Ergebnisse. Der nunmehrige Zweite NR-Präsident Heinz Fischer, Stoisits und der Leiter des Forschungsprojektes, Walter Manoschek, luden zu einer Pressekonferenz. Einen Tag darauf wurde von der Regierung die „Entdeckung" der sogenannten Befreiungsamnestie bekanntgegeben, derzufolge alle Urteile der NS-Militärjustiz unmittelbar nach dem Krieg für nichtig erklärt worden waren. Stoisits sprach von einer „Demütigung der Opfer". Für sie ging es „nicht um spitzfindige juristische Erörterungen, sondern um eine historisch-moralische Frage".[99]

Im Jahr 2005 kam es zu einer entscheidenden Wende in der Frage der Anerkennung der Opfer der NS-Militärjustiz. In seiner Eröffnungsrede anlässlich einer Tagung im NR zum Thema „Widerstand in Österreich 1938-1945" im Jänner sprach sich der mittlerweile als Bundespräsident amtierende Heinz Fischer explizit für die Rehabilitierung der Wehrmachtsdeserteure aus. Diese Aussagen wurden im Gegensatz zu einer ähnlichen Rede bei der Enthüllung eines Denkmals für den Widerstandskämpfer Robert Bernardis am 11. Oktober 2004 medial sehr ausführlich wahrgenommen.

Im Februar 2005 verfasste Stoisits einen Kommentar für die Tageszeitung *Der Standard*, in dem sie klar machte, dass sie nicht aufgeben würde, bis eine zufrieden stellende Lösung für die Deserteure gefunden sein würde:

Pilz und Stoisits beim Anbringen einer Tafel mit der Aufschrift „Robert Bernardis Kaserne" am 27.7.2004 an der Fassade der Rossauer-Kaserne, Barbara Gindl, APA/picturedesk.com

99 APA 0620, 6.6.2003

„ Als Abgeordnete und Demokratin werde ich an dem Anliegen der zum Schweigen gebrachten Minderheit beharrlich festhalten und es nicht akzeptieren, dass im Unterschied zur Waffen-SS laut parlamentarischer Anfragebeantwortung des Sozialministers in Österreich gilt: „Zeiten einer wegen Desertion verhängten Haft in Gefängnissen, Wehrmachtsstraf- oder Konzentrationslagern können grundsätzlich nicht als Ersatzzeiten in der österreichischen Pensionsversicherung angerechnet werden."

Der Standard, 12.2.2005

Der endgültige Durchbruch gelang Monate später. Unmittelbarer Anlass dafür war der Ausspruch des Kärntner BZÖ-Bundesrats Siegfried Kampl, dass Deserteure „zum Teil aber Kameradenmörder" seien. Diese Aussage tätigte Kampl im April 2005 während einer von den Grünen entworfenen und von der SPÖ unterstützten Dringlichen Anfrage im Bundesrat zu umstrittenen Aussagen von Justizministerin Miklautsch über Wehrmachtsdeserteure.

„ 17.56

Bundesrat Ing. Siegfried Kampl (Freiheitliche, Kärnten):

Zum Krieg: Deserteure, Kampfeinheit, zum Teil aber Kameradenmörder – Beispiel Eismeer-Front. Russen mit Musik spielten bei den Bunkern um Überläufer, die deutschen Soldaten mögen überlaufen. Neun Kameraden im Bunker, darunter ein Cousin von mir, werden von zwei Überläufern erschossen. Alle neun im Bunker wurden von zwei Überläufern erschossen. Das ist das Problem!

Also wir müssen unterscheiden. Wir müssen unterscheiden, mit welchen Menschen wir es zu tun haben. Diese Art von Deserteuren sind Mörder. Das war immer so und das muss auch in Zukunft so sein, und dafür möchte ich auch das Verständnis von all jenen haben, die für die heutige Situation sehr stark in die Bresche gesprungen sind.

Deserteure, Partisanen in Kärnten, die neben den Kindern den Vater erschossen haben – nicht Einzelfälle. Katastrophale Zustände. Das waren Leutnants, das waren Hauptmänner, das waren die Rädelsführer der kleinen Partisanengruppen.

SP, BR, 720. Sitzung, 14.4.2005, S. 125

Fünf Tage nach diesen Äußerungen von Kampl war ein Justizausschuss angesetzt, in dem Stoisits einen neuen – wieder vom Linzer Strafrechtsexperten Reinhard Moos ausgearbeiteten – Antrag auf ein Bundesgesetz zur Rehabilitierung der Opfer der nationalsozialistischen Strafjustiz einbrachte. Dieser Entwurf wurde – unter heftigem Protest der Grünen – im Justizausschuss erneut vertagt; dennoch gab die ÖVP die Zusage eine Vier-Parteien-Lösung anzupeilen.[100]

100 Parlamentskorrespondenz, Nr. 265, 19.4.2005

Plötzlich drängte auch der Klubobmann der ÖVP, Wilhelm Molterer, auf einen möglichst raschen Konsens. Bei einer Pressekonferenz zum zehnjährigen Jubiläum Wolfgang Schüssels als Parteiobmann stellte er in Aussicht, dass „möglichst noch im ersten Halbjahr 2005" eine politische Entscheidung zu den Deserteuren fallen solle.[101] Wenige Tage später, am 27. April, beantragte die Abgeordnete Stoisits eine Fristsetzung über ihren Antrag 21/A „betreffend ein Bundesgesetz zur Rehabilitierung der Opfer der NS-Militärjustiz".[102]

Im Mai mahnte sie erneut: Das vorgelegte Paket der Regierungsfraktionen gehe über die Wiederverlautbarung bestehender Gesetze aus den Jahren 1945 und 1946 nicht hinaus. Vor allem Pensionszeiten würden den überlebenden Deserteuren nicht angerechnet.[103] Um den Druck auf die Regierungsfraktionen zu erhöhen, brachten die Grünen eine weitere Dringliche Anfrage betreffend Rehabilitierung der Opfer der NS-Militärjustiz an den Bundeskanzler in den Nationalrat ein. Von den 33 gestellten Fragen beschäftigten sich 17 mit den österreichischen Wehrmachtsdeserteuren. Im Folgenden ein Ausschnitt:

> „DRINGLICHE ANFRAGE:
>
> 1. 1995 haben Sie die Aussagen Dr. Jörg Haiders vor ehemaligen Waffen SS-Angehörigen als „ganz unerträglich" bezeichnet, Haider war für Sie nichts anderes als ein „Wiederholungstäter". Im von Ihnen selbst ausgerufenen großen „Gedankenjahr 2005" ist er in Ihren Augen eine „konstruktive Persönlichkeit" geworden. Und zu den Auslassungen von BZÖ-BR Kampl – die entsprechendes internationales Interesse auf sich zogen – schweigen Sie noch immer. Warum verurteilen Sie die Aussagen von FPÖ-BR Gudenus, während bisher Sie zu den Diffamierungen von BZÖ-BR Kampl offensichtlich aus falsch verstandener Koalitionsräson geschwiegen haben und auch nach seinem Rücktritt weiterhin schweigen?
> 3. Sind für Sie Personen als Abgeordnete des österreichischen Parlaments tragbar, die Wehrmachts-Deserteure als „Kameradenmörder" bezeichnet haben?
>
> **XXII. GP., 3025/J, 12.5.2005**

Die Dringliche Anfrage begründete Stoisits so:

> „15.07
>
> **Abgeordnete Mag. Terezija Stoisits** (Grüne):
>
> Deserteure und andere Opfer der NS-Militärjustiz, Kriegsdienstverweigerer – Beispiel: Franz Jägerstätter –, so genannte Selbstverstümmeler, so genannte Wehr-

101 OTS 0150, 22.4.2005

102 SP, NR, XXII. GP., 107. Sitzung, 27.4.2005, S. 63-65

103 Der Standard, 19.5.2005

kraftzersetzer, Saboteure, Meuterer und angebliche Hochverräter und Landesverräter – das ist die Gruppe jener, die in den Kreis der Opfer der NS-Militärjustiz fiel, weil sie ... der Manneszucht der Nazis, wie es damals hieß, nicht entsprochen haben. Das waren die Gründe für die Verurteilung durch NS-Militärgerichte.

Meine Damen und Herren! Es hat der Herr Bundesrat Kampl, der im Bundesrat aus seinem Herzen keine Mördergrube gemacht hat ... die Diskussion darüber in Österreich maßgeblich weiterbewegt. Und was sagte der Herr Bundeskanzler dazu? – Bisher nichts. Zur Tatsache, dass hohe Repräsentanten der Republik im Jahr 2005 Deserteure aus der Wehrmacht als „Kameradenmörder" und als „feig" bezeichnen können, schweigt Bundeskanzler Schüssel bis heute. Deshalb wollten wir diese Auseinandersetzung heute mit ihm führen, um ihm die Möglichkeit zu geben, hier ganz eindeutig dazu Stellung zu nehmen und jene Klärungen, die ausständig sind, hier heute auch vorzunehmen. *(Beifall bei den Grünen und bei Abgeordneten der SPÖ.)*...

Ich komme jetzt zur Geschichte dieser Frage der Anerkennung der Opfer der NS-Militärjustiz. *(Abg. Dr.* ***Partik-Pablé:*** *Warum schreien Sie eigentlich so? Das ist unerträglich!)* 1999 gab es hier im Nationalrat den ersten Schritt bei der Beschäftigung der Politik und bei der demokratischen Auseinandersetzung mit diesem Thema. Es hat damals eine Initiative gegeben, die von vier Parteien mitgetragen wurde – damals waren die Liberalen noch im Nationalrat; wie gesagt, von vier Parteien, es waren damals fünf, die Freiheitlichen waren damals nicht dabei, sie sind es bis heute nicht –, und diese Initiative, die sich damit beschäftigt hat, dass endlich Forschungstätigkeit zu diesem Thema in Österreich Platz greift, ist dann auch aufgegriffen worden. ...

Aber nicht ich allein beschäftige mich damit, da gibt es Forscher, Forscherinnen, große Gruppen, da gibt es ein Personenkomitee, da gibt es die Betroffenen selbst, die sich organisiert haben und die seit drei Jahren zu den Institutionen betteln gehen, um zu ihrem Recht zu kommen, nämlich dazu zu kommen, dass es in diesem Land **Recht** und **nicht Gnade** für Opfer der NS-Militärjustiz und Deserteure gibt. **Das** ist der Punkt! *(Beifall bei den Grünen und bei Abgeordneten der SPÖ.)*

Obwohl es darüber jetzt schon eine fast dreijährige Auseinandersetzung im Justizausschuss gibt – diese Anträge sind wie Wanderpokale: vertagt, das nächste Mal wieder auf der Tagesordnung, nichts passiert, zig Gespräche mit dem damaligen Minister Haupt, mit dem Justizministerium, mit den Fraktionssprechern, aber alles vergeblich –, gibt es noch immer keinen Akt, der dieses Unrecht auch nur in Ansätzen zu benennen versucht, geschweige denn, es wieder gutzumachen. *(Abg. Dr.* ***Fekter:*** *Das stimmt nicht!)*

SP, NR, XXII. GP., 110. Sitzung, 12.5.2005, S. 133-137

Noch während der Behandlung der Dringlichen Anfrage legten die Regierungsfraktionen ÖVP und BZÖ einen Antrag für ein Anerkennungsgesetz vor.[104] Deserteure wurden jedoch darin mit keinem Wort erwähnt. Die Regierungsfraktionen versuchten, das Anerkennungsgesetz, das Kriegsgefangenenentschädigungsgesetz und die „Trümmerfrauenregelung" mit der Rehabilitierung der NS-Opfer zu junktimieren. Stoisits forderte Nachbesserungen, ihrer Meinung nach reichte eine Wiederverlautbarung der alten Gesetze bei weitem nicht aus, vielmehr müsse „eine echte Rehabilitierung" stattfinden.[105]

In der entscheidenden Sitzung des Justizausschusses vom 23. Juni gab es laut Parlamentskorrespondenz eine heftige Debatte über den Opferbegriff. Während die Opposition NS-Opfer meinte, bezogen sich ÖVP und FPÖ auf „alle Opfer des vom nationalsozialistischen Regime zu verantwortenden Krieges".[106] Das ausdrücklich vorgegebene Ziel der Regierung einer Vier-Parteien-Einigung für das Anerkennungsgesetz scheiterte. Es fanden nur Teile des Koalitionsantrags die Zustimmung aller Fraktionen, da sich an den von der Opposition kritisierten Punkten nichts mehr änderte. Stoisits' großer Wurf eines eigenen Bundesgesetzes fand schlussendlich keine Zustimmung.[107]

Am 7. Juli wurde das Anerkennungsgesetz mit den Stimmen der Regierungsfraktionen und der SPÖ beschlossen. Obwohl die Grünen die Hauptantriebskraft hinter der Rehabilitierung der Wehrmachtsdeserteure gewesen waren, stimmten sie dem Anerkennungsgesetz 2005 nicht zu. Stoisits lobte zwar die Anerkennung von Ersatzzeiten der Deserteure in der österreichischen Pensionsversicherung, ging aber mit zentralen Passagen scharf ins Gericht:

> ” ABWEICHENDE PERSÖNLICHE STELLUNGNAHME:
>
> Die kritischen Stellen der Formulierung des Art. I, § 2 in der im Justizausschuss mit den Stimmen der Regierungsparteien beschlossenen Fassung lauten:
>
> „Der Nationalrat bezeugt mit diesem Bundesgesetz ... den aus ihrer Heimat Vertriebenen, allen Opfern des vom nationalsozialistischen Regime zu verantwortenden Krieges ... Achtung und Mitgefühl." Wehrmachtsdeserteure werden hingegen nicht ausdrücklich erwähnt.
>
> **„allen Opfern des vom nationalsozialistischen Regime zu verantwortenden Krieges"**
>
> Die Formulierung vermischt auf eine aus Sicht der Grünen inakzeptable und aufs Schärfste abzulehnende Art Opfer des Nationalsozialismus mit Opfern des Krieges. Eine solche Vermischung müsste gerade in Zeiten unterbunden werden, in

104 XXII. GP., 614/A, 12.5.2005

105 APA 0449, 19.5.2005

106 Parlamentskorrespondenz, Nr. 549, 23.6.2005

107 SP, NR, XXII. GP., 1023 d.B., 23.6.2005

denen es ein Bundesverfassungsgesetz braucht, um BR Kampl als Bundesratsvorsitzenden zu verhindern, welcher von „brutalen Naziverfolgungen" spricht und Wehrmachtsdeserteure als „Kameradenmörder" diffamiert und beleidigt.

„aus ihrer Heimat Vertriebenen"

Ebenso inakzeptabel ist die Formulierung „aus ihrer Heimat Vertriebenen". Durch diese Wortwahl wird der Personenkreis, dem mit dem Anerkennungsgesetz im Gedenkjahr 2005 Achtung und Mitgefühl bekundet werden soll, zu weit gezogen. Es wird bewusst versucht einmal mehr ein gesamtösterreichisches Opferkollektiv herzustellen, und die Unterschiede zwischen NS-Opfern und Kriegsopfern aber auch den Unterschied zwischen Opfern und Tätern zu verwischen. Dem ist striktest entgegenzutreten.

Keine explizite Erwähnung der Wehrmachtsdeserteure

Noch immer stoßen Wehrmachtsdeserteure auf Unverständnis bis hin zu persönlichen Angriffen angesichts ihrer Handlungen, die sie meist aus einer Vielzahl von Gründen gesetzt haben. Es bleibt einmal mehr festzustellen, das Entscheidende war die richtige Tat, das Verlassen der Wehrmacht. Auch die Angehörigen von Wehrmachtsdeserteuren litten und leiden zum Teil bis heute unter der fortgesetzten Stigmatisierung. Solchen Verhältnissen sollte jedoch bereits seit Beginn der Zweiten Republik und insbesondere spätestens im Gedenkjahr 2005 unmissverständlich entgegengetreten werden.

Daher halten die Grünen es für selbstverständlich und unumgänglich, dass ein Gesetz, das in erster Linie erlassen werden sollte, um eine späte Rehabilitierung der Wehrmachtsdeserteure im Gedenkjahr 2005 zu erreichen, logischerweise zumindest einmal das Wort „Wehrmachtsdeserteur" enthält. Umso bedauerlicher ist, dass die Regierungsparteien vereint dagegen gewehrt haben.

Die Grünen hätten dem gesamten Anerkennungsgesetz 2005 im Justizausschuss aufgrund ihrer jahrelangen intensiven Bemühungen um eine umfassende Rehabilitierung der Opfer der NS-Militärjustiz gerne zugestimmt. Art I § 2 in der nunmehr beschlossenen Fassung ist jedoch leider keine Formulierung, welche zweifellos klarstellen würde, wer Opfer des Nationalsozialismus ist und wer nicht.

Weiters lehnen die Grünen die Vorgehensweise, dass augenscheinlich als Voraussetzungen für das Anerkennungsgesetz die gleichzeitige Erlassung eines Bundesgesetzes, mit dem eine einmalige Zuwendung für Frauen als Anerkennung für ihre besonderen Leistungen beim Wiederaufbau der Republik Österreich geschaffen wird, sowie des Bundesgesetzes, mit dem das Kriegsgefangenenentschädigungsgesetz, das Kriegsopferversorgungsgesetz und das Heeresversorgungsgesetz geändert wurden, in den jeweiligen Ausschüssen beschlossen wurde, strikt ab. Die Zusammenwürfelung verschiedener Opfergruppen in einem „NS-Paket" entspricht 60 Jahre nach der Niederlage des Nationalsozialismus keiner adäquaten politischen Vergangenheitsbewältigung.

XXII. GP., 1024 d.B., 30.6.2005

Erfolg

Trotz der Ablehnung des Anerkennungsgesetzes durch die Grünen waren die Entschädigungs- und Versorgungsleistungen für die Wehrmachtsdeserteure im Anerkennungsgesetz ein großer politischer Erfolg. Der Kampf für die rechtliche Rehabilitierung der Wehrmachtsdeserteure, der bereits im Jahr 1999 gestartet worden war, fand nach sieben Jahren seinen vorläufigen Höhepunkt, nicht aber seinen Abschluss. Die gesellschaftliche und öffentlich bekundete Rehabilitierung lässt weiter auf sich warten.

Einrichtung des Versöhnungsfonds

Gehört das Thema Zwangsarbeit zu den Aufgaben des Nationalfonds? – Terezija Stoisits sprach sich schon 1998 vehement für die Aufnahme dieses Themas in dessen Agenden aus.[108] Zwei Jahre später, 2000, wurde der Versöhnungsfonds für die Entschädigung von NS-ZwangsarbeiterInnen schließlich beschlossen.[109]

Nur wenige Tage nach der Angelobung der neuen schwarz-blauen Regierung, am 15. Februar, setzte Bundeskanzler Schüssel die Ex-Nationalbankpräsidentin Maria Schaumayer als Regierungsbeauftragte für die Entschädigung ehemaliger NS-ZwangsarbeiterInnen ein. Diesen Vorschlag hatte er bereits Ende 1999 mit Viktor Klima besprochen.

Noch im Frühjahr 2000 legte die Regierungsbeauftragte Schaumayer den Entwurf des Fondsgesetzes für NS-Zwangsarbeiter (Versöhnungsfondsgesetz) zur Begutachtung vor. ParlamentarierInnen, ExpertInnen, sowie Mitglieder der HistorikerInnenkommission und WirtschaftsvertreterInnen diskutierten den Gesetzesentwurf. Stoisits kritisierte, dass das geplante Kuratorium zur Leitung des Fonds nicht die Beteiligung aller Parlamentsparteien vorsah.

Im Juli 2000 wurde das Gesetz zur Einrichtung des Versöhnungsfonds von SPÖ, ÖVP, FPÖ und den Grünen einstimmig im Parlament beschlossen. 150.000 noch lebende NS-ZwangsarbeiterInnen sollten mit insgesamt sechs Milliarden Schilling – umgerechnet 436 Millionen Euro – finanziell entschädigt werden. Laut Stoisits könne sich Österreich damit aber nicht von der Vergangenheit freikaufen oder einen „Schlussstrich" unter das Thema ziehen:

„ 10.11

Abgeordnete Mag. Terezija Stoisits (Grüne):

Aber, meine sehr geehrten Damen und Herren, dieses Gesetz ist keineswegs – und so sehe ich es – ein Freikaufen von dieser eigenen Geschichte und von der Last der eigenen Geschichte, auch wenn es manche so sehen wollen, sondern ich sehe es als Chance, unsere Haltung in der Geschichte der Zweiten Republik zu allen Opfern des Nationalsozialismus zu verändern und nicht nur das Schicksal der Opfer, sondern auch das Erbe unserer Kinder in Bezug auf unsere Geschichte zu erleichtern. Das ist das, was dieses Gesetz sein wird.

Einen Schlussstrich wird kein Gesetz, das den Opfern Gesten gibt, jemals ziehen können, denn das ist es, was mein und unser aller Hauptanliegen sein sollte:

108 SN, 5.11.1998

109 Der vollständige Titel des Gesetzes lautete: „Bundesgesetz über den Fonds für freiwillige Leistungen der Republik Österreich an ehemalige Sklaven- und Zwangsarbeiter des nationalsozialistischen Regimes (Versöhnungsfonds-Gesetz)".

dass es keinen Schlussstrich geben kann in der eigenen Aufarbeitung der Geschichte der Republik und vor allem niemals einen Schlussstrich geben kann in der Auseinandersetzung mit den Opfern des Nationalsozialismus und damit, was der Holocaust und der Nationalsozialismus an Elend, an menschlicher Tragödie über diese Welt gebracht haben. Da wird es nie Schlussstriche geben, auch wenn Regierungsabgeordnete dieses Wort noch so gerne in den Mund nehmen. *(Beifall bei den Grünen und bei Abgeordneten der SPÖ.)*
SP, NR, XXI. GP, 34. Sitzung, 7.7.2000, S. 33-35

Bereits im Jahr 2002 erledigte der Versöhnungsfonds 77.659 Auszahlungen über 198 Millionen Euro.[110] 2004 wurde allerdings klar, dass nicht alle vorgesehenen Gelder ausgezahlt werden würden. Deshalb entbrannte ein heftiger politischer Streit darüber wie diese verbliebenen Mittel verteilt werden sollten. Ein Vorschlag sah folgendermaßen aus:

„ Die grüne Mandatarin Terezija Stoisits plädiert dafür, die Mittel zu teilen: Ein Teil könnte an Sozialprojekte für Betroffene bzw. deren Nachkommen gehen. Mit einem weiteren Teil könnten Entschädigungszahlungen an „Arisierungs"-Opfer beglichen werden. Mit dem dritten Teil des Geldes könnte eine Stiftung gegründet werden, die unter anderem zur Finanzierung der Antisemitismusforschung dienen sollte.
SN, 2.8.2004

Ende Dezember 2004 beschloss das Kuratorium des Versöhnungsfonds schließlich die weitere Verwendung der verbliebenen 100 Millionen Euro: etwa 30 Millionen sollten zur Durchführung humanitärer Projekte für ZwangsarbeiterInnen zur Verfügung gestellt werden; 20 Millionen gingen an den Allgemeinen Entschädigungsfonds; 20 Millionen an den sogenannten Zukunftsfonds; 25 Millionen an eine Stipendienstiftung; 5 Millionen wurden zur Lösung offener Fragen vorgesehen. Stoisits kritisierte sowohl den Zukunftsfonds als auch die Stipendienstiftung, da die notwendige administrative Sparsamkeit damit vernachlässigt[111] und zusätzliche Bürokratie finanziert würde.[112] Wieder einmal fiel der parlamentarische Beschluss ohne die Zustimmung der Grünen.

„ Massive Kritik am Koalitionsentwurf übte auch Abgeordnete Terezija Stoisits (G). Sie wies darauf hin, dass das Restvermögen des Versöhnungsfonds immerhin rund 1 Mrd. S (72,67 Mill. €) betrage. Dass mit den verbliebenen Mitteln auch Sti-

110 Kurier, 17.10.2002

111 Der Standard, 21.12.2004

112 Die Presse, 21.12.2004

pendien vergeben und Projekte und wissenschaftliche Arbeiten gefördert werden sollen, dagegen sei grundsätzlich nichts einzuwenden, sagte Stoisits, sie habe sich aber schon im Kuratorium des Versöhnungsfonds dafür ausgesprochen, das Geld – unter Vorgabe des Verwendungszwecks – dem beim Parlament eingerichteten Nationalfonds zu überantworten. „Wozu braucht man zwei neue Fonds, wenn ich schon einen habe?" fragte sie.

Sie habe der Einrichtung eines Zukunftsfonds und einer Stipendienstiftung im Kuratorium des Versöhnungsfonds schließlich doch ihre Zustimmung gegeben, skizzierte Stoisits, nicht zuletzt deshalb, weil ihr von Bundeskanzler Wolfgang Schüssel zugesichert worden sei, dass hinsichtlich der Ausgestaltung dieser beiden Einrichtungen ein Konsens mit allen Fraktionen gesucht würde.

Umso mehr zeigte sich Stoisits über den vorliegenden Gesetzentwurf enttäuscht und brachte namens der Grünen einen Abänderungsantrag ein, der bei der Abstimmung jedoch lediglich von der SPÖ mitunterstützt wurde und damit in der Minderheit blieb. Stoisits urgierte unter anderem die Bestellung von sechs Kuratoriumsmitgliedern des Zukunftsfonds durch den Hauptausschuss des Nationalrats, eine öffentliche Ausschreibung der Position des Generalsekretärs, die Kontrolle des Zukunftsfonds nicht nur durch den Rechnungshof, sondern auch durch die Volksanwaltschaft und die Einbindung des Hauptausschusses des Nationalrats bei der Bestellung des Stiftungsrates der Stipendienstiftung. Darüber hinaus sprach sie sich wie die SPÖ ausdrücklich dafür aus, bei der Definition des Verwendungszwecks der Fondsmittel nicht auf sämtliche totalitäre Systeme abzustellen.

Anlaufstelle der IKG Wien für Jüdische NS-Verfolgte in und aus Österreich, 21.10.2005

Einrichtung des Allgemeinen Entschädigungsfonds

Die Gründung des Allgemeinen Entschädigungsfonds war das Kernstück des sogenannten Washingtoner Abkommens. Dieses Abkommen wurde im Jänner 2001 zwischen der Republik Österreich, den Vereinigten Staaten von Amerika, der „Conference on Jewish Material Claims", der Israelitischen Kultusgemeinde, österreichischen Wirtschaftsunternehmen und einzelne Sammelklagen vertretenden RechtsanwältInnen geschlossen.

Der Allgemeine Entschädigungsfonds sollte Verluste und Schäden aus der NS-Zeit abgelten. Zielgruppe des Fonds waren jene NS-Opfer, die entweder noch nicht entschädigt worden waren oder deren Rückstellung bei vorangegangenen Verfahren als extrem ungerecht zu bewerten war. Insgesamt standen dem Entschädigungsfonds 180 Millionen Euro (210 Millionen US-Dollar) zur Auszahlung zur Verfügung. Bis 2003 gingen über 19.000 Anträge von überlebenden NS-Opfern oder deren ErbInnen ein.

Die Auszahlung der Entschädigungen verzögerte sich jedoch immer wieder. Die Regierung hatte nämlich im Entschädigungsfondsgesetz festgeschrieben, dass zuerst Rechtssicherheit vor amerikanischen Sammelklagen geschaffen werden müsse, bevor es zu Auszahlungen der Gelder kommen könne. Auf Anregung von Stoisits wurde im Kuratorium des Nationalfonds, dem sie seit 1996 angehörte, deshalb darüber nachgedacht, Vorauszahlungen für einzelne Forderungen zu gewährleisten. Ein gemeinsamer Antrag aller Parlamentsparteien dazu wurde im Juli 2005 eingebracht, ohne jedoch die Entkoppelung von Rechtssicherheit und Vorauszahlungen vorzunehmen.[113] In der Parlamentsdebatte im November zu der Frage der Vorauszahlungen lag genau dieser Antrag zur Abstimmung vor. Stoisits versuchte buchstäblich in letzter Minute das Ruder herumzureißen:

" 10.10

Abgeordnete Mag. Terezija Stoisits (Grüne):

Deshalb, geschätzte Kolleginnen und Kollegen, Herr Präsident, Frau Präsidentin und Herr Klubobmann Scheibner, appelliere ich heute – übrigens genauso wie damals im Ausschuss, als wir dieses Gesetz dort beraten haben; das war bereits im September, also schon wieder zwei Monate zurück – intensiv an Sie, das zu tun, was von Seiten des Gesetzgebers und von Seiten der Republik Österreich heute angebracht wäre, nämlich die Frage der Vorauszahlungen für die betagten Opfer, die Claims-Anträge eingebracht haben, von der Frage der Rechtssicherheit zu entkoppeln.

SP, NR, XXII. GP., 127. Sitzung, 16.11.2005

113 XXII. GP., 670/A, 7.7.2005

Trotz dieses Appells wurde die Vorauszahlung weiter an die Rechtssicherheit und die Zurückziehung der letzten offenen Klage in den USA gebunden. Dieses Beharren auf der Verknüpfung der Auszahlung mit der Rechtssicherheit vor amerikanischen Sammelklagen bezeichnete Stoisits als „völlig unwürdig gegenüber den noch Lebenden".[114]

Am 17. Jänner 2008, dem siebenten Jahrestag des Washingtoner Abkommens, war immer noch ein Großteil der Fälle offen. Es fehlte an politischem Willen, die Verfahren zu verkürzen.[115] Stoisits hatte also Recht behalten mit ihrer Vermutung, dass sich die Sache in die Länge ziehen würde.

114 Der Standard, 22.9.2005

115 Die Presse, 18.1.2008

Weitere Politikfelder

Minderheiten, Menschenrechte, Justiz und die politische Aufarbeitung der jüngeren österreichischen Geschichte – in anderen Fraktionen hätten diese Themenfelder spielend dazu ausgereicht, vier Abgeordnete und ihre MitarbeiterInnen zu beschäftigen. Im vergleichsweise kleinen Klub der Grünen war eine solche Ballung von SprecherInnenrollen jedoch keine Seltenheit.

Stoisits beackerte in ihren 16 Mandatarsjahren über die vier dargestellten Bereiche hinaus noch weitere Felder der österreichischen Innen- und Außenpolitik. Das verblüffende Spektrum reichte von der Legalisierung des Uhudlers bis zur Sexismusdebatte, von Wahlbeobachtungen im Ausland bis zur verfassungsjuristischen Arbeit im Österreich-Konvent.

Stoisits und Christine Heindl (mit Sohn) während einer Demonstration der Grünen vor der jugoslawischen Botschaft in Wien am 27.6.1991, Robert Jäger, APA/picturedesk.com

Die Bevölkerung liest keine Völkerrechtsbücher

Debatte über die staatliche Anerkennung von Kroatien und Slowenien

Nach dem Zerfall Ex-Jugoslawiens ergriffen Stoisits und die Grünen früh Position für die völkerrechtliche Anerkennung von Kroatien und Slowenien. Zwei Dokumente aus dem März 1991 bezeugen dieses Engagement:

> „ENTSCHLIESSUNGSANTRAG:
>
> Die Bundesregierung wird aufgefordert, alle notwendigen Schritte zur vollen Anerkennung der Republik Slowenien als eigenständigen und souveränen Staat zu setzen, sobald die Republik Slowenien das wünscht.
>
> XVIII. GP., 104/A(E), 13.3.1991

Gleichlautend wurde ein Entschließungsantrag für die Anerkennung Kroatiens eingebracht.[116] Der Ausbruch des blutigen Kriegs zwischen den Nachfolgestaaten Ex-Jugoslawiens im Juni 1991 bestätigte die Dringlichkeit des Ansinnens.

Nach diesen ersten parlamentarischen Vorstößen der Grünen verabschiedete der Außenpolitische Ausschuss am 4. Juli 1991 einstimmig eine vorsichtige Entschließung zur politischen Lage in Jugoslawien nach den Unabhängigkeitserklärungen Sloweniens und Kroatiens:

> „ENTSCHLIESSUNG:
>
> 4. Die Bundesregierung wird ferner ersucht, unter Berücksichtigung der internationalen Position Österreichs und bei Prüfung des Standpunktes der EG, Slowenien und Kroatien anzuerkennen, wenn die völkerrechtlichen Voraussetzungen hiefür vorliegen und wenn dadurch nicht ein sich allenfalls konstruktiv entwickelnder Verhandlungsprozeß gestört wird.
>
> SP, NR, XVIII. GP., 218 d.B., 4.7.1991

In der Debatte im Nationalrat wenige Tage später präzisierte Stoisits ihren Standpunkt, warum sich Österreich für Kroatien und Slowenien einsetzen sollte:

> „13.52
>
> **Abgeordnete Mag. Terezija Stoisits** (Grüne):
>
> Meine Damen und Herren! Slowenien und Kroatien sind nicht irgendwelche europäischen Länder, das sind unsere direkten Nachbarstaaten, mit denen wir seit vielen Jahrzehnten, seit Jahrhunderten aufs engste miteinander verbunden sind. Auch

116 XVIII. GP., 105/A (E), 13.3.1991

wenn es sich noch nicht bis zum Herrn Klubobmann Fuhrmann durchgesprochen hat, daß Slowenisch seit tausend Jahren eine eigenständige Sprache und nicht ident mit der serbischen Sprache ist *(Abg. Dr. **Fuhrmann**: Ich habe es ja nicht behauptet!)*, auch wenn Sie es noch nicht wissen, wird die österreichische Bevölkerung aus diesem Verhalten wohl nur einen Schluß ziehen können. Die Bevölkerung, sehr geehrter Herr Dr. Fuhrmann, liest keine Völkerrechtsbücher, liest keine Völkerrechtsexpertisen, die österreichische Bevölkerung besteht zum überwiegenden Teil nicht aus Diplomaten und Völkerrechtlern, sondern das sind Menschen mit einem Empfinden und mit einem Solidaritätsgefühl für Nachbarvölker, denen sie das zugestehen wollen, was sie für sich selbst in Anspruch nehmen. *(Beifall bei den Grünen.)*

Ich, als Angehörige einer Minderheit in Österreich, bin wahrscheinlich diejenige, die das Recht hat, hier zu sagen, daß ich alles andere als eine Nationalistin bin, die nationalistischen Bestrebungen und Bewegungen in diesen beiden Ländern Vorschub leisten möchte. Aber ich bin der Auffassung, daß neue, unabhängige und junge Demokratien, egal, wo und in welchem Teil Europas sie dieses Selbstbestimmungsrecht in Anspruch nehmen möchten, das Recht haben, das zu tun. Die Demokratien und wir als Demokraten haben allerdings eine Verpflichtung: ganz klar und deutlich zu hinterfragen, wie es diese jungen Demokratien mit den Rechten der nationalen Minderheiten in ihren Bundesstaaten halten. Wir könnten das Korrektiv von außen sein, um diese nationalistischen Strömungen, die es – und das gebe ich zu – auch in Kroatien natürlich in einem hohen Ausmaß gibt, zu hinterfragen, und wir könnten es auch sein, die die Rechte der nationalen Minderheiten in diesen neuen Demokratien einklagen. *(Beifall bei den Grünen.)* Aber wir haben ein Recht nicht: einem Nachbarvolk diese Eigenständigkeit, die wir für uns selbst in Anspruch nehmen, nicht zuzugestehen.

SP, NR, XVIII. GP., 35. Sitzung, 8.7.1991, S. 3297-98

Die Entschließungsanträge der Grünen, immer drängender formuliert, wurden in der Nationalratssitzung vorerst weiter abgelehnt. In den folgenden Monaten schlossen sich der österreichische Außenminister Alois Mock und die Bundesregierung aufgrund des eskalierenden kriegerischen Konflikts zwischen Serbien und Kroatien allerdings der Grünen Position an. Sie plädierten ebenfalls für die staatliche Anerkennung von Kroatien und Slowenien.

Dennoch wurden die Anträge der Grünen zur sofortigen Anerkennung Sloweniens und Kroatiens bei der Nationalratssitzung am 17. September erneut abgelehnt. Angenommen wurde stattdessen eine viel vorsichtigere Entschließung von ÖVP und SPÖ, in der die Bundesregierung ersucht wurde, die Anerkennung der beiden Staaten im Einklang mit anderen Staaten vorzunehmen.[117] Dieses Zögern und Zaudern der Regierung attackierten die Grünen heftig.

117 SP, NR, XVIII. GP., 38. Sitzung, 17.9.1991, S. 3743

„ 12.32
Abgeordnete Mag. Marijana Grandits (Grüne):
Gorbatschov hat gesagt: Wer zu spät kommt, den bestraft die Geschichte. Ich sage oder wage es zu behaupten: Wir und Europa, wir sind schon zu spät dran.
SP, NR, XVIII. GP., 38. Sitzung, 17.9.1991, S. 3745

In den darauf folgenden Monaten löste sich die Regierung langsam von ihrer übermäßigen Vorsicht, sodass im Dezember 1991 schließlich alle vier Fraktionen einen gemeinsamen Entschließungsantrag in den Nationalrat einbringen konnten:

„ ENTSCHLIESSUNGSANTRAG:
Der Nationalrat wolle beschließen:
Die Bundesregierung wird ersucht,
1. die Anerkennung von Kroatien und Slowenien vorzunehmen und darüber im Lichte der Beschlüsse des UN-Sicherheitsrates und des diesbezüglichen Zeitplanes anderer europäischer Staaten in einer Sitzung des Ministerrates so schnell wie möglich zu entscheiden *(Beifall bei ÖVP und SPÖ und bei den Grünen)*;
2. in jenem Schreiben, womit den beiden Republiken die Anerkennung ausgesprochen wird, folgendes zum Ausdruck zu bringen:
„Österreich geht davon aus, daß dieses Staatswesen auf den auch in internationalen Vereinbarungen festgelegten Prinzipien der Demokratie, der Rechtsstaatlichkeit und der Achtung der Menschenrechte, einschließlich der Rechte aller Volksgruppen, beruht. Die volle Beachtung dieser Prinzipien, insbesondere die Sicherstellung der gleichberechtigten Mitwirkung aller Bevölkerungsgruppen an der politischen Willensbildung ist Voraussetzung für eine Aufnahme in den Kreis der demokratisch-pluralistischen Staaten Europas";
3. nach der Anerkennung darauf hinzuwirken, daß auch andere Staaten Kroatien und Slowenien anerkennen, und insbesondere gemeinsam mit den Staaten der EG und der Gruppe der 24 Industrieländer ein großzügiges Wiederaufbauprogramm einzuleiten und daran tatkräftig mitzuwirken. *(Beifall bei ÖVP und SPÖ und bei den Grünen sowie Beifall des Abg.* ***Scheibner.****)*

SP, NR, XVIII. GP., 49. Sitzung, 5.12.1991, S. 4906

Erfolg

Die völkerrechtliche Anerkennung Sloweniens und Kroatiens durch Österreich folgte im Jänner 1992. Sie war durch das ständige Drängen der Grünen erheblich beschleunigt worden. Nach langen Monaten des Lavierens schloss sich die Bundesregierung der Grünen Position einer sofortigen Anerkennung schließlich an.

Resistent gegen alle tierischen Schädlinge

Legalisierung der Direktträger-Rebsorte des südburgenländischen Uhudlers

Im Zuge einer Verschärfung des österreichischen Weingesetzes Mitte der 1980er Jahre, die auf den so genannten Glykolwein-Skandal 1985 zurückging, wurde auch der sogenannte Uhudler, der vorher nur beschränkt als „Haustrunk" zugelassen gewesen war, zur Gänze aus dem Weingesetz gestrichen und damit verboten.

Ab dem 20. Juni 1991 debattierten die NR-Abgeordneten im Ausschuss für Land- und Forstwirtschaft über eine Regierungsvorlage zur Änderung des Weingesetzes von 1985 und einen Entschließungsantrag von Andreas Wabl zur Zulassung von Zusatzstoffen bei der Weinbehandlung. Damit wäre auch der Uhudler wieder legalisiert worden. Am 3. Dezember 1991 fand im Nationalrat die Debatte über die Weingesetz-Novelle und den Entschließungsantrag der Grünen statt. In dieser Parlamentsdebatte huldigte die Abgeordnete Stoisits dem lange unwillkommenen Produkt:

„ 22.03

Abgeordnete Mag. Terezija Stoisits (Grüne): Meine Damen und Herren! Ich habe gerade zum Kollegen Khol gesagt, Wein ist eigentlich etwas so Lustvolles *(Heiterkeit)*, und man kann auch lustig werden vom Wein *(Abg.* ***Roppert****: Manche werden auch schwermütig!)*, darum erlauben Sie mir, daß ich Ihnen jetzt noch ein paar Erläuterungen zu einem heute abend schon oft genannten Begriff gebe, denn alle reden vom Uhudler, aber kaum einer kennt das tragische und schwere Schicksal des Uhudlers in den letzten Jahrzehnten. *(Abg. Dipl.-Ing.* ***Flicker****: Jetzt werden wir es hören!)* Jetzt werden Sie es hören, Herr Kollege Vetter *(Abg.* ***Vetter****: Flicker!)*, denn dort, wo Sie herkommen, das ist eine ganz entrische Gegend *(lebhafte Heiterkeit – Abg. Vetter: Keine Verdächtigungen!)*, dort wächst kein so schmackhafter Wein wie der Uhudler: Meine Damen und Herren! Die Geschichte des Uhudlers ist die Geschichte der Diskriminierung eines höchst schmackhaften Getränks.

Denn - und jetzt hören Sie! - wenn Trauben so klingende Namen haben wie Noah, Isabella, Concordia, Klimten, Ripadella, Othello –, ja kann denn da etwas herauskommen, was nicht schmackhaft und nicht wirklich eine Gaumenfreude wäre? *(Abg. Dipl.-Ing.* ***Flicker****: Der Othello kann keine Gaumenfreude sein! Da hat jemandem der Hals weh getan!)* Und diese schmackhaften, großen Gaumenfreuden sind der österreichischen Bevölkerung und darüber hinaus auch ganz Mitteleuropa, würde ich sagen, über Jahrzehnte vorenthalten worden durch die Diskriminierung dieser Selbstträgersorten, der sogenannten Hybriden, die bereits im Jahre 1936 verboten worden sind. 1936 ist die Anpflanzung dieser Direktträgerreben, die in der Gegend, aus der ich komme, im Südburgenland, eine hundertjährige Geschichte und Tradition haben, schlicht und einfach verboten worden.

Wir haben gemeinsam mit dem Kollegen Kirchknopf einen Kampf geführt. Er hat sich schon länger für diese diskriminierte Weinsorte eingesetzt als ich, aber er hat sich halt nicht so recht getraut, da mußten erst die Grünen kommen und endlich den Antrag stellen. *(Abg.* ***Kirchknopf*** *schlägt die Hände zusammen.)* Und jetzt sind wir erfolgreich in unseren Bemühungen um diese Direktträger, deren Anpflanzung 1936 verboten wurde. Im Jahre 1961 wurde sogar das Inverkehrsetzen gänzlich verboten, und es war nur noch so ein Schluckerl zu Hause im Keller erlaubt.

Aber – und jetzt kommt der springende Punkt – das war noch nicht das Ende der traurigen Geschichte dieser Südburgenländischen Rarität. Im Jahre 1985 ist man sogar hergegangen und hat gesagt: Das ist gar nicht Wein, sondern das ist nachgemachter Wein! *(Abg.* ***Roppert****: Essig!)* Damit war nicht nur fast das Ende des Uhudlers besiegelt, sondern das letzte Rückzugsgebiet des Uhudlers und dieser Direktträger, diese Eigenheit des Südburgenlandes, waren in ihrem Bestand akut gefährdet, denn – und es ist mir wichtig, das hier zu betonen – es gibt eine Anbaufläche von nur 15,7 Hektar, und die durchschnittlichen Weingartenanbauflächen sind nur 4 bis 6 Ar groß.

Meine Damen und Herren! Da kann man doch wirklich nicht davon sprechen, daß dieser Uhudler-Anbau irgend jemanden gefährdet, irgend jemandem in seiner Existenz etwas wegnimmt. *(Abg.* ***Roppert****: Kollegin, warum wurde er verboten?)* Das waren in Wahrheit jahrelang die Argumente der reichen Weinbauern aus dem Nordburgenland, aus dem Weinviertel und aus der Badener Gegend, aber jetzt ist man endlich zur Besinnung gekommen und hat diese Weinsorten, die ein so prägendes Landschaftselement im Südburgenland sind, wieder gestattet. Denn, meine Damen und Herren, mit dem Uhudler wäre ja nicht nur eine Weinsorte gestorben, sondern auch etwas, was so typisch und so wertvoll ist für unsere Gegend und was unserer wirtschaftlich so benachteiligten Gegend jetzt wieder in einem beschränkten Ausmaß auf die Sprünge helfen kann.

Wie soll man einen Uhudler beschreiben für solche, die ihn noch nie verkostet haben? Der Herr Minister hat ihn verkostet, wie er uns in der Anfragebeantwortung geschrieben hat. Man könnte ihn am besten als ein sehr fruchtiges Getränk charakterisieren. *(Abg.* ***Schwarzenberger****: Das glaube ich nicht!)* Dieser Uhudler hat nicht nur Bedeutung als eine regionale Spezialität für das Südburgenland, sondern er ist ein klassischer grüner Wein, würde ich sagen.

Der Uhudler ist resistent gegen fast alle Pilzerkrankungen und andere tierische Schädlinge. *(Abg.* ***Roppert****: Und was sagen die Rebläuse dazu?)* Er wird in einer fast gänzlich chemiefreien Produktion hergestellt, schmeckt gut und ist nicht, wie viele es über Jahrzehnte immer wieder beteuert und damit diesen Wein denunziert haben, gesundheitsgefährdend.

Die Anerkennung dieser regionalen Spezialität, die gesetzliche Anerkennung heute, die Sie alle, mit Ausnahme der Kollegen von der FPÖ, heute vornehmen werden, bedeutet sehr viel. Die FPÖ spricht immer nur sosehr von Regionalförderung, und speziell mein südburgenländischer Kollege Karl Schweitzer kommt immer wieder heraus und redet ganz groß, wie wichtig ihm das Südburgenland ist. Heute ist er nicht einmal da, geschweige denn, daß er sich im „Wein"-Ausschuss ein bißchen konstruktiver betätigt hätte als der Herr Mag. Schreiner. *(Abg.* ***Haigermoser****: Er schreibt Ihre Rede mit! Er wird sich doch Ihren Unsinn nicht anhören. Wie sind denn die Wahlen im Burgenland für Sie ausgegangen?)* Die südburgenländischen Uhudler-Kelterer werden ihm das hoffentlich noch in gebührender Form zu danken wissen. Ich würde sagen, die Anerkennung des Uhudlers ist ein aktiver Beitrag zum Umweltschutz, ein wirklich aktiver Beitrag zum Umweltschutz *(Beifall des Abg. Dr.* ***Khol****)* und ein Beitrag dazu, daß für einen kleinen Teil der südburgenländischen Bevölkerung in den vom Herrn Kirchknopf schon genannten Gemeinden die Lebenssicherung gegeben ist.

Ich möchte dem Herrn Bundesminister und den Beamten seines Hauses herzlich danken, daß sie dafür Verständnis aufgebracht haben, und ich möchte auch Ihnen, sehr geehrte Damen und Herren, herzlich dafür danken, daß Sie die siebzig-, ja fast achtzigjährige traurige Geschichte der Diskriminierung des Uhudlers heute mit Ihrer Zustimmung beenden werden.

Ich glaube, an so einem schicksalsträchtigen Tag für das Südburgenland und für unsere Weinbauern mit ihren 4 bis 6 Ar großen Weingärten da unten kann man Ihnen nur Prost bei einem Schluck Uhudler sagen. *(Beifall bei den Grünen.)*
22.11

SP, NR, XVIII. GP., 47. Sitzung, 3.12.1991, S. 4674-75

Der Entschließungsantrag der Grünen wurde mehrheitlich angenommen und somit der Verkauf des Uhudlers in Österreich wieder ermöglicht. Heute darf in acht burgenländischen Gemeinden Uhudler verkauft werden.

Aufgrund ihrer Rede wurde in späteren Jahren der Uhudler – laut *Kurier* eine „Rabiatperle"[118] – öfter mit Terezija Stoisits in Verbindung gebracht.

118 Kurier, 4.12.1995

Vom Blödeln und Beleidigen im Hohen Haus

Die Sexismusdebatte im österreichischen Parlament

Anfang der 1990er Jahre war das „Hohe Haus" kein Hort der Zivilisation. Einblick in diese Zustände und ihre Verbesserung in den folgenden Jahren geben eine Episode und ihre Nachwirkungen aus dem Jahr 1993.

Terezija Stoisits war von Beginn ihrer parlamentarischen Tätigkeit an eine heftig angefeindete öffentliche Person. Als Beweis mögen die überquellenden Sammlungen von Hassbriefen und -Postkarten dienen, die in sieben Kuriosa genannten Ordnern abgelegt sind.

Im Zuge der sogenannten „Lutsch-Affäre", die im Folgenden erzählt werden soll, erfuhr Stoisits jedoch eine große Solidarität von österreichischen Frauen aber auch von Männern, die sich in einer Vielzahl von aufmunternden Briefen und Postkarten niederschlug.

Am 2. Juli 1993 wandte sich die Grünen-Justizsprecherin im Innenausschuss des Parlaments im Lokal 3 gegen ihrer Meinung nach unmenschliche Paragrafen im Ausländer-Aufenthaltsgesetz. Die Debatte war heftig und gereizt, die Grünen standen wie üblich im Gegensatz zu allen anderen Parlamentsfraktionen.

Der Innenausschuss war für sein leicht ins Unernsthafte abgleitende und gleichzeitig sein gehässiges Niveau bekannt. Die Umgangsformen der Mitglieder ließen sehr zu wünschen übrig. Die Abgeordneten nahmen sich häufig gegenseitig die Lautsprecherverstärkung weg, indem sie einfach ihr eigenes Lämpchen zur Betätigung des Mikrofons drückten.

Bei der gegenständlichen Debatte im Lokal 3 war der Lärmpegel derartig hoch, dass die Abgeordnete Stoisits das Mikrofon ganz nah an sich heranziehen musste, um überhaupt Gehör zu finden. Als sie das Mikrofon ergriff, forderte sie der steirische ÖVP-Abgeordnete Paul Burgstaller in einem Zwischenruf auf, sie möge es „in den Mund nehmen und fest daran lutschen".

Nach Stoisits' Erinnerung schien diese Entgleisung niemanden zu stören, auch auf Nachfrage äußerte sich niemand dazu. Der damalige Ausschuss-Obmann, Robert Elmecker (SPÖ), der für den ordnungsgemäßen Ablauf zuständig war, wollte keinen Grund zum Einschreiten erkennen. Später sollte er sagen, dass „an dem bewußten Abend die Gemüter erregt waren und an einer Stelle gelacht wurde. Warum, wisse er nicht".[119]

119 Der Standard, 20.8.1993

Aufgrund der allgemein zur Schau gestellten Ignoranz im Ausschuss beschloss die Abgeordnete gemeinsam mit einem Mitarbeiter den Vorfall in einer Abweichenden Persönlichen Stellungnahme zu dokumentieren:

> „ABWEICHENDE PERSÖNLICHE STELLUNGNAHME:
>
> I. Vorweg zum Niveau der Ausschußsitzung:
>
> Die Abgeordnete der Grünen, Terezija Stoisits, hält es für unzumutbar, unter welchen Bedingungen sie ihre Fragen und Kritikpunkte am Wanderungsbericht im Innenausschuß vorbringen mußte. Während sich einige Abgeordnete bei den Wortmeldungen der Abgeordneten Stoisits unterhielten und blödelten, machten andere Abgeordnete (z.B. Abg. Burgstaller) immer wieder beleidigende Äußerungen oder schalteten das Mikrophon aus.
>
> Die Abgeordnete der Grünen wird sich daher ernsthaft überlegen, bei ähnlichen Verhalten der anderen Abgeordneten das nächste Mal den Innenausschuß zu verlassen, zumal der Ausschußvorsitzende in keiner Weise die anderen Abgeordneten zurechtwies, sondern lediglich einige Male versuchte, mittels Glocke zur Ruhe zu mahnen, wenn der Lärmpegel bereits unerträglich geworden war.
>
> SP, NR, XVIII. GP., 1205 d.B., 2.7.1993

Einige Wochen nach diesem Vorfall las die *Profil*-Journalistin Christa Zöchling diese Abweichende Stellungnahme und fragte bei Stoisits genauer über die Hintergründe nach. Daraufhin verfasste sie einen Artikel, der Wochen nach dem Vorfall große Wellen schlug und eine Eigendynamik entfaltete. Die Entgleisung von Burgstaller kam also doch noch ans Licht und beschäftigte anschließend als „Lutsch-Affäre" die Medien, die Öffentlichkeit und nicht zuletzt das Hohe Haus selber.

Zur Skandalisierung trug Burgstaller selbst eifrig mit bei. Zunächst räumte er ein, „Ähnliches" gesagt zu haben, weshalb „irgendein Weib offensichtlich etwas in die Kehle bekommen hat". Solche Aussagen seien seiner Ansicht nach für die Arbeit im Ausschuss „belebend". Mit gegenteiligen Zeugenaussagen konfrontiert, meinte er schließlich: „Egal, wie ich es gesagt habe, ich dachte bei Aufforderung, das Ding in den Mund zu nehmen, an einen Eislutscher. Ein Schwein, wer dabei an einen Penis denkt".[120]

Damit war die Posse noch nicht zu Ende. Als nächstes bestritt Burgstaller gänzlich, dass die sexistische Wortmeldung von ihm gewesen sei. Ein ÖVP-Kollege habe sie getätigt: „Soll ich mich für etwas entschuldigen, was ich nicht gesagt habe und wodurch niemand gekränkt wurde?"[121]

120 Der Standard, 20.8.1993

121 Kronen Zeitung, 5.9.1993

Ende August entschuldigte sich der Nationalratspräsident Heinz Fischer dann im Namen des Nationalrates bei Stoisits für den ihr gegenüber geäußerten „völlig unakzeptablen Zwischenruf“.[122] Diese Entschuldigung nahm Stoisits dankbar an:

> „ KTZ: Frau Abgeordnete, wie fühlen Sie sich, nachdem sich Präsident Fischer für das Parlament und den besagten Ausspruch Ihnen gegenüber entschuldigt hat?
> **Stoisits:** Ich freue mich wirklich über die Entschuldigung. Damit wurde ein ganz, ganz klares Signal durch den Präsidenten des Nationalrates gesetzt, daß sexistische und frauenfeindliche Äußerungen keine tolerierbaren Ausrutscher sind. Weder im Parlament noch außerhalb. Ich finde diese Klarstellung sehr bedeutungsvoll. Ich glaube, sogar für bedeutungsvoller, als es Präsident Fischer jetzt erscheinen wird. Es geht ja nicht um meine Person, sondern um den Umgang mit Frauen insgesamt.
> **Kärntner Tageszeitung, 1.9.1993**

Anfang September 1993 trat Burgstaller aufgrund des steigenden parteiübergreifenden Drucks aus der ÖVP-Fraktion aus, verblieb aber als „wilder Abgeordneter“ im Nationalrat. Kurz darauf beschäftigte sich eine „Club 2“-Sendung des ORF mit der Sexismus-Debatte im Parlament. In der Live-Diskussion trafen Stoisits und Burgstaller direkt aufeinander.

Über das allgemeine Niveau im Innenausschuss sagte Stoisits: „In der ersten Klasse Volksschule geht es ernsthafter zu als im Innenausschuß.“ Herrn Burgstaller identifizierte sie eindeutig als den Urheber der ihr gegenüber geäußerten Obszönität. Der steirische Politiker entschuldigte sich zwar pauschal bei Stoisits, leugnete aber weiterhin seine persönliche Schuld.[123]

Aufgrund des absurden TV-Auftritts von Burgstaller, der zwischen Leugnen und einem indirekten Eingeständnis lavierte, begannen sich auch weibliche Abgeordnete anderer Fraktionen mit Stoisits zu solidarisieren. VP-Vizechefin Helga Rabl-Stadler etwa forderte Burgstaller zum Rücktritt auf. Dafür musste sich Rabl-Stadler besonders von der steirischen ÖVP heftig kritisieren lassen.[124]

Paul Burgstaller blieb noch bis zum Ende der Legislaturperiode 1994 auf seinem Abgeordnetensessel. Da er von der ÖVP jedoch nicht mehr für die Nationalratswahlliste aufgestellt wurde, schied er anschließend aus dem Nationalrat aus.

Die sexistischen Ausfälle von Burgstaller waren bei weitem kein singuläres Phänomen, wie die sogenannte „Grapsch-Affäre“ zeigte, die im September 1993 öffentlich wurde.

122 Kleine Zeitung, 1.9.1993
123 Kurier, 8.9.1993
124 Der Standard, 1.9.1993

Das Nachrichtenmagazin *Profil* wusste zu berichten, dass der Sozialminister Josef Hesoun (SPÖ) der SPÖ-Abgeordneten Waltraud Schütz von hinten ins Dekolleté und weiter auf die Brust gegriffen habe.

Der Vorfall lag bereits sechs Jahre zurück. Doch die Enthüllung stützte sich auf eine Schilderung der betroffenen Mandatarin selbst. Stoisits richtete umgehend Anfragen an den Präsidenten des Nationalrates, den Bundeskanzler und die Bundesministerin für Frauenangelegenheiten. Alle drei angefragten Personen wiegelten den Vorfall ab. Stoisits warf daraufhin Kanzler Vranitzky öffentlich vor, Hesoun's Sexismus im Parlament zu tolerieren.[125] Der Sozialdemokrat konterte harsch, dass ihm diese Vorwürfe „wurscht" seien.[126]

Rücktritt lehnte Hesoun ab. Er konterte, dass die Vorwürfe „erwiesenermaßen völlig haltlose Diffamierungen und Unterstellungen" seien und gab nur zu, den Rücken von Schütz „gestreift" zu haben, keinesfalls aber bis zur Brust gegriffen zu haben.[127]

Angriffe wehrte Stoisits mit folgender Deutung ab:

> „ Nicht die Grapsch-Affäre hat etwas dramatisiert, die Dramatik der Situation wurde bisher erfolgreich bagatellisiert.
> **Der Standard, 23.10.1993**

Erfolg

1993 brach Terezija Stoisits ein lange vorherrschendes Tabu im Umgang von Männern mit Frauen. Sie klagte über sexuelle Belästigung, der sie an ihrem Arbeitsplatz ausgesetzt war. Jahre später äußerte sich Stoisits folgendermaßen über die Langzeitfolgen der von ihr ausgelösten parlamentarischen Sexismusdebatte:

> „ Heute könne keiner mehr so einfach „blöd daherreden und dann sagen, das sind halt irgendwelche empfindliche Frauen".
> **Kurier, 10.6.2007**

Tatsächlich gehören sexistische Ausfälle im Parlament weitgehend der Vergangenheit an. Männliche Abgeordnete wählen ihre Worte bedachter, d.h. im Wissen, dass ihr Fehlverhalten an die Öffentlichkeit gebracht werden kann. Gleichzeitig ist die Sensibilität im Hinblick auf verletzendes Verhalten generell gestiegen.

125 Der Standard, 5.10.1993

126 Der Standard, 6.10.1993

127 Der Standard, 2.10.1993

Wie ein Blitz aus heiterem Himmel

Die Briefbomben des rechtsextremen Attentäters Franz Fuchs

PolitikerInnen der Grünen polarisieren. Darum gehören sie auch zu jenen Personen des öffentlichen Lebens, denen eine gehörige Portion Hass entgegenschlägt. Davon zeugen zunächst die Schmähschriften aus dem parlamentarischen Nachlass der Terezija Stoisits; sie stammen aus praktisch allen Perioden ihres politischen Wirkens. – Wer aber hätte gedacht, dass dieser unbändige Hass eines Tages in eine lebensbedrohende Situation umschlagen würde?

In den ersten Dezembertagen 1993 versetzten insgesamt zehn Briefbomben die Republik Österreich und besonders jene, die sich für die Schwachen in der Gesellschaft einsetzten, in Angst und Schrecken. Am 3. Dezember wurden der Hartberger Pfarrer August Janisch sowie die ORF-Moderatorin Silvana Meixner und deren Sekretärin Elisabeth Schneeberger durch Briefbomben verletzt. Einen Tag später konnte eine weitere Briefbombe an den damaligen Caritas-Präsident Helmut Schüller abgefangen werden.

Am 5. Dezember traf es den Wiener Bürgermeister Helmut Zilk, dem bei dem Anschlag eine Hand verstümmelt wurde. Das nächste schwerverletzte Opfer: Astrid Bielek. Weitere Briefbomben der ersten Serie konnten abgefangen werden. Sie waren an die damalige Frauenministerin Johanna Dohnal, den Kulturverein „Artikel VII", eine Außenstelle der Wirtschaftskammer, Madeleine Petrovic und Terezija Stoisits adressiert.

Stoisits oder vielmehr ihre MitarbeiterInnen entgingen nur knapp dem Attentat. Die Post hatte die an sie adressierte Briefbombe mit Verspätung zugestellt, so dass man an diesem Tag bereits gewarnt war. Die Sprengladung wurde rechtzeitig entdeckt und konnte entschärft werden. Allein, der gegen die engagierte Abgeordnete gerichtete materialisierte Hass hinterließ nachhaltige Spuren bei der Grünen-Politikerin. 14 Jahre später äußerte sie sich folgendermaßen darüber:

> „ Die Briefbombe, die an mich gerichtet war und nur irrtümlich woanders landete, die hätte ja nicht mich getroffen, sondern meine Sekretärin: Sie hätte den Brief aufgeschlitzt. Oder die Bombe in meiner Heimatgemeinde Stinatz: Diese Perfidie, dass da völlig Unbeteiligte wie der Arbeiter der Müllabfuhr in Stinatz oder meine Mitarbeiterin zu Schaden kamen oder gekommen wären, die ist mir wirklich nicht wurscht.
>
> News, 16.5.2007

(v.l.n.r.) Peter Pilz, Madeleine Petrovic, Terezija Stoisits, Grüne Pressekonferenz im Parlament am 6.12.1993 anlässlich der Briefbombenanschläge, Robert Jäger, APA/picturedesk.com

Am 24. August 1994 verlor der Sprengstoffexperte Theo Kelz beide Hände beim Versuch eine weitere Sprengfalle, die vor einer zweisprachigen Volksschule in Klagenfurt postiert worden war, zu entschärfen. Im Oktober desselben Jahres wurden weitere vier Briefbomben postalisch versendet, ohne zu detonieren.

In der Nacht vom 4. auf den 5. Februar 1995 wurde der schwerste politisch motivierte Anschlag in der Geschichte der Zweiten Republik verübt. An einer Wegkreuzung nahe der Roma-Siedlung im burgenländischen Oberwart wurden vier Roma und Sinti von einer Sprengfalle, einem Verkehrsschild-Imitat mit der Aufschrift „Roma zurück nach Indien“, umgebracht. Die getöteten Männer hießen Josef Simon, Peter Sarközi, Erwin und Karl Horvath.

Einen Tag nach diesem tödlichen Anschlag wurde neben Altpapiercontainern in Stinatz/Stinjaki, in der Nähe des Elternhauses von Stoisits, eine als Spraydose getarnte Schussfalle gefunden. Erich Preißler, ein Mitarbeiter des Umweltdienstes Burgenland, wurde durch diese Sprengfalle schwer verletzt. Die Dosenbombe war, wie auch ein späteres Bekennerschreiben der sogenannten *Bajuwarischen Befreiungsarmee* zeigte, direkt gegen die Person Stoisits gerichtet:

> „ Die günstigste Ablaufprognose sah vor, daß der unverwundbare Germanenfresser und rabiate Widerling Terezija Stoisits vor dem Einbiegen zum Elternhaus aus dem Auto hüpft, „JEBEM TI BOGA!“ schreit und die herumstehende Dose aufhebt.
>
> Bekennerschreiben des BBA-Terroristen Franz Fuchs, 27.10.1996

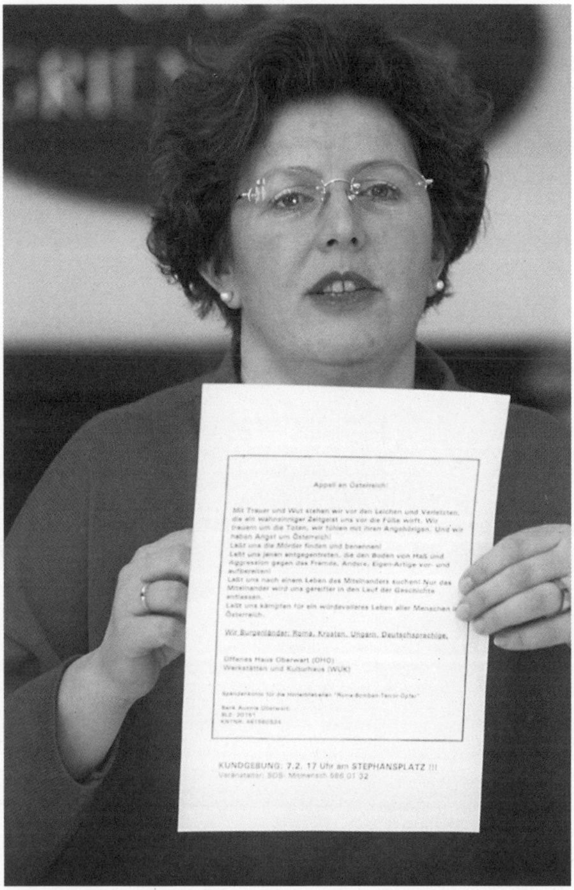

Stoisits forderte ein Staatsbegräbnis für die Ermordeten von Oberwart am 7.2.1995, Georges Schneider, APA/ picturedesk.com

Das Bekenntnis des später gefassten Täters Franz Fuchs bei seiner Vernehmung ging in die gleiche Richtung:

> „Daß es die Stoisits (Abgeordnete) trifft, wäre die wünschenswerteste Variante gewesen.
>
> Kurier, 5.2.1999

Nur wenige Tage nach diesem verheerenden und einem weiteren Anschlag richteten die Grünen am 8. Februar 1995 eine Dringliche Anfrage an den Innenminister, in der sie den zunehmenden Rechtsradikalismus in Österreich, aber auch den Anschlag in Oberwart thematisierten. Bei dieser Gelegenheit prangerte Stoisits das zögerliche Verhalten des Innenministers in der Briefbombenaffäre scharf an.

„ 16.01

Abgeordnete Mag. Terezija Stoisits (Grüne):

Sehr geehrter Herr Bundesminister! Mir reicht's schon lang! *(Beifall bei den Grünen.)* Mir reicht es spätestens seit dem Tag, an dem ich Adressatin einer Briefbombe gewesen bin, und mir reicht es seit dem Tag, an dem Sie, als ganz offenkundig war, daß sich dieser Terror – und es hat sich sehr schnell herausgestellt, daß es damals rechtsextremistischer Terror war – gegen Exponenten der Menschenrechtsbewegung gewendet hat – und Herr Dr. Zilk zählt für mich genauso dazu wie Frau Ministerin Dohnal und der Artikel-7-Kulturverein in Wien –, es nicht für notwendig erachtet haben, Volksgruppenorganisationen, exponierte Sprecher von Volksgruppenorganisationen vor möglichen Bomben zu warnen.

Ich erinnere mich sehr gut, zu welchem Zeitpunkt ich damals zum erstenmal gewarnt worden bin. Freitag mittag sind die Bomben explodiert. Am Samstag, spät am Nachmittag, hat man mich als Person gewarnt. Erst am Montag habe ich erfahren, daß auch an mich eine Briefbombe adressiert war.

Und genau dasselbe Spiel [gemeint ist der Anschlag von Oberwart], meine Damen und Herren, hat sich diesmal wiederholt, genau dasselbe Spiel, wobei der Herr Generaldirektor für die öffentliche Sicherheit gesagt hat, wie ein Blitz aus heiterem Himmel hätten ihn die rechtsterroristischen Mordakte getroffen. Die treffen den Generaldirektor für die öffentliche Sicherheit Österreichs wie ein Blitz aus heiterem Himmel!

SP, NR, XIX. GP., 20. Sitzung, 8.2.1995, S. 80

In derselben Nationalratssitzung wies Stoisits den freiheitlichen Oppositionspolitiker Jörg Haider zurecht, der in der Debatte über die vier in Oberwart getöteten Roma und Sinti Konzentrationslager als „Straflager" bezeichnet hatte:

„ 16.01

Abgeordnete Mag. Terezija Stoisits (Grüne):

Wenn ein Abgeordneter zum österreichischen Nationalrat in solch einer Gedenkdebatte [anlässlich des Anschlages in Oberwart] von „Straflagern" spricht, dann, meine sehr geehrten Damen und Herren, muß ich an eine ganz, ganz eigenartige neue Wortschöpfung denken, denn maschinelle Vernichtung als Strafe zu bezeichnen, das tut eine Personengruppe, das tun Nazis, alte und neue Nazis. Das ist die Terminologie der Nazis! Die haben Vernichtungslager als „Straflager" bezeichnet. *(Beifall bei den Grünen, bei der SPÖ und beim Liberalen Forum.)*

SP, NR, XIX. GP., 20. Sitzung, 8.2.1995, S. 79

Im Juni, Oktober und Dezember 1995 folgten weitere Briefbomben. Im Dezember 1996 wurde eine letzte falsch adressierte Briefbombe an Lotte Ingrisch, die Stiefmutter des damaligen Innenministers Einem, geschickt.

Im April 1996 entbrannte zwischen Stoisits und VertreterInnen der FPÖ ein wildes Wortgefecht über die Deutungshoheit der Morde von Oberwart. Wir geben die Rede vollständig wieder, um zum einen zu zeigen, welche Eloquenz Stoisits an den Tag legte, und zum anderen, um die Verachtung darzustellen, mit der ihr bestimmte Abgeordnete begegneten.

„ 17.24

Abgeordnete Mag. Terezija Stoisits (Grüne):

Meine sehr geehrten Damen und Herren! Das Thema der jetzigen Anfragebesprechung ist eines, mit dem es mir ganz besonders Ernst ist. Und ich finde es wirklich verabscheuungswürdig, mit welcher Pietätlosigkeit hier diskutiert wird und mit welcher Pietätlosigkeit Abgeordnete zum österreichischen Nationalrat hier vorgehen. Herr Dr. Haider ist der Großmeister der Pietätlosigkeit. *(Abg. Mag. **Stadler**: Über Ihre Rolle in Oberwart und bei den Briefbomben werden wir noch reden müssen, meine Dame! Da haben Sie eine ganz obskure Rolle gespielt!)*

Herr Dr. Haider! Die abscheulichen Morde von Oberwart mit dem Wort „Vorfall" zu verniedlichen, wie Sie das mehrfach getan haben, das sagt mehr als alles, was Sie jemals beteuern könnten. *(Beifall bei den Grünen. – Abg. Mag. **Stadler**: Über Ihre Vertuscherrolle in Oberwart werden wir noch reden müssen!)* Und Sie haben das mehrfach getan. Bei Ihrem Wahlkampfauftritt im November 1995 in Oberwart, haben Sie das mit den Worten „die Vorfälle von damals" abgetan. Vier Menschen sind dort gestorben! *(Abg. Dr. **Haider**: Ihre Rolle werden wir noch beleuchten, Frau Kollegin!)*

Wenn Sie nicht einmal so viel Charakter gegenüber den Angehörigen haben, die dort nur in Rufweite von Ihrem Wahlkampfauftritt leben, Herr Dr. Haider, wie sollen wir uns dann mit Ihnen auseinandersetzen? *(Abg. Mag. **Stadler**: Ihre Rolle beim Bombenanschlag wird noch zu klären sein, meine Dame!)* Diese Show auf Kosten der Gefühle der Hinterbliebenen ist mir einfach zu billig. *(Abg. Mag. **Stadler**: Sie liefern eine Show!)* Diese Art und Weise lehne ich zutiefst ab! *(Beifall bei den Grünen.)*

Der Verein „Roma von Oberwart" hat schon letzten Herbst *(Abg. Mag. **Stadler**: Sie haben doch eine ganz schäbige Rolle gespielt!)* im Zusammenhang mit dem Wahlkampfauftritt von Herrn Dr. Haider eine Presseerklärung *(Abg. Mag.* Stadler*: Über diese Rolle müssen wir noch sprechen)*, eine öffentliche Erklärung abgegeben, bei der mir damals etwas aufgefallen ist *(Abg. Mag. **Stadler**: Das wird noch zu klären sein, was sich da abgespielt hat!)*, was vielleicht nicht so bedeutungsvoll sein mag, aber in diesem Lichte doch bedeutungsvoll ist. Sie schreiben nämlich, es seien über tausend Beileidsbriefe und Beileidstelegramme damals in Oberwart von Privatpersonen, Institutionen, öffentlichen Stellen, aus dem In- und aus dem Ausland, von Politikern und Politikerinnen eingelangt. Es war aber kein einziger Brief von der F-Bewegung oder von einem Funktionär der „F" aus ganz Österreich darunter. *(Abg. Mag **Stadler**: Das ist eine schamlose Heuchelei!)*

Meine Damen und Herren! Mehr brauche ich nicht zu sagen. *(Beifall bei den Grünen.)* Mehr brauche ich nicht zu sagen! Diese Mentalität, die man jetzt nicht mehr so direkt ausspricht *(Zwischenruf des Abg. Mag.* ***Stadler****)* – um diesem Gedankengut zu folgen –, spricht mehr als tausend Worte, meine sehr geehrten Damen und Herren, das spricht mehr als tausend Worte. *(Abg. Mag.* ***Schweitzer****: Frau Kollegin Stoisits! Wir wollten nicht den Leichenbestattern kondolieren wie viele andere!)*

Wenn sich jetzt Kollege Schweitzer in die erste Reihe stellt, in der er hoffentlich nie sein wird, muß ich Ihnen auch vom Kollegen Schweitzer noch etwas berichten: Er war damals bei der Beerdigung der Roma in Oberwart. Und eines an seinem damaligen Verhalten war besonders auffällig *(Abg. Mag.* ***Stadler****: Er hat sich nicht in die erste Reihe gedrängt wie Sie, damit er ins Fernsehen kommt!)*: Er war nämlich einer der wenigen *(Abg. Mag.* ***Stadler****: Sie betreiben schamlose Heuchelei!)*, wenn nicht sogar der einzige Politiker, der der trauernden Familie …

Präsident Dr. Heinz Fischer: Herr Abgeordneter Stadler! So geht das nicht! *(Abg. Mag.* ***Stadler****: Das ist ja unglaublich, was die Dame da sagt!)*

Abgeordnete Mag. Terezija Stoisits *(fortsetzend)*: … nicht kondoliert hat *(Abg. Dr.* ***Haider****: Sie haben in der ersten Reihe die Reservierungstaferln der Minister weggeräumt, damit Sie ins Fernsehen kommen!)*, ganz offensichtlich und demonstrativ nicht kondoliert hat. Meine sehr geehrten Damen und Herren! Kolleginnen und Kollegen! Das soll für jene, die es nicht wissen *(Abg. Mag.* ***Stadler****: Sie haben doch überhaupt kein Recht, hier zu reden!)*, zur Information über den Charakter der Kollegen von der FPÖ dienen.

Meine sehr geehrten Damen und Herren! Aber über Kollegen Schweitzer könnte ich noch einiges anderes berichten, das vielleicht auch etwas über seinen menschlichen und politischen Charakter aussagt *(Abg. Mag.* ***Stadler****: … im Vorfeld des Anschlages!)*, zum Beispiel, daß der von ihm vorgeschlagene Nachfolger auf sein Gemeinderatsmandat, das er demnächst in Oberwart zurücklegen wird *(Abg. Dr.* ***Haider****: Sie haben die Reservierungstaferln von den Ministern weggeräumt, um ins Fernsehen zu kommen!)*, ein gewisser Herr Werner Gutleben ist, einer der Unterstützer der Kandidatur der NDP im Jahre 1982 in Österreich. Darüber, meine sehr geehrten Damen und Herren, sollte man auch ein Wort verlieren. *(Abg. Mag.* ***Stadler****: Wer wußte im Grünen Klub, was sich im Kuvert befindet?)*

Ich wiederhole es nicht, ich überlasse es Ihnen, Kolleginnen und Kollegen, sich eine Meinung darüber zu bilden, wenn man folgenden Satz hier im Nationalrat sagt *(Abg. Mag.* ***Stadler****: Erklären Sie das dem Hohen Haus!)*: die Personen im Dunstkreis des Offenen Hauses Oberwart. *(Abg. Mag.* ***Stadler****: Wer wußte im Hohen Haus und im Grünen Klub, was sich im Kuvert befindet?)* Das Offene Haus in Oberwart, ein Jugendzentrum, das von der öffentlichen Hand *(Abg. Mag.* ***Stadler****: Ein bitte was?)* wie Hunderte andere Jugendzentren in Österreich gefördert wird, dessen Aktivistinnen und Aktivisten zum Großteil ehrenamtlich und kostenlos arbeiten, mit dem Wort „Dunstkreis" zu bezeichnen, spricht für sich, meine sehr geehrten

Damen und Herren! *(Abg. Dr. **Haider**: Alkoholdunst muß man dazu sagen!)*

Meine sehr geehrten Damen und Herren! *(Abg. Mag. **Schweitzer**: Und Drogen!)* Kollege Schweitzer – ich weiß nicht, wo er in der Nacht der Detonation war – hat heute hier die Frage gestellt *(Abg. Mag. **Stadler**: Wo waren Sie?)*: Warum hat denn niemand damals die Polizei oder die Gendarmerie alarmiert? *(Abg. Mag. **Stadler**: Wo waren Sie die Nächte davor?)*

Präsident Dr. Heinz Fischer: Meine Damen und Herren! Ich **unterbreche** die Sitzung für zwei Minuten.

(Die Sitzung wird um 17.34 Uhr unterbrochen und um 17.36 Uhr wiederaufgenommen.)

Frau Abgeordnete! Ihre Redezeit ist gestoppt worden. Sie sind am Wort.

Abgeordnete Mag. Terezija Stoisits *(fortsetzend)*: Meine Damen und Herren! Aber nicht nur die Kolleginnen und Kollegen der FPÖ, die das Privileg haben, hier zu sitzen, auch andere der damaligen „F"-Bewegung, heute wieder FPÖ, haben nach dem Mordanschlag von Oberwart Erklärungen abgegeben *(Abg. Dr. **Partik-Pablé**: Erklären Sie bitte, wieso wir ein „Privileg" haben, hier zu sitzen!)* die man sich heute auch noch anhören sollte. Der burgenländische Landesparteiobmann der Freiheitlichen Partei, Dr. Wolfgang Rauter, hat sofort nach dem Anschlag von einem taktisch ungünstigen Zeitpunkt gesprochen. Was kann er damit gemeint haben? Wie kann man in einer Situation, in der vier Menschen sterben, in der vier Familien zurückbleiben, Kinder, die jetzt ohne Vater sind, von einem taktisch ungünstigen Zeitpunkt sprechen? *(Abg. Dr. **Haider**: Das Begräbnis missbrauchen!)*

Meine sehr geehrten Damen und Herren! Ich verstehe das nicht! Das ist keine humane, keine menschliche Vorgangsweise. Das ist wirklich das Billigste, das ich in meinem Leben im Zusammenhang mit dem Leid und Schicksal von Menschen im letzten Jahr hier gehört habe. *(Abg. Dr. **Haider**: Taferln weggeräumt beim Begräbnis!)*

Meine sehr geehrten Damen und Herren! Derjenige, der hier in der ersten Reihe sitzt, hat ja bereits letztes Jahr überhaupt keinen Genierer gehabt, die Opfer des Mordanschlages von Oberwart und damit auch alle Angehörigen mit Waffenschiebereien, mit Drogenhandel in Zusammenhang zu bringen. *(Abg. Mag. **Stadler**: Die Polizei hat das gemacht!)* Es war aber nachweislich festzustellen *(Abg. Mag. **Stadler**: Dafür ist sie von Ihnen geprügelt worden!)*, daß keines der Opfer und auch kein Familienangehöriger je mit Drogenhandel, Waffenschmuggel, Autoschiebereien zu tun hatte. Eines ist Tatsache, und das haben die Angehörigen vom ersten Augenblick an gesagt: daß zwei der Bombenopfer Vorstrafen hatten. Einer eine Geldstrafe wegen einer Rauferei, das zweite Opfer, Josef Simon, hat in seiner Jugendzeit, als Jugendlicher einmal einen Einbruch in eine Wochenendhütte gemacht, und deshalb war er vorbestraft.

Wenn man Personen, die als Jugendliche einen Einbruch in eine Wochenendhütte gemacht haben und später einem Mordanschlag, der ganz eindeutig rassistisch motiviert war, zum Opfer gefallen sind, kriminelle Handlungen unterstellt, ihnen unterstellt, Schwerverbrecher zu sein, Herr Dr. Haider, dann frage ich Sie: Können Sie sich noch in den Spiegel schauen? *(Abg. Mag.* ***Stadler****: Das waren der Staatsanwalt und der Untersuchungsrichter! Deswegen haben sie eine Hausdurchsuchung angeordnet!)*

Herr Dr. Haider! Sie haben in Oberwart nicht einmal den Mut aufgebracht, mit den Angehörigen ins Gespräch zu treten. *(Abg. Dr.* ***Graf****: Sie reden wider besseres Wissen!)* Stefan Horvath, der Stiefvater eines Angehörigen, ist dort gestanden und wollte mit Ihnen sprechen. Sie haben sich von Ihrem Mitarbeiter am Handy anrufen lassen und gesagt: Ich muß jetzt schnell weg! *(Abg. Mag.* ***Stadler****: Sie haben den Staatsanwalt „angeschossen"!)* So war die Szenerie, gespenstisch ist das. – Ein halbes Jahr nach dem schwerwiegendsten rassistischen Anschlag in dieser Republik, Herr Dr. Haider. *(Abg.* ***Dolinschek****: Sie haben eine blühende Phantasie!)* Sie sind ja nicht einmal mutig genug, den Angehörigen gegenüberzutreten, Herr Dr. Haider! *(Abg. Dr.* ***Graf****: Bei uns sind das Mandatare, bei Ihnen ist das irgendwer!)* Hier zu sitzen, zu polemisieren, eine billige Show abzuziehen, das kann jeder *(Abg. Mag.* ***Stadler****: Da sind Sie gerade Meisterin geworden!)*, aber den Angehörigen der Mordopfer ins Gesicht zu schauen, dazu haben Sie nicht den Mut. *(Beifall bei den Grünen, bei der SPÖ und beim Liberalen Forum.)*

Das schmerzt die Angehörigen, auch ein Jahr danach. Herr Dr. Haider, da hilft kein blödes Grinsen, da hilft kein Ablenken.

Präsident Dr. Heinz Fischer: Frau Abgeordnete! Ich kann Ausdrücke dieser Art nicht tolerieren, weder den vorigen noch diesen.

Abgeordnete Mag. Terezija Stoisits *(fortsetzend)*: Herr Präsident! Ich nehme das zurück. Das Grinsen ist ja nichts Unrechtes, das halte ich aufrecht. *(Abg. Mag.* ***Stadler****: Das „blöd" nimmt sie nicht zurück, Herr Präsident!)* Das „blöd" nehme ich sehr gerne zurück, um nicht in diesem Augenblick gegen die Würde des Hohen Hauses zu verstoßen. *(Neuerlicher Zwischenruf des Abg. Mag.* ***Stadler****.)*

Aber diejenigen Kolleginnen und Kollegen, die Dr. Haider sehen, können sich ein Bild vom Charakter, vom Gemüt und vom Herz dieses Menschen machen. *(Beifall bei den Grünen, der SPÖ und beim Liberalen Forum.)*

17.40

SP, NR, XX. GP., 17. Sitzung, 23.4.1996, S. 99-102

Mehr als ein Jahr später, am 1. Oktober 1997, wurde der Vermessungstechniker Franz Fuchs aus dem südsteirischen Gralla als mutmaßlicher Briefbombenbauer im Zuge einer zufälligen Routine-Kontrolle gefasst. Vor seiner Verhaftung zündete Fuchs in selbstmörderischer Absicht eine Rohrbombe, die ihm beide Hände abriss. Am 17. März 1999 wurde er rechtskräftig verurteilt, ohne aber ein vollständiges Geständnis abgelegt zu haben. Ein knappes Jahr später, am 26. Februar 2000, erhängte sich Fuchs in seiner Zelle in der Justizanstalt Graz-Karlau mit dem Kabel seines Rasierapparates. Die Bilanz des Terrors: 25 Briefbomben, eine Rohrbombe, zahlreiche schwer Verletzte, und eine Sprengfalle, die vier Menschen das Leben gekostet hat.

Obdachlos unter Schwarz-Grün?

Die ersten Regierungsverhandlungen in der Geschichte der Grünen

Bei den Nationalratswahlen 2002 erreichten die Grünen 9,5% der Stimmen. Sie gingen mit 17 Mandaten gestärkt aus den Wahlen hervor. Die ÖVP freilich errang einen Erdrutschsieg. Parteichef Wolfgang Schüssel bekam in der Folge den Auftrag zur Bildung einer Regierung. Da es zunächst zu keiner Einigung zwischen ÖVP und SPÖ oder zwischen ÖVP und FPÖ kam, wurden die Grünen von der ÖVP als potentielle Regierungspartner gesehen.

„ Vor der Nationalratswahl wurde über die Möglichkeit einer Koalition zwischen Volkspartei und Grünen nicht einmal in den theoretischen Zirkeln phantasiebegabter Politologen gesprochen. Schwarz und Grün, unvorstellbar.
Format, 31.1.2003

Schon am 6. Dezember 2002 gab es die ersten Sondierungsgespräche zwischen den bisherigen KontrahentInnen. Am 13. Dezember sprach sich der Erweiterte Bundesvorstand der Grünen für Koalitionsverhandlungen mit der ÖVP aus, allerdings unter der Bedingung dass diese zuerst die Verhandlungen mit der FPÖ beenden müsse. Nach einer zweiten grün-schwarzen Sondierungsrunde brachen die Grünen dann die Gespräche wieder ab.

Mitte Jänner 2003 hielt Bundessprecher Van der Bellen eine Einigung mit der ÖVP für „nicht ausgeschlossen". Sein Motto:

„ Es ist doch besser, in der Regierung 30 Prozent durchzusetzen als fünf Prozent aus der Opposition.
Tiroler Tageszeitung, 18.1.2003

Nachdem zwischen den anderen Parlamentsparteien immer noch kein Einvernehmen hergestellt werden konnte, kam es im Februar 2003 zu den ersten offiziellen schwarzgrünen Regierungsverhandlungen. Zwei Drittel – 21 der 29 Vorstandsdelegierten der Grünen – sprachen sich in einer Marathonsitzung des Erweiterten Bundesvorstandes für Koalitionsverhandlungen mit der ÖVP aus.

Am 6. Februar starteten die zehntägigen offiziellen Verhandlungen. Die Wiener Landesgruppe, aber auch Sozialsprecher Karl Öllinger sprachen sich vehement gegen Regierungsverhandlungen aus. Stoisits befürwortete Gespräche mit der ÖVP:

„ Ich bin für Verhandeln. Ob es zu einer Koalition mit der ÖVP kommt, entscheidet das Ergebnis. Wir gehen nicht in die Regierung, um Schwarz-Blau zu verhindern,

sondern um grüne Akzente zu setzen. Nur die Behübschung zu spielen ist sicher nicht genug.
Profil, 10.2.2003

Bei dem inoffiziellen Gerangel um mögliche Regierungsämter war Stoisits als Staatssekretärin für Integrationsfragen im Sozial- oder Justizressort im Gespräch. Tatsächlich gestaltete sie die Verhandlungen in mehreren Bereichen mit.

Zum Thema Justiz schien eine gemeinsame schwarz-grüne Position besonders schwierig zu erreichen. Zu den Eckpfeilern der kleineren Partei gehörten die Abschaffung des Weisungsrechts des Justizministers/der Justizministerin, die Gleichstellung gleichgeschlechtlicher Partnerschaften sowie die Abschaffung des Paragrafen 207b Strafgesetzbuch, der das Schutzalter für Jugendliche in homosexuellen Beziehungen regelt.

Mit Innenminister Ernst Strasser führte Stoisits Gespräche über ein allfälliges Asyl- und Integrationspaket. Darin sollten die doppelte Staatsbürgerschaft, die Harmonisierung von Aufenthalt und Arbeitsbewilligung, der Familiennachzug sowie die Verkürzung der Asylverfahren enthalten sein. Nach eigener Aussage schien in Sachen Asyl ein positives Ergebnis möglich.[128] Ein Stolperstein war die Strasser'sche Bundesbetreuungsrichtlinie, gemäß der AsylwerberInnen aus bestimmten Staaten auf die Straße gesetzt wurden. Stoisits merkte dazu an: „Wie sieht das denn aus, wenn unter Schwarz-Grün immer noch Hunderte Asylwerber obdachlos wären?"[129]

Trotz der offiziellen Verhandlungen kam es am Ende zu keiner Regierungsbildung mit der ÖVP. Am 16. Februar erklärte Van der Bellen das Scheitern der Verhandlungen. Die Schuld daran wurde wechselseitig dem Gegenüber am Verhandungstisch zugeschoben. Stoisits: „Schuld waren sicher nicht die Grünen."[130]

Othmar Pruckner fasste später die Regierungsverhandlungen folgendermaßen zusammen:

„ Pilz nannte den Schritt im Nachhinein „eine der schwierigsten Entscheidungen unserer Geschichte, eine extreme Belastungsprobe, die mich frappierend daran erinnert, wie wir vor 17 Jahren gestritten haben, ob die Grünen in den Nationalrat sollen". Schon rein technisch waren die Grünen auf die Härte der Verhandlungen nicht eingestellt; beispielsweise gab es keine externe „Clearingstelle", die die Verhandlungsteams koordinierte. Einige der Verhandler hielten den physischen Anforderungen – Schlafdefizit, unregelmäßige Mahlzeiten, permanenter Stress –

128 Kronen Zeitung, 5.3.2003
129 Falter, 12.2.2003
130 SN, 17.2.2003

nicht Stand und wurden krank; Probleme machten Teile der eigenen Partei, die sich zu wenig eingebunden fühlten und offen opponierten.

Othmar Pruckner: Eine kurze Geschichte der Grünen. 2005, S. 83-84

Erfolg

Schlussendlich kam keine Regierung mit der ÖVP zustande. Die ersten offiziellen Regierungsverhandlungen hatten dennoch zwei Effekte: Erstens konnten die Grünen damit endgültig den Ruf ablegen, sie seien „ChaotInnen“; sogar die konservative ÖVP stufte sie als prinzipiell regierungsfähig ein. Zweitens wurde damit der von manchen lange ersehnte Wandel zu einer „normalen“ Partei vollzogen.

Österreich will sich eine Verfassung geben

Der schwierige Anlauf der Parteien zu einer grundlegenden Staatsreform

Am 2. Mai 2003 wurde der Österreich-Konvent durch ein Gründungskomitee unter dem Vorsitz des Bundeskanzlers eingerichtet. Dieses Komitee legte die Aufgaben und die Zusammensetzung des Konvents fest. Am 30. Juni nahm das Gremium seine Tätigkeit im Parlament auf.[131]

Was waren nicht alles für Hoffnungen mit diesem Akt verbunden! Die Hauptaufgabe des Österreich-Konvents bestand in der Ausarbeitung von Vorschlägen für eine grundlegende Staats- und Verfassungsreform. Insgesamt zehn Ausschüsse wurden eingerichtet, die etwa über legistische Strukturfragen, die Reform der Verwaltung oder demokratische Kontrollmechanismen berieten. Den Vorsitz führte Franz Fiedler.

Terezija Stoisits war Mitglied in zwei wichtigen Ausschüssen des Österreich-Konvents:

- Ausschuss IV – Erarbeitung eines Grundrechtskatalogs;
- Ausschuss IX – Einrichtung eines effizienten und effektiven Rechtsschutzes.

In beiden Untergremien brachte Stoisits Vorschläge ein. Für die wichtigste Frage hielt sie die Verankerung von Minderheitenrechten als Grundrechte:

> „Die Frage des Umganges mit Minderheitenrechten ist das Barometer für die Erfolgsaussichten des Ö-Konvents.
>
> **Bericht des Burgenländisch-Kroatischen Zentrums, 30.3.2004**

Stoisits forderte im Österreich-Konvent beispielsweise ein Verbandsklagerecht für Volksgruppen-Vereinigungen. Damit hätten Minderheiten-VertreterInnen das Recht, die entsprechenden Verfassungsbestimmungen bei Gericht einzuklagen.

Am 10. September 2004 wurden die Beratungen für das Kapitel „Volksgruppenrechte" des Österreich-Konventes abgeschlossen. Die Handschrift von Stoisits war darin deutlich zu erkennen.

Der Österreich-Konvent erstellte einen umfassenden Bericht, der anlässlich der letzten Plenarsitzung des Österreich-Konvents am 28. Jänner 2005 präsentiert wurde. Nach offiziellem Ende des Konvents übermittelte Bundeskanzler Schüssel diesen Bericht an den Nationalrat. Ein Ausschuss zur weiteren Beratung behandelte bis Juli 2006 in zehn Sitzungen vor allem jene Themen der Verfassungsreform, in denen eine politische Einigung und Umsetzung nahe schien, bzw. zu denen es nach wie vor sehr konträre Standpunkte gab.

131 www.konvent.gv.at

Ergebnis

Nach Meinung von Stoisits scheiterte der Konvent kläglich in seinem Anspruch Österreich eine neue Verfassung zu geben. In den für sie wichtigen Punkten - Menschenrechte, Asylrecht, Verbandsklagerecht für Volksgruppen-Vereinigungen - konnte keine Einigung erzielt werden. Die zweieinhalbjährigen intensiven und zeitraubenden Beratungen stellten sich letztlich als fruchtlos heraus.

Menschen schlimmer als Tiere gehalten

Politische Auslandsreisen und Wahlbeobachtungsmissionen

Politische Auslandsreisen und Wahlbeobachtungen bedeuteten für Stoisits die schönen Seiten des Abgeordnetendaseins. Diese Aktivitäten ermöglichen es den ParlamentarierInnen über den nationalen Zaun hinweg zu schauen, ihren Horizont zu erweitern und etwas von der Welt zu sehen.

Stoisits versuchte das Gesehene und Erlebte in Österreich weiter zu bearbeiten. Nach den erfolgreichen Präsidenten- und Legislativ-Wahlen in Palästina 1996 beispielsweise, an denen sie als Wahlbeobachterin des Europarates teilnahm, forderte Stoisits sowohl ein österreichisches Büro in Palästina als auch einen Beobachter- oder Gaststatus für Palästina im Europarat.

Wahlbeobachtungen (Auszug)

Jänner 1996	Wahlbeobachterin bei den Präsidenten- und Legislativ-Wahlen in Palästina gemeinsam mit dem BR Albrecht Konecny (SPÖ) und den NR-Abgeordneten Alfred Brader (ÖVP), Michael Krüger (F) und Hans Helmut Moser (L)

Terezija Stoisits als Wahlbeobachterin in den Palästinensischen Autonomiegebieten im Jänner 1996, Fotorechte Stoisits

September 1996	Wahlbeobachterin bei den Wahlen in Bosnien
März/April 1991	Wahlbeobachterin in Albanien gemeinsam mit den NR-Abgeordneten Gabrielle Traxler (SPÖ), Josef Lackner (ÖVP) und Hans Helmut Moser (FPÖ)

Um Einblick in eine Wahlbeobachtungsmission zu geben, wählen wir eine Reise nach Albanien. März/April 1991 besuchte eine fünfköpfige österreichische Delegation, geleitet von der Abgeordneten Gabrielle Traxler, dieses Land. Im Zuge ihrer Reise besuchten die Politiker und Politikerinnen aus Österreich Tirana und weitere Städte wie Kruja sowie ländliche Gegenden. Die kleine österreichische Delegation führte Gespräche mit VertreterInnen politischer Parteien, dem Forum für Menschenrechte und freien Gewerkschaften. Darüber hinaus besuchten die ÖsterreicherInnen Pressekonferenzen und Demonstrationen. Die Wahl selber beobachteten die Delegationsmitglieder in insgesamt fünf verschiedenen Regionen.

(v.l.n.r.)
Terezija Stoisits, Livia Klingl, Gabrielle Traxler, auf Wahlbeobachtung in Albanien 1991, Fotorechte Stoisits

Ihre persönlichen Eindrücke schilderte Stoisits in einem gemeinsamen Bericht der Delegation:

„Ich habe an der Stimmenauszählung im Wahllokal Nr. 220 in Tirana teilgenommen. Die Stimmenauszählung begann um 20.00 Uhr und dauerte bis 22.10 Uhr. Bemerkenswert war, daß die Auszählung zweimal durch einen Stromausfall unterbrochen wurde und schließlich bei Kerzenlicht abgeschlossen wurde. Von den 383 Wahlberechtigten hatten 381 gewählt, 17 Stimmen waren ungültig, 214 Stimmen wurden für die Kandidaten der Demokratischen Partei, 136 für den Kandidaten der Arbeiterpartei, abgegeben. Auf die Republikanische Partei entfielen 12 Stimmen und auf die Demokratische Front eine Stimme. Zwei unabhängige Kandidaten erreichten zwei Stimmen. Die Stimmenauszählung durch die Wahlkommission, in der alle wahlwerbenden Parteien vertreten waren, wurde sehr sorgfältig durchgeführt. In der Zeit von 23.00 Uhr bis 23.30 beobachtete ich die Stimmenabgabe in der zentralen Wahlbehörde der Zone 1, in der die Stimmen von 20 Wahllokalen gesammelt wurden.

Ich habe im großen und ganzen von der Wahl in Albanien den Eindruck gewonnen, daß sie sehr gut organisiert und von seiten der Behörden bestens vorbereitet war. Bemerkenswert waren natürlich die Informationen und Beobachtungen über die unterschiedlichen Möglichkeiten der Wahlwerbung, vor allem in den ländlichen Gebieten (Umgebung um den Ohridsee). Aus eigener Wahrnehmung habe ich keine Unregelmäßigkeiten an diesem Wahlsonntag beobachtet. Die Wähler in Albanien machten auf mich den Eindruck, als seien sie auf diese ersten demokratischen Wahlen sehr gut vorbereitet und informiert worden.

Besonders aufgefallen ist mir auf dieser Reise von Tirana zum Ohridsee das bedrohliche Ausmaß der Umweltverschmutzung und Umweltzerstörung rund um die Industriestadt Elbasan (Hüttenwerk „Stahl der Partei"). In den Dörfern, in denen wir auf dem Weg zum Ohridsee Halt gemacht haben, war ich vor allem vom niedrigen Lebensstandard der Menschen in den Dörfern entsetzt. Vor allem die Straßen und Wege zu den einzelnen Dörfern sind sehr sehr schlecht. Der Wahltag war ein regnerischer und kalter Tag und die Zufahrt mit dem Auto war in einige Dörfer nicht möglich.

Bericht über die Reise und Wahlbeobachtung in Albanien, 31.3.1991, S. 15

Der gemeinsame Bericht der Delegation trug deutlich die Handschrift der Grünabgeordneten:

„Menschenrechtsverletzungen

Die österreichische parlamentarische Delegation hat gemeinsam mit dem Forum für Menschenrechte das Dorf GRADISHT besucht, in dem Familien von Gefangenen, Häftlingen, Deportierten und Gegnern des Regimes gefangen gehalten wurden. Wir alle haben so etwas Erschütterndes wie dieses Dorf noch nie gesehen.

Wir hatten von der österreichischen Bundesregierung den Auftrag, Hilfsgüter im Wert von S 500.000 an die Kinder symbolisch zu überbringen. Menschen hatte man unschuldig aus ihrer Heimat gerissen, sie zu Hungerlöhnen arbeiten lassen und schlimmer als Tiere gehalten. Der Kontakt zur Außenwelt war total abgeschnitten, niemand hatte eine andere Chance als am Feld zu arbeiten.

Konsequenzen

1. Diese Menschen müssen rehabilitiert werden: es wird nicht genügen, ihre Dörfer der Außenwelt zu öffnen, sondern den Menschen an einem Ort ihrer Wahl Wohnung und Arbeit zur Verfügung zu stellen. Wir schlagen der Bundesregierung und dem Parlament vor, die Aufnahme Albaniens in den Europarat, die für das Land sicher ein positives Signal wäre, nur dann zu diskutieren, wenn über die Freilassung aller politischen Gefangenen hinaus den Familien der Häftlinge und Deportierten aus den Gefängnissen und Lagern – so kann man die Dörfer bezeichnen – neue Wohnungen und Arbeitsmöglichkeiten gegeben werden. Erst wenn diese Wiedergutmachung gegen extreme Menschenrechtsverletzungen erfolgt ist, ist der Weg Albaniens nach Europa frei.
2. In Anbetracht der politischen und wirtschaftlichen Entwicklungen, die in diesem Land nach den Wahlen eingeleitet werden müssen, wäre eine eigene österreichische Vertretung in Albanien notwendig. Während unseres Aufenthaltes wurde eine Reihe von Bitten an uns herangetragen, die von Belgrad zu erledigen nur sehr schwer möglich sind.
3. Die Bildungs- und Schulungsmaßnahmen, die Österreich in Osteuropa leistet, müssen auf Albanien ausgedehnt werden. Dies gilt auch für die Wirtschaftshilfe.
4. Auch die Frage, wie viele Albaner Österreich aufnehmen kann, muß diskutiert werden.

Es wäre für dieses Land von eminenter Bedeutung, wenn die Stimmung, die vor den Wahlen das Land wachgerüttelt hat, ausgenützt werden könnte, um die auf allen Ebenen notwendigen Reformen einzuleiten. Auch Österreich wird dazu seinen Beitrag leisten müssen.

Bericht über Wahlbeobachtungen der österreichischen Parlamentsdelegation in Albanien, 31.3.1991, S. 3-4

Weitere Auslandsreisen (Auszug)

Juni 1991	Mitglied einer Delegation des Nationalrats bei einer sechstägigen Informationsreise ins Baltikum unter Leitung der Dritten Nationalratspräsidentin Heide Schmidt (FPÖ); gemeinsam mit Alois Roppert (SPÖ) und Hubert Pirker (ÖVP)
Februar 1993	Teilnehmerin an der Kosovo Mission des Interparliamentary Human Rights Network

Teil 3
Im Spiegel der Anderen

Günther Schefbeck: Oppositionspolitik im Spiegel der Parlamentsstatistik

Die Grünen nutzten die ihnen zur Verfügung stehenden parlamentarischen Kontrollinstrumente und die parlamentarische Tribüne vehement und effizient. In einem explosionsartigen Anstieg vermehrte sich die Zahl der im Nationalrat eingebrachten schriftlichen Anfragen von 2365 in der XVI. GP auf 6075 in der XVII. GP, um danach weiter leicht anzusteigen. Die Zahl der zum Aufruf gelangten Dringlichen Anfragen, die in der Zeit von 1971 bis 1990 jeweils zwischen 23 und 31 je GP gelegen war, stieg auf 55 in der XVIII. GP und allein 32 in der kurzen XIX. GP, um erst durch geschäftsordnungsrechtliche Maßnahmen wieder eingedämmt zu werden.

Das Gleiche gilt für den zeitlichen Umfang der Plenarsitzungstätigkeit des Nationalrates: Die Zahl der Plenarsitzungsstunden pro Jahr, die – Wahljahre ausgenommen – in der XVI. GP noch bei im Durchschnitt rund 350 gelegen war, stieg über rund 400 in der XVII. GP auf rund 500 in der XVIII. GP, und seit die FPÖ-Fraktion allein über die für die Einberufung einer „Sondersitzung" des Nationalrates erforderliche Zahl von Abgeordneten verfügte, seit Beginn der XIX. GP, schnellte auch die Zahl solcher Sitzungen in die Höhe. Da damit auch in den Augen der beiden kleineren Oppositionsfraktionen der Nationalrat immer mehr zur Tribüne für die größere Oppositionsfraktion wurde, gaben sie ihre Zustimmung zu einer größeren Geschäftsordnungsreform, mit welcher 1996 rigorosere Redezeitbeschränkungen und schärfere Kontingentierungen von Minderheitsrechten verfügt wurden. Dadurch ist die (fiktive, weil die kurzen „Zuweisungssitzungen" einschließende) Durchschnittsdauer einer Plenarsitzung des Nationalrates von 10,88 Stunden in der XVIII. GP auf nur mehr 6,85 Stunden in der XXII. GP abgesunken, die durchschnittliche Dauer einer „Arbeitssitzung" von 13,06 auf 9,87 Stunden.

In einer Dokumentation über das parlamentarische Wirken einer langjährigen Oppositionsabgeordneten liegt es nahe, die Parlamentsstatistik gerade nach der differentia specifica parlamentarischer Oppositionstätigkeit zu befragen, nach den festzumachenden Differenzen zwischen oppositionellem und koalitionärem Verhalten. Dies soll hier anhand eines kurzen Blicks auf drei wesentliche Parlamentsfunktionen geschehen, auf die Tribünen-, die Kontroll- und die Willensbildungsfunktion, und zwar für jenen Zeitraum, in den die parlamentarische Tätigkeit von Stoisits fällt, also für die Zeit der XVIII.-XXII. Gesetzgebungsperiode des Nationalrates, immerhin einen Zeitraum von 16 Jahren, was zu gewinnenden Erkenntnissen eine gewisse Verlässlichkeit verleihen sollte.

Tribünenfunktion des Parlaments

Tabelle 1 fasst die nach einzelnen Klubs sowie nach jeweiliger Opposition bzw. Koalition aggregierte Statistik der Plenarreden in der XVIII.-XXII. GP zusammen; um eine korrekte Einordnung der Zahlenwerte zu ermöglichen, ist zu erwähnen, dass tatsächliche Berichtigungen, Erwiderungen auf tatsächliche Berichtigungen und Wortmeldungen zur Geschäftsbehandlung bei ihrer Berechnung unberücksichtigt geblieben sind.

In Koalition wie Opposition gibt es einzelne Abgeordnete, die, bedingt zum Teil durch ihre spezifische Funktion wie etwa die des Fraktionsführers in einem besonders wichtigen Ausschuss, zum Teil einfach durch besondere Breite des thematischen Arbeitsgebietes und persönliches Engagement, auch im Plenum des Nationalrates mit signifikant überdurchschnittlicher Häufigkeit das Wort ergreifen. Diesen Typus repräsentiert, wie die Statistik belegt, für die Opposition im gesamten Zeitraum der XVIII.-XXII. GP die Abgeordnete Terezija Stoisits.

Tabelle 1: Reden im Nationalrat

Gesetzgebungsperiode Regierungszusammensetzung	XVIII. SPÖ/ÖVP	XIX. SPÖ/ÖVP	XX. SPÖ/ÖVP	XXI. SPÖ/ÖVP	XXII. SPÖ/ÖVP
SPÖ	2.178	641	2.637	2.320	3.593
ÖVP	1.988	569	2.309	1.766	3.541
FPÖ	2.267	897	2.628	1.950	1.901
GRÜNE	1.769	413	1.350	1.292	1.864
LIF	337	389	1.423	-	-
ohne Klub	54	-	5	-	-
GESAMT	8.593	2.909	10.352	7.328	10.899
im Durchschnitt je Abg.	47	16	57	40	60
im Durchschnitt je Jahr	2.146	2.452	2.734	2.334	2.824
Koalition Gesamt	4.166	1.210	4.946	3.716	5.442
Koalition im Durchschnitt je Abg.	30	10	40	36	56
Koalition im Durchschnitt je Jahr	1.040	1.020	1.306	1.183	1.410
Koalition im Durchschnitt je Jahr u. Abg.	7	9	11	11	15
Opposition Gesamt	4.427	1.699	5.406	3.612	5.457
Opposition im Durchschnitt je Abg.	103	26	90	46	63
Opposition im Durchschnitt je Jahr	1.106	1.432	1.428	1.151	1.414
Opposition im Durchschnitt je Jahr u. Abg.	26	22	24	15	16
Abg. Stoisits	*161*	*33*	*156*	*87*	*130*

Kontrollfunktion des Parlaments

Das parlamentarische Kontrollinstrument des täglichen Bedarfs ist das Interpellationsrecht: Tabelle 2 gibt die nach den parlamentarischen Klubs sowie nach jeweiliger Opposition bzw. Koalition aggregierten Zahlen der in der XVIII.-XXII. GP im Nationalrat eingebrachten (nicht nur an die Mitglieder der Bundesregierung, sondern auch an den Präsidenten des Rechnungshofes, an den Präsidenten des Nationalrates sowie an Ausschussobmänner gerichteten) schriftlichen Anfragen, darüber hinaus aber auch die Zahl der in den Fragestunden zum Aufruf gelangten mündlichen Anfragen und Zusatzfragen wieder.

Tabelle 2: Schriftliche und Mündliche Anfragen im Nationalrat

Gesetzgebungsperiode	XVIII.	XIX.	XX.	XXI.	XXII.
Regierungszusammensetzung	SPÖ/ÖVP	SPÖ/ÖVP	SPÖ/ÖVP	ÖVP/FPÖ	ÖVP/FPÖ
Schriftliche Anfragen					
SPÖ	1.282	311	733	2.363	2.866
ÖVP	1.062	324	747	133	139
FPÖ	2.339	695	2.782	398	55
GRÜNE	2.409	700	2.094	1.536	1.705
LIF	78	137	422	0	0
Gemeinsame	16	1	19	21	27
GESAMT	7.186	2.168	6.797	4.451	4.792
im Durchschnitt je Abg.	39	12	37	24	26
im Durchschnitt je Jahr	1.795	1.827	1.795	1.418	1.241
Koalition Gesamt	2.344	635	1.480	531	194
Koalition im Durchschnitt je Abg.	17	5	12	5	2
Koalition im Durchschnitt je Jahr	585	535	391	169	51
Koalition im Durchschnitt je Jahr u. Abg.	4	5	3	2	1
Opposition Gesamt	4.826	1.532	5.298	3.899	4.571
Opposition im Durchschnitt je Abg.	112	23	88	49	53
Opposition im Durchschnitt je Jahr	1.206	1.292	1.399	1.242	1.185
Opposition im Durchschnitt je Jahr u. Abg.	28	20	23	16	14
Abg. Stoisits	*150*	*61*	*435 **	*104*	*65*
Mündliche Anfragen					
SPÖ	111	12	63	63	47
ÖVP	119	10	66	43	46
FPÖ	119	12	60	37	33
GRÜNE	89	6	32	42	33
LIF	20	6	34	-	-
Abg. Traxler	13	-	-	-	-
GESAMT	471	46	255	185	159
Koalition	230	22	129	80	79
Opposition	241	24	126	105	80
im Durchschnitt je Abg.	2,57	0,25	1,39	1,01	0,87
Abg. Stoisits	*10*	-	*6*	*8*	*5*
Mündliche Zusatzfragen					
SPÖ	317	32	171	115	112
ÖVP	331	34	185	141	110
FPÖ	342	32	192	137	120
GRÜNE	335	19	176	139	126
LIF	11	15	203	-	-
Abg. Traxler	9	-	-	-	-
GESAMT	1345	132	927	532	468
Koalition	648	66	356	278	230
Opposition	697	66	571	254	238
im Durchschnitt je Abg.	7,35	0,72	5,07	2,91	2,56
Abg. Stoisits	*45*	-	*32*	*17*	*10*

*) davon 241 schriftliche Anfragen mit einer Sammelantwort beantwortet

Einzelne Abgeordnete vermögen es, das in seiner Nutzbarkeit eingeschränkte Instrument der Fragestunde weit überdurchschnittlich in Anspruch zu nehmen. Dies ist der Abgeordneten Stoisits durchgehend, mit Ausnahme nur der XIX. GP, gelungen. Das gleiche Ergebnis auch für die Inanspruchnahme des Instruments der schriftlichen Anfrage überrascht mittlerweile nicht mehr, muss aber auch als Beleg für Qualifikation und Engagement ihrer parlamentarischen Mitarbeiter aufgefasst werden.

Willensbildungsfunktion des Parlaments

Tabelle 3 bietet für die XIX.-XXII. GP neben der jeweiligen Zahl der Ausschussberichte auch jene der zu Ausschussberichten vorgelegten abweichenden persönlichen Stellungnahmen. Sie erscheint verhältnismäßig gering (jene der Minderheitsberichte ist im Übrigen noch kleiner) – ist es oppositionelle Resignation oder schlichtweg der zunehmende Zeitdruck, wodurch dieser regelmäßige Verzicht auf schriftliche Ausformulierung minoritärer legislativer Positionen und damit die Selbstbeschränkung auf die Verbalisierung politischer Kritik auf der Tribüne des Plenums bestimmt wird?

Wie dem auch sei – individuelle Initiative vermag auch das Instrument der abweichenden persönlichen Stellungnahme zu einem Ausschussbericht allemal zu nutzen: und so passt es ins Gesamtbild, dass jeweils zwischen einem Drittel und einem Viertel der in der XIX.-XXII. GP vorgelegten abweichenden persönlichen Stellungnahmen zu Ausschussberichten von Terezija Stoisits stammen.

Tabelle 3: Ausschussberichte und abweichende persönliche Stellungnahmen

Gesetzgebungsperiode Regierungszusammensetzung	XVIII. SPÖ/ÖVP	XIX. SPÖ/ÖVP	XX. SPÖ/ÖVP	XXI. ÖVP/FPÖ	XXII. ÖVP/FPÖ
Anzahl der Ausschussberichte		227	1.365	758	977
Anzahl der abweichenden persönlichen Stellungnahmen	Zahlen nicht verfügbar	9	52	50	42
Anzahl der abweichenden persönlichen Stellungnahmen der Abg. Stoisits		*3*	*18*	*12*	*13*

Was andere über Stoisits schreiben

Die immer erhobene Stimme/ Mag[a]. Eva Blimlinger[132]

„Immer dann, wenn es in Österreich in den letzten zwanzig Jahren Diskussionen und Debatten um Nationalsozialismus, um verabsäumte Rückstellungen und Entschädigungen, um Neonazis und Fremdenfeindlichkeit gegeben hat, war Terezija Stoisits diejenige, die die richtigen Worte gefunden hat: sachlich, politisch pointiert, engagiert, zielsicher und mit großer historischer Kenntnis. Sie hat als Parlamentarierin immer ihre Stimme erhoben, während andere noch damit beschäftigt waren, zu überlegen, ob es opportun ist an der Seite von Juden und Jüdinnen, Roma und Sinti, Wehrmachtsdeserteuren und anderen Gruppen zu stehen – herumlaviert hat sie nie.

Projektkoordinatorin für Kunst- und Forschungsförderung an der Universität für Angewandte Kunst

Vom Herz her gesteuert/ Dr. Caspar Einem

„Fast alle Jahre von Resi, wie auch ich sie genannt habe und nenne, durfte ich sie im Nationalrat in unterschiedlichen Funktionen begleiten. Ex post lässt sich eines sagen: Niemand im Hohen Haus war so sehr vom Herz her gesteuert in der Politik wie Terezija Stoisits.

Das hat es mitunter nicht einfach gemacht, sich mit ihr auseinander zu setzen. In meinem Falle denke ich da in erster Linie an meine Zeit als Innenminister, die für mich unter anderem dadurch gekennzeichnet war, zwischen den Polen Haider/ Stadler einerseits und Resi andererseits zu stehen. Da habe ich das erste Mal verstanden, warum in meinen jüngeren Jahren Christian Broda keineswegs froh war, auch von links kritisiert zu werden, wo ich damals doch dachte, das müsste ihm helfen, wo er doch sonst immer nur von rechts angegriffen wurde.

Mich hat das große Herz von Resi Stoisits für eine anständige und grüne Politik auch immer wieder fasziniert – nicht zuletzt, weil auch keinerlei Ermüdungserscheinungen bei ihr festzustellen waren. Und das ist im Laufe von 16, für sie wohl vielfach auch mühsamen Jahren nicht selbstverständlich.

Innenminister a.D. (SPÖ), heute Vorstandsmitglied der Jetalliance AG

132 Die nachfolgenden Kurzstatements wurden von ehemaligen MitstreiterInnen und Persönlichkeiten des politischen, kulturellen, religiösen und wissenschaftlichen Lebens verfasst.

Herzlich und prinzipientreu/ Dr. Maria Fekter

„ Stimmgewaltig, herzlich, impulsiv, engagiert, prinzipientreu insistierend, fleißig und gesprächsbereit – das sind die Eigenschaften, die ich in 16 Jahren Justizarbeit mit Terezija Stoisits kennen gelernt habe.

Innenministerin (ÖVP)

Politikerin, Frau und Mutter/ Mag[a]. Karin Gastinger (ehem. Miklautsch)

„ Ich habe Frau Stoisits vom ersten Tag meiner Ministerschaft als sehr streitbare, aber immer ihrer Sache verpflichtete Politikerin kennen- und schätzen gelernt. Stoisits ist eine Politikerin, die aller Widerstände zum Trotz für ihre Themen eingestanden ist und auch in der Öffentlichkeit als Politikerin mit Profil wahrgenommen wurde.

Sie und ich haben naturgemäß des Öfteren unterschiedliche Standpunkte zu den verschiedensten Themen eingenommen. Die Diskussionen über unsere Standpunkte sind immer auf einer sehr sachlichen und durchaus auch – soweit aufgrund der unterschiedlichen politischen Positionen überhaupt möglich – konstruktiven und vor allem lösungsorientierten Art und Weise erfolgt. Ich habe unseren persönlichen aber auch politischen Umgang miteinander immer als respektvoll und wertschätzend empfunden.

Ich schätze Frau Stoisits nicht nur als Politikerin sondern auch als Frau und Mutter. Sie hat es geschafft, Beruf und Familie zu vereinbaren und ist aus meiner Wahrnehmung mit ganzem Herzen und vollem Einsatz Mutter.

Justizministerin a.D. (FPÖ/BZÖ), heute Beraterin

Wirken zum Wohle vieler Menschen / Oberin Christine Gleixner FvB

„ Bei der Vorstellung des Sozialwortes des Ökumenischen Rates der Kirchen in Österreich im Grünen Klub lernte ich Frau Mag. Terezija Stoisits zum ersten Mal persönlich als engagierte und interessierte Abgeordnete kennen.

Im Rahmen des Österreich-Konvents arbeiteten wir als Mitglieder des Ausschusses 4 zusammen. Gemeinsam traten wir für eine gerechte Volksgruppenregelung, für ein menschenwürdiges Asylrecht und die allgemeine Zulassung der Gebärdensprache im amtlichen Verkehr ein.

Frau Mag. Stoisits trug ihre Anträge oft sehr leidenschaftlich vor, sie ließen aber immer Sachkenntnis, Kompetenz und reiche parlamentarische Erfahrung erkennen und waren so ein wertvoller Beitrag für die Beratungen im Ausschuß.

Ich freue mich mit Mag. Stoisits, daß sie jetzt als Volksanwältin unmittelbar für die Rechte der Menschen eintreten kann und wünsche ihr weiterhin viel Inspiration, rechte Erkenntnis und ein gesegnetes Wirken zum Wohle vieler Menschen.

Ordensfrau, Mitglied des Österreich-Konvents

Die faire Nervensäge/ Dr. Johannes Jarolim

„Terezija Stoisits hat uns in ihrer 16-jährigen Parlamentszeit manchmal ordentlich genervt, aber noch viel mehr war sie eine effiziente und faire Mitstreiterin für eine gute Sache. Besonders in der Justizpolitik hat sie mit uns Sozialdemokraten oft an einem Strang gezogen und das mitunter sehr erfolgreich.

Abg. z. NR (SPÖ)

Von hohen Idealen beseelt/ Dr. Andreas Khol

„Ich habe Terezija Stoisits in fast der ganzen Zeit ihrer Arbeit im Parlament verfolgen dürfen und habe manchen Strauß mit ihr gefochten. Ihr Engagement war ehrlich und manchmal fast unerträglich. Sie war von hohen Idealen beseelt, was anfänglich ihre Fähigkeit zum Kompromiß verunmöglichte. So stimmten die Grünen, geführt von Stoisits gegen den Initiativantrag von Peter Kostelka und mir, womit wir den Nationalfonds einrichteten – als einzige Fraktion. Es war ihr alles zuwenig.

Im Zuge der praktischen Erfahrung wurde es dann leichter, mit ihr zusammen zu arbeiten. Gerade in meiner Zeit als Präsident des Nationalrats und damit Vorsitzender des Nationalfonds und des Allgemeinen Entschädigungsfonds arbeitete ich zunehmend vertrauensvoller mit Stoisits zusammen. Auch in der Frage der Deserteure erzielten wir tragfähige Lösungen. Vor meiner Zeit waren nur ÖVP und SPÖ im entscheidenden Komitee der Fonds vertreten, ich holte die Grünen und die Blauen, damals Van der Bellen und Prinzhorn, mit ins Boot und habe das nicht bereut.

Auch bei den Regierungsverhandlungen 2003, als wir ganz ganz knapp vor einer Schwarz- Grünen Koalition standen, verhandelte ich mit ihr das Justiz- und Fremdenrechtskapitel, und es waren gute und erfolgversprechende Verhandlungen. Leider verließ dann die Grünen um 5.25 Uhr in der Früh angesichts eines 140 Seiten starken Regierungsübereinkommens und einer für sie zu stringenten Zusatzvereinbarung über die Zusammenarbeit im Parlament der Mut und die Zusammenarbeit scheiterte.

Persönlich habe ich Stoisits stets als sympathische und redliche Burgenländische Kroatin kennen und schätzen gelernt. Eine mutige und facettenreiche Abgeordnete von Format.

Nationalratspräsident a.D. (ÖVP), heute Bundesobmann des Österreichischen Seniorenbundes

Die geistige Großnichte der Bertha von Suttner/ Wolfgang Koch

„Die Nationalrätin Stoisits war historisch gesehen eine geistige Großnichte der Bertha von Suttner. Auf sie traf vieles zu, was über die „überdimensionale Komiteedame" vor dem Ersten Weltkrieg gesagt worden ist. Dem affektierten Zorn gegen Faust und Revolver wich eine Dauerempörung über Rassismus und Ausländerfeindlichkeit. Sie rauschte selbstlos und von unermüdlichem Elan getragen durch die marmornen Hallen, fabrizierte Petitionen wie sonst nur noch Tierschützer. Eine typische Liberale im westeuropäischen Sinn eben, die von der Stärke ihrer Gegner lebt! Jedem ernsten Problem gegenüber suchte Stoisits nach einer unbürokratischen Lösung. Sie rüttelte urteilssicher an den Stäben unseres Käfigs und verfestigte doch zugleich das ganz und gar unmögliche Machbarkeitsversprechen der Politik.

Schriftsteller, Historiker, Journalist

Beigesteuerte Vernunft und Menschlichkeit/ Dr. Nikolaus Michalek

„ Ich lernte Frau Abgeordnete Stoisits vor allem in den von mir als Bundesminister für Justiz gepflogenen sogenannten „Parteiengesprächen" näher kennen und schätzen. Hiebei zeichnete sie sich im besonderen aus durch engagierte Vertretung der ihr persönlich besonders wichtigen Anliegen, aber auch großes Interesse an den übrigen Justizvorhaben und am sonstigen Geschehen in der Justiz und bei den Freien Rechtsberufen, durch Bereitschaft und Fähigkeit zur Diskussion über divergierende Meinungen, durch Beisteuerung vernünftiger und menschlicher Betrachtungsweisen, durch Aufgeschlossenheit für Sachargumente, durch Akzeptanz von letztlich als besser erkannten Lösungsvorschlägen und durch einen herzlich-gewinnenden Begegnungsstil.

Sehr geschätzt wurde auch ihre starke Präsenz bei den Veranstaltungen der Justiz und ihrer diversen Berufsgruppen sowie der Freien Rechtsberufe. Ich habe jedenfalls eine sehr angenehme Erinnerung an die fachlichen und gesellschaftlichen Begegnungen mit Terezija Stoisits während meiner Zeit als BMJ von Ende 1990 bis Anfang 2000.

Bundesminister für Justiz a.D.

Bis heute ist ihr niemand gefolgt/ Univ.Doz. Dr. Alfred Noll

„ Viele arbeiten, Terezija Stoisits arbeitet viel. Manchen gelingt etwas, Stoisits gelingt so manches. Wo andere zaudern, zeigt sie sich fröhlich unbeirrt – auch wenn sie an den Verhältnissen scheitert. Wo viele sich wider bessere Einsicht nicht beirren lassen, setzt sie nach, irritiert, überzeugt.

Die Abgeordnete war viele Jahre das menschenrechtliche Gewissen des österreichischen Nationalrates – bis heute ist ihr niemand gefolgt. Das liegt nicht so sehr an der mangelnden Ambition einzelner Abgeordneten, sondern daran, dass Leib und Leben der Terezija Stoisits in unnachahmlicher Weise von einer einsamen Haltung geprägt sind: Ihr sind die Grund- und Menschenrechte eine unzweifelhafte Bedingung eines menschenwürdigen Lebens. Wir würden uns wünschen, dass es mehr davon gibt.

Rechtsanwalt in Wien

Auf permanenter Kontaktsuche/ Charles Ofoedu

„Mit Terezija Stoisits haben wir als MigrantInnen zum ersten und leider bislang zum letzten Mal in der österreichischen Geschichte eine Abgeordnete gehabt, die sich unermüdlich und mit vollem Engagement für uns eingesetzt hat. Sie hat sich vor allem dadurch ausgezeichnet, dass sie ständig den Kontakt mit uns gesucht und gepflegt und dabei ihre Hilfsbereitschaft immer wieder bewiesen hat.

Schriftsteller

Wir Kroaten unter uns/ Willi Resetarits alias Ostbahn Kurti

„Die Resi Stoisits (Hausname in Stinatz: Stočićevi) hat mit ihren Schwestern Marianne und Anita und den Kindern jedes Jahr meine Mutter in Floridsdorf besucht, als sie noch gelebt hat. Ich schätze die Resi sehr.

Künstler

Politischer Erfolg geht ihr vor Anstand/ Mag. Karl Schlögl

„Ich hatte viele Jahre ein gutes Verhältnis zu Theresia Stoisits. Ich habe sie sowohl als engagierte Politikerin, aber auch als eine Frau, der ein möglicher kurzfristiger politischer Erfolg vor persönliche Freundschaft und vor Anstand geht, kennengelernt.

Innenminister a.D. (SPÖ), heute Bürgermeister von Purkersdorf

Eine verlässliche Haltung/ Dr. Heide Schmidt

„Die Wortmeldungen von Stoisits sind in meiner Erinnerung durchwegs positiv konnotiert. Sie war um Sachlichkeit und Überzeugung bemüht und man konnte sich auf ihre Haltung verlassen.

Dritte Nationalratspräsidentin a.D. (LIF), heute Vorsitzende des Instituts für eine offene Gesellschaft

Eine Justizministerin des 21. Jahrhunderts/ Dr. Richard Soyer

„Hut ab! – das ist meine Hauptaussage, alles andere sind Fußnoten. Ihr Selbstverständnis als JustizsprecherIn war ebenso klar wie überzeugend: Sie erklärte ihr überaus großes Interesse an der Justizpolitik mit dem vitalen Interesse an der Rechtsstaatlichkeit. Es sei ihre Aufgabe, in Zeiten, in der als Reaktion auf soziale und politische Verrohung der Ruf nach Repression und Strafe immer lauter wurde, darauf zu achten, dass demokratische und humanistische Grundsätze ihren Stellenwert nicht verlören. Gerade in der Strafrechtspolitik spiegle sich die demokratische Reife einer Gesellschaft.

Es wäre sehr interessant gewesen zu erleben, wie sie dieses mission statement als JustizministerIn im 21. Jahrhundert umgesetzt hätte. Wie keine andere JustizsprecherIn der letzten 20 Jahre waren sie und ihr Team immer dann zur Stelle, wenn Justizagenden zur Diskussion standen oder Krisen des Rechtsstaats bewältigt werden wollten.

Aktive Mitwirkung und aufmerksames Zuhören, das zeichnete sie aus und genau das erwarte ich mir auch von einer VolksvertreterIn. Stoisits hat all das nicht nur vorbildlich gelebt, sondern dabei auch sehr liebenswert und bestimmt gehandelt – Hut ab!

Rechtsanwalt in Wien und Universitätsdozent in Graz

Beinhart in der Sache/ Dr. Ernst Strasser

„Beinhart in der Sache, super engagiert für ihre Schützlinge, herzlich und offen – nicht nur zum Innenminister.

Innenminister a.D. (ÖVP), heute Abg. z. EP

Nicht auf den Mund gefallen/ Christa Krammer[133]

„Die Terezija Stoisits ist sicher nicht auf den Mund gefallen (Kurier, 2.4.1994).

Bundesministerin a.D. (SPÖ), Abg. z. NR a.D., Volksanwältin a.D., heute Pensionistin

Viel Feind, viel Ehr/ Lisa Nimmervoll

„Mit Stoisits würde eine unermüdliche, streitbare Kämpferin für Menschenrechte, Minderheiten-, Asyl- und Ausländerfragen am Präsidentensessel Platz nehmen, die sich durch ihre politische Arbeit nicht nur einfach gestrickte oder ressentimentgeleitete, sondern auch gefährliche politische Gegner geschaffen hat (Der Standard, 11.10.2006).

Redakteurin (Der Standard)

Mutter Terezija der Innenpolitik/ Eva Linsinger

„Stoisits fungierte 16 Jahre als Mutter Teresa. Engagiert und standfest, hartnäckig bis zur Penetranz, emotional und wortgewaltig ... eine Politikerin, der Populismus immer fremd war (Profil, 16.10.2006).

Innenpolitische Journalistin (Profil)

133 Die folgenden Zitate stammen aus österreichischen Printmedien.

Ein Lichtblick/ Michael Genner

„ Ein absoluter Lichtblick in der politischen Szene (Falter, 18.10.2006).
Obmann von „Asyl in Not"

Authentisch/ Georg Bürstmayr

„ Eine der authentischsten Politikerinnen, die wir in Österreich haben (Falter, 18.10.2006).
Rechtsanwalt

Kennt das Wort Danke/ Nina Horaczek

„ Eine Kämpferin für die Rechte von Asylwerbern, Migranten und Minderheiten war Stoisits alle Jahre im Parlament hindurch – und das manchmal mit umstrittenen Mitteln ... Mit ihrem heftigen Temparament und der Leidenschaft fürs viele Reden hat sich die Grüne mit der ziemlich schrillen Stimme aber auch in der eigenen Partei nicht immer nur Freunde gemacht ... Ihre Mitarbeiter schätzen sie hingegen. Denn Stoisits sei eine der wenigen im Klub, die das Wort Danke tatsächlich kennt (Falter, 18.10.2006).
Innenpolitische Journalistin (Falter)

Nervtötend betriebsam/ Christa Zöchling

„ Man kennt Stoisits seit mehreren Jahren als eine ewig Empörte, die in etwas überschnappendem Tonfall und in überbordendem Redeschwall den Umgang mit Minderheiten, Ausländern, Justizopfern sowie der nationalsozialistischen Vergangenheit anzuprangern pflegt und die Einhaltung der Menschenrechte einmahnt. Ihre gefürchtete, zuweilen nervtötende Betriebsamkeit... (Profil, 23.4.2007).
Innenpolitische Journalistin (Profil)

Unbequem/ Tessa Prager

„ Die Grüne Terezija Stoisits war immer unbequem (News, 16.5.2007).
Innenpolitische Journalistin (News)

Ein Objekt lebensgefährlichen Hasses/ Bajuwarische Befreiungsarmee

„ „Unverwundbarer Germanenfresser" ... „rabiater Widerling" ... „kroatische Chauvinistin Stoisits"
BBA, 27.10.1996, Bekennerschreiben

Frau Stoisits, die das Herz erfreut/ Wolf Martin

Ein besonders eifriger Hetzer gegen Stoisits war und ist der Reimdichter der *Kronen Zeitung*. Von 1995 bis 2007 war die Grün-Abgeordnete insgesamt 24 Mal Teil von Wolf Martins in Millionenauflage gedruckter Rubrik *In den Wind gereimt*. Hier ein Beispiel vom 25.11.1997:

" Es hatten unsre „grünen" Schnäbel
für Immigranten stets ein Faible.
Auch „schwere Burschen", Kriminelle
solln Bürger werden leicht und schnelle.
Und dies betreibt insonderheit
Frau Stoisits, die das Herz erfreut.
Man fragt sich: Ist dies Nächstenliebe?
Sinds irgendwelche dunklen Triebe?
Ist die Frau Stoisits ferngesteuert
oder ganz einfach nur bescheuert?
Wer weiß es? Klar nur eines ist:
Wer sie nicht liebt, gilt als Faschist.

Das lose Mundwerk der Linken/ Richard Nimmerrichter alias Staberl

" Der wohl in mehrfacher Hinsicht grünen Abgeordneten Terezija Stoisits muß man hier [bezüglich des Strafvollzuges] ausdrücklich dankbar sein. Schon wieder hat sie nämlich in ihrer entwaffnenden Naivität etwas herausgeplappert, was sich gefinkeltere Exponenten des fortschrittlichen Lagers aus dialektischen Rücksichten zunächst verkniffen hätten. Kein Häftling, so forderte die angebliche Volksvertreterin der Grünen kühn, dürfe überhaupt länger als zehn Jahre sitzen, Grund: es gäbe doch in Österreich eh bei weitem zu viele Häftlinge (Kronen Zeitung, 15.4.1999).

Langjähriger Kolumnist der Kronen Zeitung

Der trotzkistische Gutmensch/ Die gelenkte Stimme des Volkes

" Bei den Grünen hat sich mit dem Vorstoß [zur Rehabilitierung der Deserteure], der in dieser Form ohnehin keine Chance hat durchgesetzt zu werden, der trotzkistische Flügel wieder einmal durchgesetzt.

Kronen Zeitung, 10.7.1999

" Eine Regierungsbeteiligung der Grünpartei wäre schrecklich. Man stelle sich einen Pilz, Voggenhuber oder Stoisits auf der Regierungsbank vor!!!

Kronen Zeitung, 3.5.2005

„ Die links-grüne Gutfrau Terezia (sic!) Stoisits.
Kronen Zeitung, 3.7.2005

„ Der Herr BP ist um jene Bauchschmerzen nicht zu beneiden, welche ihn geplagt haben müssen, als er Terezija Stoisits als Volksanwältin angelobte, als ob uns nicht diverse Gutmenschen in Sachen Ausländer (Wirtschaftsflüchtlinge und kriminelle Elemente) nicht schon genug Sorgen, Unkosten und Schwierigkeiten bereiten würden.
Kronen Zeitung, 3.7.2007

Die Leserbriefschreiber Robert Handler, Franz Sommer, Franz Weinpolter, Heinz Hoffberger

Afro- und türkophil ohne Wenn und Aber/ Michael Jeannée

„ Nicht geschätzte Terezija Stoisits, seit 17 Jahren sitzen S jetzt als dunkelrote Grüne im Parlament und langweilen das Hohe Haus mit Ihrem Gelaber über die „Einhaltung der Menschenrechte" in unserem Land, das Sie (das Gelaber nämlich) stets, stur und stieselig in kroatischer Sprache beginnen. So weit, so impertinent, so uninteressant.

Aber nun peilen Sie, wie man hört, den Posten einer Volksanwältin an. Und das, Frau Abgeordnete, ist nicht nur unverschämt, sondern schlägt dem bolschewistischen Fass Ihrer ewiggestrigen Weltanschauung geradezu den Boden aus. Zumal der Job mit satten monatlichen 12.640 Euro (in guten alten Schillingen: 170.000) dotiert ist, die allerdings nicht stinken.

Mir aber, Terezija Stoisits, mir stinkt Ihre Ambition gewaltig. Denn Sie mögen vieles sein – beharrlich in Ihrer Ideologie; niemals vom linken Wege abgekommen; afro- und türkophil ohne Wenn und Aber; unbeirrt emotional und Ihrem Van der Bellen der Stachel im Fleisch, den der schläfrige Professor mitunter braucht (uups, Frau Stoisits, jetzt habe ich doch tatsächlich Ihre guten Seiten zu Papier gebracht) –, nur eines sind Sie sicher nicht: Anwältin des österreichischen Volkes!

Also tun Sie erstens uns und zweitens sich den Gefallen und nehmen Sie Abstand. Denn wie heißt es doch so trefflich: Anwälte der Unterdrückten werden trübselig, wenn niemand unterdrückt wird. Denken S darüber nach, Ihr Michael Jeannée (Kronen Zeitung, 25.3.2007).
Kolumnist der Kronen Zeitung

Eine Reaktion auf diesen Schmähbrief im selben Blatt:

„ Eine besonders miese Art von Inszenierung gegen Terezija Stoisits hat sich Jeannée geleistet. Worauf mir nur eines einfällt: Er wäre verzichtbar für die Leser der *Kronen Zeitung.*
Leserbriefschreiberin Sabine Diem, Kronen Zeitung, 4.4.2007

Vermischte Pressestimmen

Zum Abschluss ein paar verstreute Etikettierungen der Abgeordneten aus Printmedien, chronologisch geordnet:

„ Sie ist die grüne Jeanne d'Arc der Ausländerpolitik.
News, 9.9.1993

Die Marktführerin unter den österreichischen Boulevardblättern schmähte Stoisits gerne als „ultralinke Multikultiideologin" oder „grüne Vorkämpferin für die Aufnahme immer größerer Asylkontingente in Österreich". Am 19.4.2002 wollte die Redaktion der *Kronen Zeitung* gar wissen:

„ Wer braucht Frau Stoisits?

Die richtige Antwort kannte zu diesem Zeitpunkt nicht nur die Wiener Obdachlosenzeitung *Augustin*, die aber besonders gut:

„ [Sie] setzt sich seit je unverwechselbar und enthusiastisch für Minderheiten und Menschenrechte ein.
Nr. 189, 10/2006

Im selben Monat:

Terezija Stoisits kämpft (grünes Rotationsprinzip hin oder her) seit mittlerweile 16 Jahren als Abgeordnete mit Leidenschaft und mitunter schrillen Mitteln für Minderheiten und Ausländer.
SN, 5.10.2006

An ein und demselben Tag, dem 11. Oktober 2006, überboten einander zwei Konkurrenzblätter mit den Prädikaten

„ die resche Resi
Die Presse

und

„ Vorkämpferin für Menschenrechte
Der Standard

Zwei Tage später:

„ Stoisits wirft all ihr Temperament und ihre Wortgewalt in die Schlacht, wenn sie von einer Sache überzeugt ist.
SN, 13.10.2006

Das Magazin *News* bezeichnete sie als

„ Grün-Urgestein
16.5.2007

Und selbst die Berliner *tageszeitung* wusste Stoisits in eine Schublade einzuordnen:

„ Einstige Quotenfrau wird zum Rechtenschreck
taz, 22.5.2007

ParteikollegInnen über Stoisits

Meine Patin aus dem Fernsehen/ Dr. Eva Glawischnig

„Terezija war die erste Grüne Politikerin, die mir als Person aufgefallen ist und die mich durch ihre Rhetorik und ihre Leidenschaft extrem beeindruckt hat - es war in der legendären *Club 2*-Diskussion zur sogenannten *Lutschaffäre*. Als ich dann 1999 ins Parlament kam, übernahm sie meine Patenschaft, also die Einschulung ins parlamentarische Geschehen. Davon profitiere ich bis heute.

Bundessprecherin der Grünen seit 2009, Klubobfrau, Dritte Nationalratspräsidentin a.D.

Stoisits - Eine Hoffnung/ Freda Meissner-Blau

„TEREZIJA? Eine Hoffnung und eine Ermutigung in einer immer unpolitischer werdenden Politik! Eine, die ihre Überzeugungen lebte, eine die handelte. Die unzähligen Migrant/innen half, sie beriet, ihnen Wege in einer feindlichen Umgebung aufzeigte. Und immer wieder gegen Unrecht aufstand. Dabei (fast) nie ihren Humor, ihr herzliches Lachen verlor.

Mir fehlt sie schmerzlich auf der politischen Bühne. Doch ich verstehe, dass sie fand, es sei genug, Zeit etwas anderes zu tun. Möge sie darin so manchem ein Vorbild sein.

Abg. z. NR a.D., erste Klubobfrau der Grünen

Ein rätselhaftes Arbeitspensum/ Dr. Gabriela Moser

„Terezija hat mich mit offenen Armen als Kandidatin und Neo-Abgeordnete im Klub empfangen, und so blieb es über zehn Jahre hindurch. Sie war und ist für mich eine sehr kooperative und persönlich hilfsbereite Kollegin, auf die ich mich einfach verlassen konnte. Rätselhaft ist mir bis heute, wie sie ihr außerordentliches Arbeitspensum und ihre intensiven persönlichen Kontakte trotz ihres aufwändigen verbalen Kommunikations-Stils schaffte. Bewundernswert bleibt für mich die Konsequenz, mit der sie sich für Menschenrechte und Benachteiligte einsetzte. Auch ihre politstrategische Sicht schätze ich, obwohl manche Einzelaktionen nicht nachvollziehbar waren. Gemeinsam setzten wir im Justizausschuss die Entkriminalisierung der Deserteure durch. Einmal erhielt ich fünf Minuten vor meiner Plenarrede von ihr noch ein schockierendes Fallbeispiel. Es beeindruckte alle. Einfach engagiert - einfach Rezi!

Abg. z. NR

In jeder Hinsicht etwas Besonderes/ Dr. Peter Pilz

„Terezija war meine liebste Abgeordnete und ist jetzt eben meine liebste Volksanwältin. Ganz selten kommen bei uns Abgeordneten besondere Sachkenntnis, besonderes Engagement und besondere Charakterstärke zusammen. Sie hat das Glück, das alles zu vereinen. Dazu bin ich stolz, dass ich seit langem mit ihr befreundet sein darf.

Abg. z. NR

Eine Verkörperung von Leidenschaft/ Prof. Alexander Van der Bellen

„Stoisits ist für mich der Inbegriff, ja geradezu die Verkörperung leidenschaftlichen Engagements – für Minderheiten, für Bürger-, Grund- und Freiheitsrechte, für den Rechtsstaat; für Menschen, die an den Asyl-Paragraphen scheitern oder sonstwie in Not geraten sind. Kein Telefonat ist ihr zuviel, keine Intervention zu mühsam. Und keinen Geburtstag hat Terezija je vergessen: Ihr Engagement ist konkret, nicht abstrakt.

Abg. z. NR, langjähriger Bundessprecher und Klubobmann

Engagierte Kämpferin/ Andreas Wabl

„Terezija Stoisits war Zeit ihres Abgeordnetendaseins eine engagierte Kämpferin gegen Diskriminierung und Ausländerhass. Persönlich haben wir – vielleicht auch aufgrund unseres unterschiedlichen Backgrounds – so manchen Strauß ausgefochten. Obwohl wir persönlich keine Freunde geworden sind, habe ich mich gefreut, als ich hörte, dass sie Volksanwältin werden würde.

Abg. z. NR a.D., erster Klubobmann der Grünen

Der gefürchtete Redeschwall/ Karl Öllinger[134]

„Wenn man Terezija etwas fragt, kann das Zeit kosten (Profil, 16.10.2006).

Abg. z. NR, Sozialsprecher

Unerschöpfliches Potential für Konflikte/ Dr. Madeleine Petrovic

„Ich traue ihr zu, großen Bahö zu machen [in der Volksanwaltschaft] (Profil, 16.10.2006).

Ehem. Bundesprecherin und Klubobfrau, Landtagsabgeordnete in Niederösterreich

134 Die folgenden Zitate stammen aus österreichischen Printmedien.

Die stärkste aller Netzwerkerinnen/ Nikolaus Kunrath

„ Es gibt keine Politikerin, die in der Menschenrechtsszene so gut vernetzt ist wie Terezija (Falter, 18.10.2006).

Menschenrechtsaktivist, Mitarbeiter der Wiener Grünen

Zivilgesellschaftliche Ehrungen

Offiziellen Ehrungen staatlicherseits stand Stoisits skeptisch gegenüber. Ihrer Meinung nach tat sie ja nur die Arbeit, für die sie gut bezahlt wurde. Anders schätzte sie Anerkennung durch die Zivilgesellschaft ein; diese nahm sie gerne an.

Am 29. Oktober 2002 verlieh ihr die Israelitische Kultusgemeinde (IKG) die **Friedrich-Torberg-Medaille**. Die beiden anderen Preisträger waren der ehemalige Verfassungsgerichtspräsident, Ludwig Adamovich, und der damalige Spitzenkandidat der Wiener SPÖ für die NR-Wahl, Wolfgang Petritsch. Die Torberg-Medaille wird von der IKG jährlich an Persönlichkeiten, Initiativen oder Institutionen vergeben, die sich für eine offene, lebendige und aktive Demokratie in Österreich einsetzen oder gegen das Wiedererstarken von Nationalsozialismus und Antisemitismus auftreten.

Anlässlich der Verleihung würdigte der ehemalige Wissenschaftsminister Rudolf Scholten (SPÖ) die Leistungen von Stoisits.

„ Rudolf Scholten: Lobrede auf das Glück im Unglück

Eine Laudatio – eine Lobrede – auf Terezija Stoisits zu halten, ist eigentlich eine Unmöglichkeit, nicht, weil es nichts Lobenswertes zu berichten gäbe, sondern weil sie einen ansieht, als ob sie sagen wollte: „Mach schnell, weil in der Zeit könnte ich so viel Sinnvolleres tun." Nehmen wir uns zu Lasten ihrer Taten doch einige Minuten, um dem Phänomen auf die Spur zu kommen.

Terezija Stoisits im Parlament, eilt zum Rednerpult und beginnt als Demonstration eines Minderheitenrechtes mit einer kroatischen Begrüßungsformel. Eigentlich sagt sie es deshalb auf kroatisch – so vermute ich –, weil es da kürzer ist als im Deutschen, um also rascher zum Punkt ihrer Rede zu kommen.

Stoisits liebt ihr Anliegen und mag keine Ablenkungen davon. Sie geht den direkten Weg und sieht im Umweg keinen Nutzen. Sie wirkt unmittelbar.

Stoisits ist Juristin, Minderheiten-, Migrations- und Menschenrechtssprecherin der Grünen. Ihr politisches Programm ist einfach beschrieben: *Sie ist das Glück im Unglück.* Was kann einem in Not geratenen Immigranten Besseres passieren, als auf Stoisits zu treffen. Auch in die Mühlen unlösbarer Verwicklungen der Justiz zu geraten und Stoisits an der Seite zu wissen, ist so ein Glück im Unglück.

Sie ist aber nicht nur eine Frau der Tat, sondern auch eine Frau der unauslöschbaren Träume, bis hin zur Gefahr der Illusion. Stoisits ist überzeugt davon, dass es eine Gesellschaft geben muss, die den Minderheiten gegenüber offene Neugierde und nicht Misstrauen empfindet.

Sie ist überzeugt davon, dass es möglich sein muss, die sogenannten zumutbaren Grenzen einer Wohlstandsgesellschaft zur Aufnahme von in Not geratenen Ausländern um Quantensprünge höher anzusetzen. Sie ist nicht für grenzenlose Aufnahme, aber die Grenzen ihres leidenschaftlichen Engagements sind viel weiter gesteckt, als die der meisten anderen.

Rangordnung der Probleme

Sie ist in einer Zeit, die Pragmatismus und das Primat der eigenen Interessen scheinbar unwidersprochen zum alleinherrschenden Prinzip gemacht hat, ein Widerspruch zum Zeitgeist. Dass sie dabei aber nicht altmodisch, sondern wie ein Signal einer möglichen zukünftigen Veränderung wirkt, ist Verdienst ihrer Überzeugungskraft. Widerspruch schreckt sie nicht ab, sondern wirkt wie eine Eintrittskarte zum allesentscheidenden Kampf um Prinzipien. Ich glaube, dass sie niemals eine Niederlage in einer kleineren Angelegenheit in Kauf nehmen würde, um eine größere zu gewinnen. Die kleinste Ungerechtigkeit würde ihre ganze Kraftentwicklung auslösen, auch wenn die pragmatische Rangordnung zwischen groß und klein dabei durcheinander gerät.

Als politische Konkurrentin ist sie nicht einfach. Wenn man überzeugt davon ist, etwas Gutes gemacht zu haben, erntet man von ihr ein: „Nicht schlecht, aber zu wenig." Mehr als „Ein Schritt in die richtige Richtung" war mir von ihr nie vergönnt. Vielleicht hatte sie Recht damit.

Denn, was man bei jedem anderen Oppositionspolitiker als bloße Redensart empfunden hätte, war bei Stoisits authentischer. Sie drückt eine Wahrhaftigkeit aus, die den Spekulationsverdacht schwinden lässt.

Über jemanden zu sprechen, den man kennt, aber nicht eng genug, um hinter die Fassade blicken zu können, ist ein Wagnis angesichts der häufig gemachten Erfahrung unterschiedlicher Tonarten vor und hinter dem Öffentlichkeitsparavent. Bei Stoisits kann man getrost ohne Furcht sein. Nicht, dass sie nicht auch Geheimnisse haben könnte, doch ihre für jeden sympathisierenden Beobachter wahrnehmbare Leidenschaft wird auch von ihren besten Freunden bestätigt.

Die Weisheit der Mutter

Ich stieß bei der Recherche auf eine Charakterisierung durch ihre Mutter, der burgenländischen Kroatin oder kroatischen Burgenländerin: ihre Tochter sei wie sie ist, gutmütig, in sich ruhend, selbstverständlich, angenehm, ohne Feinde, bis auf jene, gleichsam selbstverständlichen Feinde, die das Resultat ihrer Arbeit sind. Einmal fiel das Wort stur.

Bei einem werden alle zustimmen: Stoisits verfügt über die Fähigkeit, ein Lachen für ihre Sache einzusetzen, das nicht die Tragödie in eine Komödie verkehrt, sondern das unmenschlichste Phänomen in ein menschliches verwandelt und damit die Kraft anderer mobilisiert, mit ihr eine Lösung zu erkämpfen.

So jemand wie sie liebt die Taten und nicht ihre Beschreibung! Darum wird ihr, wie schon zu Beginn gesagt, eine Laudatio kaum Freude machen. Aber zumindest Ihnen, meine Damen und Herren wollte ich sagen, dass es eine ausgezeichnete Idee ist, Terezija Stoisits die Friedrich-Torberg-Medaille zu verleihen.

Im Anschluss bedankte sich die Geehrte beim Festredner mit den Worten, noch nie habe jemand etwas so Nettes über sie gesagt.

Am 21. November 2007 wurde Terezija Stoisits vom Slowenischen Kulturverband und dem Zentralverband slowenischer Organisationen der **Vinzenz Rizzi-Preis** für zukunftsweisende Initiativen auf dem Gebiet der interkulturellen Verständigung in St. Johann im Rosental verliehen. Die Laudatio hielt Dr. Joža Messner. Zugleich mit Stoisits wurde der Historiker Univ.-Prof. Karl Stuhlpfarrer gewürdigt. Die Ehrung begründete Zentralverbandsobmann Marjan Sturm mit den Worten, Stoisits sei „eine der markantesten Verfechterinnen für Minderheitenrechte auf der politischen Bühne Österreichs". In einer Aussendung des Zentralverbandes hieß es: „Sie hat große Verdienste dafür erworben, dass den Minderheitenfragen in der österreichischen Öffentlichkeit mehr Aufmerksamkeit und mehr positiver Zuspruch gewidmet wird.[135]

135 http://volksgruppen.orf.at

Teil 4
Nachbetrachtungen

A. Die Erfolge

Durch Terezija Stoisits erfolgte eine Erweiterung und Vertiefung der Kernbereiche Grüner Politik. Die Grünen starteten ursprünglich als Ökologiebewegung mit unterschiedlichen Strömungen. Heute zählen zu ihren Kompetenzbereichen neben dem immer noch wichtigen Umweltthema unter anderem auch:

- das Engagement für Minderheiten;
- ein offensives Eintreten für Menschenrechte;
- der Einsatz für einen humanen Strafvollzug;
- ein aufgeklärter Umgang mit den Katastrophen der österreichischen Politik im 20. Jahrhundert.

Diese politische Profilierung der Grünen ging einher mit einer sorgfältigen thematischen Vertiefung der neuen Wirkungsfelder. Terezija Stoisits hat wesentlich zu beiden Entwicklungen beigetragen. Es gelang ihr, die neuen Felder in der Partei so stark zu etablieren, dass sie von den Grünen nicht mehr wegzudenken sind. Gleichzeitig versuchten politische Konkurrenten nolens volens diese Themen ebenfalls zu besetzen.

Schon vor Aufnahme von Stoisits' parlamentarischer Tätigkeit waren minoritäre Anliegen ein wichtiger Gegenstand des alternativen Politikverständnisses. Durch ihre parlamentarische Arbeit hat sich der Stellenwert solcher Fragen sowohl innerhalb der Grünen als auch innerhalb der politischen Landschaft Österreichs insgesamt enorm gewandelt. Die Probleme und Anliegen der österreichischen Volksgruppen und Minderheiten rückten ins Zentrum der Tagespolitik, und sind bis heute – siehe Kärntner Ortstafelkonflikt – aktuell geblieben. Die Erfolge von Stoisits in der Minderheitenpolitik sind zahlreich, unter anderem sind hier zu nennen:

- die Einrichtung eines zweisprachigen Gymnasiums in Oberwart;
- die Einführung eines Minderheitenschulgesetzes für das Burgenland;
- die Aufstellung von zweisprachigen Ortstafeln;
- die Anerkennung der Roma und Sinti als eigene österreichische Volksgruppe.

Mit den Menschenrechten verhält es sich ähnlich. Auch ihre Gewährleistung ist heute zu einer wichtigen gesellschaftspolitischen Frage geworden, in der jede Partei zu punkten versucht. Eine der parlamentarischen Kontrollaufgaben von Stoisits, die Fremdengesetzgebung, wird heute eindeutig mit der politischen Farbe Grün assoziiert. Trotz der Unmöglichkeit direkt gestalterisch in diesem Bereich tätig zu werden, hat Stoisits durch hartnäckige Oppositionsarbeit die Situation von nicht in Österreich geborenen Bürgern und Bürgerinnen verbessert. Wie konnte das gelingen? Zunächst hat ihre Präsenz in öffentlichen Diskussionen über die Fremdenrechtsgesetzgebung entscheidend dazu beigetragen, die teilweise unmenschliche Gesetzgebung abzumildern und die Praxis der Vollziehung zu verbessern. In diesem Bereich hat Stoisits sehr häufig auf Einzelfälle hingewiesen, denen systemische Unzulänglichkeiten zugrundelagen. Paradigmatisch steht dafür der Fall Sali K. – der Häftling wurde durch entschlossenes Auftreten aus der Schubhaft entlassen und zugleich die unmenschliche Praxis der Fremdengesetze ins Licht der Öffentlichkeit getragen. Eine umfangreiche Medienberichterstattung zeugt davon.

Auch in der Justizpolitik erkennen wir Verbesserungen. Beispielhaft sei hier die Situation von Untersuchungshäftlingen genannt. Der ganze Komplex der Reform des Justizwesens wurde zu einem großen Teil durch Grüne Initiativen ermöglicht.

Was die Vergangenheitspolitik betrifft, zählen die Grünen überhaupt zu den aktivsten und erfolgreichsten MitgestalterInnen. Alle das kritische Geschichtsbewusstsein fördernden Projekte seit Beginn der 1990er Jahre, angefangen vom Nationalfonds bis zur Rehabilitierung der Wehrmachtsdeserteure, gehen auf Grüne Anstöße zurück. Da die konkrete politische Ausgestaltung dieser Themen meist hinter den Grünen Erwartungen zurückgeblieben ist, konnten die Erfolge auch häufig von den anderen Parteien „eingestreift" werden. Im Bestreben immer das Maximale für die Betroffenen herauszuholen, verabsäumten es die Grünen häufig, ihr Wirken in WählerInnenstimmen umzumünzen. Unbestritten bleibt dennoch, dass die Grünen heute mit progressiver Vergangenheitspolitik assoziiert werden.

B. Die Erfolgsbedingungen

In der übergreifenden Analyse der von Stoisits und ihren MitarbeiterInnen bearbeiteten Themenpalette können acht spezifische Merkmale herausgelesen werden.

1. Politische Strategie und politische Inhalte statt Taktik

Stoisits verfolgte – im Gegensatz zu manchen GegnerInnen – keine kurzfristigen taktischen politischen Ziele, sondern handelte durchwegs strategisch. Ihre parlamentarische Arbeit ist gekennzeichnet durch ein längerfristig ausgerichtetes planvolles Vorgehen. Das lässt sich an so verschiedenen politischen Projekten wie der Staatszielbestimmung für Minderheitenschutz oder den vergangenheitspolitischen Projekten zeigen.

2. Politische Vernetzung statt Einzelkämpfertum

Eine weitere Erkenntnis dieser Untersuchung ist, dass erfolgreiche Politik sich eng mit zivilgesellschaftlichen Akteuren vernetzen muss. Ein demokratischer Akteur ist nur so gut wie sein Netzwerk. Das mag banal klingen, es wird aber sofort plastisch, wenn man die täglichen politischen Handgriffe von Stoisits näher betrachtet. Ihr „internes" und „externes" Netzwerk war wesentlich dafür verantwortlich, dass sie aus der Oppositionsecke heraus Erfolge verzeichnen konnte.

Mit dem „internen Netzwerk" sind die unmittelbaren und mittelbaren MitarbeiterInnen gemeint. Zum einen scharte Stoisits interessierte und begeisterungsfähige MitarbeiterInnen im Grünen Parlamentsklub um sich, die in einem hohen Ausmaß selbstständig „ihre" Themen bearbeiteten. Zum anderen konnte sie Personen auch außerhalb des Klub- und Parteimilieus dafür begeistern, Grünen-Projekte in unterschiedlicher Form mitzugestalten.

Mit dem „externen Netzwerk" sind außerparteiliche Personen und Gruppen gemeint, die Stoisits Informationen und Expertise zur Verfügung stellten. Dieses Netzwerk zeichnete sich im Wesentlichen durch vier Funktionen aus:

- Vorbereitungsfunktion: NGOs, VolksgruppenvertreterInnen und Einzelpersonen verfassten für Stoisits Gesetzesvorhaben, die von ihr in den politischen Prozess eingespeist werden konnten. Da eine Oppositionspartei nicht über dieselben finanziellen, organisatorischen und personellen Ressourcen verfügen kann wie eine Regierungspartei ist das ein unschätzbarer Bonus im politischen Wettbewerb.
- Zuträgerfunktion: NGOs, VolksgruppenvertreterInnen und Einzelpersonen (beispielsweise RechtsanwältInnen, UniversitätsprofessorInnen) machten Stoisits auf gesetzliche und administrative Mängel aufmerksam.
- Expertenfunktion: NGOs, VolksgruppenvertreterInnen und Einzelpersonen versorgten Stoisits mit Hintergrundinformationen, die sie im politischen Wettbewerb nutzen konnte und die ihr damit einen strategischen Vorteil verschafften.
- Legitimitätsfunktion: NGOs, VolksgruppenvertreterInnen und Einzelpersonen zeigten sich mit ihr im Rahmen von Pressekonferenzen und anderen öffentlichen Veranstaltungen und verschafften ihr damit zusätzliches politisches Gewicht.

3. Beharrlichkeit statt kurzer politischer Atem

Das nächste Charakteristikum von Stoisits' parlamentarischer Arbeit ist, dass sie Themen beharrlich bearbeitete. Nicht nur der Politikerin freundlich gesinnte Personen sprechen davon, dass sie einen außergewöhnlich langen politischen Atem hat. Diese Hartnäckigkeit hat zum einen dazu gedient, den Gegner oder die Gegnerin zu zermürben. Zum anderen hat Stoisits ein Thema so lange in die Öffentlichkeit gezerrt, bis sich ein für sie zufriedenstellender Erfolg einstellte.

Ein Beispiel für diese Beharrlichkeit ist die Behandlung von Schubhäftlingen. Schon lange vor der Causa Omofuma prangerte Stoisits wiederholt das unzulässige Knebeln von Schubhäftlingen an. Diese Aktivitäten waren sogar von Erfolg gekrönt, da sich die Innenminister offiziell davon distanzierten. An der Abschiebepraxis allerdings änderte das zunächst nichts. Erst nach Omofumas Tod fanden wirksame Reformen statt.

4. Parlamentarische Kontinuität statt Rotation

Die Beharrlichkeit wurde erst dadurch möglich, dass Stoisits sechzehneinhalb Jahre als Nationalratsabgeordnete wirken konnte. Wie war das in einer Partei möglich, die sich ursprünglich die Rotation ihrer RepräsentantInnen auf die Fahnen geschrieben hatte? Durch Zurückhaltung und Bescheidenheit in Führungsfragen. Stoisits war kaum in exponierten Partei- und Klubpositionen zu finden – außer einem kurzen Intermezzo als Klubobmannstellvertreterin, als Mitglied des Grünen Bundesvorstandes und als Vorstand des „10. Bundeslandes" bekleidete sie kein höheres Amt in der Partei.

Umso eifriger kämpfte sie an der Basis, was erheblich zu ihrem Rückhalt bei der Wiederwahl auf Bundeskongressen beitrug. Zudem erkämpfte Stoisits für die Grünen den Zugang zu verschiedenen Gremien, wodurch sie unentbehrlich wurde. Unter anderem wirkte sie im Kuratorium des Nationalfonds, im Kuratorium des Versöhnungsfonds und im Vorstand der Österreichischen Liga für Menschenrechte.

An Stoisits zeigt sich paradigmatisch, dass eine lange parlamentarische Amtszeit große Vorteile mit sich bringen kann. Themen können immer wieder in Erinnerung gerufen werden. Bei ähnlichen Anlassfällen werden alte Expertisen ausgewertet, frühere Initiativen neu belebt und in den politischen Gestaltungsprozess eingefüttert. Die Abgeordnetenarbeit entwickelt notwendige Routinen und verwandelt sich auch in eine Anlauf- und Servicestelle für BürgerInnenbeschwerden.

5. Herausgreifen von Einzelschicksalen statt abstrakter akademischer Diskussion

Auffallend ist, dass Stoisits in ihrer parlamentarischen Laufbahn immer wieder Einzelschicksale herausgegriffen hat. Diese exemplarischen Fälle dienten dazu, größere politische Missstände aufzuzeigen. Beispiele dafür sind der „Fall der Woche", der „Fall Sali K." oder die Schicksale von Untersuchungshäftlingen im Rahmen der „Woche der Untersuchungshaft". Die Grünen standen diesem Instrument der Einzelfallbehandlung durchaus kritisch gegenüber, wie eine dokumentierte interne Analyse zeigt. Dennoch waren diese Initiativen unter dem Strich von Erfolg gekrönt, da sie plastisch die Schwächen der jeweiligen Gesetzeslage veranschaulichten.

6. Überzeugung des politischen Gegners/der politischen Gegnerin statt Fundamentalopposition

Ein weiteres Charakteristikum der parlamentarischen Oppositionspolitik von Stoisits war, dass sie versucht hat, den politischen Mitbewerber/die politische Mitbewerberin, meist in der Gestalt der Regierung, mit guten Argumenten zu überzeugen. Durch kontinuierliche und seriöse Sachkenntnis hat sie sich viel Respekt bei den anderen Parteien und deren VertreterInnen, bei den Medien, bei NGOs, und nicht zuletzt in der Bevölkerung erarbeitet. Immer wieder hat sie so mit ihrer Arbeit auch die andere Seite überzeugen können. Frühe Beispiele dafür sind die Reform der Untersuchungshaft und des Ehenamensrechts. Ein weiteres Beispiel ist das kontinuierliche Eintreten für die Volksgruppe der Roma und Sinti, das schließlich zu deren politischer Anerkennung und zur Verbesserung ihrer Lebensumstände geführt hat.

7. Öffentlichmachen von Problemen statt unter den Teppich kehren

Ein weiteres Merkmal: Stoisits machte politisch Relevantes schonungslos öffentlich. Die Sexismusdebatte im Parlament ist hierfür ein gutes Beispiel. Stoisits agierte stellvertretend für viele Frauen, die in ihrer Arbeitswelt ähnlich diskriminierende Erfahrungen machen. Durch das öffentliche Debattieren über sexuelle Belästigung wurden sie dazu ermutigt, sich derartige Übergriffe nicht mehr länger gefallen zu lassen.

Die parlamentarische Arbeit von Stoisits fand vor den Augen und für die Ohren der Öffentlichkeit statt. Anfragen und Anträge wurden nie als Selbstzweck verstanden, sondern dienten dazu, Aufmerksamkeit und Publizität für drängende politische Probleme zu erzeugen.

8. Parlamentarisches Nachhaken statt Einmalaktionen

Das letzte Merkmal der parlamentarischen Arbeit von Terezija Stoisits ist jenes des Follow-up, das heißt des systematischen Nachhakens und Nachfragens. Auch wenn es den politischen KontrahentInnen missfiel, hat sich Stoisits selten mit dem Erreichten zufrieden gegeben. Sie hat immer wieder nachgefragt, was aus dem jeweiligen Anliegen geworden ist bzw. weitergehende Reformen verlangt. Beispielhaft lässt sich das am NS-Opfer-Gedenktag zeigen. In dem Moment als er gesetzlich eingerichtet war verlangte sie von den Verantwortlichen auch schon Auskunft über die konkrete inhaltliche Ausgestaltung der Erinnerungsfeiern.

Diese acht Muster Stoisits'scher Politik veranschaulichen deutlich, welche Erfolgsbedingungen Grüne Politik in der jüngsten Vergangenheit hatte und welche sie auch in Zukunft prägen können.

Abkürzungsverzeichnis

AB	Anfragebeantwortung
APS	Abweichende Persönliche Stellungnahme
APA	Austria Presse Agentur
BP	Bundespräsident
BK	Bundeskanzler
BMI	Bundesministerium für Inneres
BMJ	Bundesministerium für Justiz
BR	Bundesrat/Bundesrätin
BZÖ	Bündnis Zukunft Österreich
CPT	European Committee for the Prevention of Torture and Inhuman or Degrading Treatment or Punishment
DÖW	Dokumentationsarchiv des Österreichischen Widerstandes
FPÖ	Freiheitliche Partei Österreichs
GP	Gesetzgebungsperiode
IKG	Israelitische Kultusgemeinde
IM	Innenminister/Innenministerin
KZ	Konzentrationslager
LIF	Liberales Forum
MRA	Ausschuss für Menschenrechte
NGO	Non-Governmental Organization
NR	Nationalrat
NRO	Nichtregierungsorganisation
NS	Nationalsozialismus
OTS	Original-Text-Aussendungen
ORF	Österreichischer Rundfunk
ÖVP	Österreichische Volkspartei
PGH	Polizeigefangenenhaus
SN	Salzburger Nachrichten
SP	Stenografische Protokolle
SPÖ	Sozialdemokratische Partei Österreichs
StGB	Strafgesetzbuch
UN	United Nations
VN	Vereinte Nationen
VSStÖ	Verband sozialistischer StudentInnen Österreichs

Personenverzeichnis

A., Branka 91
Adamovich, Ludwig 212

Bailer-Galanda, Brigitte 128
Bauer, Rosemarie 116
Bernardis, Robert 152
Bertel, Christian 113
Bielek, Astrid 175
Bieringer, Ludwig 138
Blimlinger, Eva 198
Botz, Gerhard 128
Brader, Alfred 188
Brugger, Sepp 87
Brünner, Christian 55
Bürstmayr, Georg 204
Busek, Erhard 53

Clinton, Bill 145

Darabos, Norbert 7, 16, 33
Diem, Sabine 207
Dietachmayr, Helmut 50
Dohnal, Johanna 175, 178

Einem, Caspar 76, 79, 94, 97, 178, 198
Eizenstat, Stuart 138, 144
Ellmauer, Matthias 66
Elmecker, Robert 171

Fekter, Maria 41, 42, 43, 155, 199
Fiedler, Franz 186
Fischer, Heinz 32, 41, 53, 130, 131, 132, 134, 138, 144, 151, 152, 173, 180, 181, 182
Foregger, Egmont 116
Frid, Grigori 138
Frowein, Jochen 67
Fuchs, Franz 175, 176, 177, 182

Gallhuber, Heinrich 128
Gastinger, Karin (ehem. Miklautsch) 199
Gehrer, Elisabeth 141, 142, 144
Genner, Michael 204
Glawischnig, Eva 209
Gleixner, Christine 199
Graff, Michael 114, 116, 117
Grandits, Marijana 33, 48, 69, 167
Großruck, Wolfgang 41
Gutleben, Werner 180

Haider, Jörg 40, 71, 72, 73, 74, 77, 80, 87, 154, 178, 179, 180, 181, 182, 198
Handler, Robert 206
Haupt, Herbert 149, 155
Herzog, Roman 130, 134
Hoffberger, Heinz 206
Horaczek, Nina 204
Horvath, Erwin 176
Horvath, Karl 176
Horvath, Stefan 182

Ingrisch, Lotte 178

Janisch, August 175
Jarolim, Hannes 115, 200
Jeannée, Michael 206, 207
Jesionek, Udo 113

Kampl, Siegfried 9, 18, 153, 154, 155, 157
Karo, Stera 112
Kelz, Theo 176
Khol, Andreas 50, 65, 117, 138, 144, 168, 170, 200
Kier, Volker 97, 98, 130
Kiss, Paul 51, 55
Klamper, Elisabeth 128
Klestil, Thomas 85, 130, 138
Klima, Viktor 8, 71, 128, 131, 132, 136, 159
Konecny, Albrecht 188

Konrád, György 139
Kostelka, Peter 41, 42, 43, 200
Krammer, Christa 203
Krüger, Michael 188
K., Sali 82, 83, 84, 85, 216, 219
Kunrath, Nikolaus 211

Lackner, Josef 189
Langbein, Hermann 139
Lichal, Robert 53
Linsinger, Eva 203
Löschnak, Franz 37, 70, 76, 77, 78, 79, 82, 83, 85, 87, 88, 89, 90, 93, 94, 97

Machacek, Rudolf 113
Manoschek, Walter 151
Martin, Wolf 205
Meissner-Blau, Freda 209
Meixner, Silvana 175
Metzler, Hannes 121
M., Funsu 89
Michalek, Nikolaus 112, 113, 114, 115, 147, 201
Miedl, Werner 109
Molterer, Wilhelm 154
Moos, Reinhard 151, 153
Morawetz, Inge 113
Moser, Gabriela 139, 189, 209
Moser, Hans Helmut 188, 189
Münz, Rainer 33

Nimmerrichter, Richard (alias Staberl) 205
Nimmervoll, Lisa 203
Noll, Alfred 201
Nürnberger 49

Ofner, Harald 50, 57, 66
Ofoedu, Charles 202
Öllinger, Karl 121, 183, 210
Omofuma, Marcus 79, 93, 94, 95, 96, 97, 99, 100, 218
Oreja, Marcelino 67
Özen, Hali 112

Pelinka, Anton 24, 28
Petritsch, Wolfgang 212
Petrovic, Madeleine 86, 96, 101, 105, 175, 176, 210
Piller, Ernst 55
Pilz, Peter 85, 108, 152, 176, 184, 205, 210
Pirker, Hubert 191
Platter, Günther 76, 77, 80, 81
Posch, Walter 66, 107
Prager, Tessa 204
Prammer, Barbara 43, 139
Preißler, Erich 176
Prinzhorn, Thomas 34, 200
Prokop, Liese 77, 79, 80
Pruckner, Othmar 184, 185
Puntscher-Riekmann, Sonja 33

Rabl-Stadler, Helga 9, 17, 173
Rauter, Wolfgang 181
Resetarits, Willi (alias Ostbahn Kurti) 202
Roppert, Alois 168, 169, 191

Sarközi, Peter 176
Schaumayer, Maria 139, 159
Schefbeck, Günther 28, 194
Schiele, Egon 141
Schlögl, Karl 76, 79, 86, 94, 96, 97, 98, 202
Schmidt, Heide 53, 191, 202
Schneeberger, Elisabeth 175
Scholten, Rudolf 212
Schruiff, Franjo 85, 87, 121
Schüller, Helmut 175
Schüssel, Wolfgang 11, 19, 42, 57, 66, 67, 71, 73, 76, 104, 145, 155, 159, 161, 183, 186
Schwarz, Peter 121

Simon, Josef 130, 139, 140, 176, 181
Smolle, Karel 33, 51
Sokop, Hans Werner 91
Sommer, Franz 33, 206
Soyer, Richard 202
Stangl, Wolfgang 113
Staudinger, Karl 108
Steinböck, Hans-Peter 93
Steiner, Hubert 128
Steyrer, Peter 82
Stiedl, Peter 96
Stix, Karl 53, 71
Strache, Heinz-Christian 42, 80
Strasser, Ernst 76, 77, 79, 184, 203
Sucharipa, Ernst 145

Taus, Josef 50
Tostmann, Gexi 82
Traxler, Gabrielle 189, 196

Van der Bellen, Alexander 43, 96, 101, 102, 103, 139, 183, 184, 200, 206, 210
Veiter, Theodor 52
Voggenhuber, Johannes 121, 122, 205
Vranitzky, Franz 52, 53, 71, 124, 126, 127, 130, 131, 141, 174

Wabl, Andreas 147, 168, 210
Wadani, Richard 151
Waldheim, Kurt 141
Weber, Fritz 24, 128
Weinpolter, Franz 206
Weinzinger, Brigid 102, 103, 107
Werbig, Hans 130, 139
Westenthaler, Peter 79